새로운
역사의 문

제1권

보이지 않는 흐름을 읽는 눈

새로운 역사의 문 제1권

보이지 않는 흐름을 읽는 눈

: 우주의 탄생에서 유라시아 초원의 길까지

초판 1쇄 발행 2026년 1월 22일

지은이 구민성
펴낸이 이기봉
편집 좋은땅 편집팀
펴낸곳 도서출판 좋은땅
주소 서울특별시 마포구 양화로12길 26 지월드빌딩 (서교동 395-7)
전화 02)374-8616~7
팩스 02)374-8614
이메일 gworldbook@naver.com
홈페이지 www.g-world.co.kr

ISBN 979-11-388-5355-2 (04900)
979-11-388-5354-5 (세트)

- 가격은 뒤표지에 있습니다.

- 파본은 구입하신 서점에서 교환해 드립니다.

새로운 역사의 문

제1권

보이지 않는 흐름을 읽는 눈

구민성 지음

좋은땅

❖ 프롤로그(Prologue)

역사는 언제나 무너지고 버려진 자리에서 조용히 모습을 드러냅니다.
사람의 소음이 멈춘 빈자리에서야 비로소 그 목소리를 들을 수 있습니다.
그리스 고린도 평원을 내려다보는 아크로고린도.
산 위의 아프로디테 신전은 인간의 욕망을,
아래의 베마는 하나님의 진리를 상징합니다.
이 둘의 높이 차이는 단순한 지형이 아니라,
문명이 어느 방향으로 나아가야 하는지를 묻는 상징입니다.
어쩌면 역사는 '지나간 것'이 아니라, '멈추었기에 다시 보이는 것'입니다.
항공기의 작은 균열이 전체 구조를 뒤흔들 듯,
문명의 작은 선택이 역사의 방향을 바꾸어 왔습니다.

역사 현장을 찾아다니며 깨달은 것은,
진정한 이해는 익숙한 경계를 넘어설 때 시작된다는 사실입니다.
그리고 그 경계를 잇는 다리는 바로 '통섭(Consilience)'입니다.
기술과 철학, 과학과 신앙, 문명과 윤리는 충돌하는 것이 아니라,
오히려 더 깊은 곳에서 연결되어 있다는 자각—그것이 이 책의 출발점이었습니다.

우리는 언제나 자신이 살아온 틀로 세상을 이해합니다.
그러나 역사는 말합니다.
"그 틀 밖에도 사람이 있었고, 진실이 있었다."
이 책은 바로 그 '틀 밖'을 향한 여정입니다.
이 책이 독자에게도 잠시 멈추는 시간,
그리고 흩어진 지식과 통찰을 잇는 지혜의 실마리가 되기를 바랍니다.

2026년 1월 저자 드림

목차

I. 우주의 탄생과 인류의 시작

II. 문명과 기술의 첫 발걸음

III. 역사와 가치의 전환점에서

I

우주의 탄생과 인류의 시작

제1장

우주의 질서와 별들의 세계 - 정밀한 우주의 구조

1. 우주의 시작 - 우주는 어떤 모양인가? 우리는 어디서 왔는가?

모든 것은 어둠 속에서 시작되었다.
시간도, 공간도, 물질도 없던 그 순간.
무(無)의 침묵을 깨고,
우주는 갑자기 '존재'라는 말을 꺼냈다.
그리고 빛이 있었다.

깊고 조용한 밤, 눈을 들어 하늘을 보면, 무수한 별들이 고요히 반짝인다. 그 별빛 하나하나에 우주의 역사와 놀라운 질서가 새겨져 있다. 인간은 그 무한한 심연 속 아주 작은 행성, 푸른 지구 위에 앉아 그 이야기를 듣는다. 과학은 말한다. 우주는 약 138억 년 전, 한 점에서 폭발하듯 팽창하기 시작했다. 그리고 지금, 우리가 사는 이 세계는 그 팽창의 흔적 속을 떠다니고 있다. 수많은 은하들이 광대한 공간 속에 흩어져 있지만, 그 흩어짐은 무작위가 아니다. 그것은 정밀하게 짜인 패턴 속에 존재한다.

우주의 규모는 인간의 상상을 가뿐히 뛰어넘는다. 현대 우주론에 따르면 우주는 약 2조 개가 넘는 은하로 이루어져 있으며, 이 은하들은 다시 은하군(galaxy Group), 은하단(galaxy

Cluster), 초은하단(super cluster)으로 연결되어 있다. 이 **은하들과 은하단**들은 마치 거대한 신경망 혹은 우주의 혈관처럼 얽혀 있으며, 전체적으로는 **'우주 거미줄(Cosmic Web)'**이라 불리는 **정교한 구조를 형성**한다. 이 구조는 밀도가 높은 필라멘트와 거의 비어 있는 보이드(Void, 공허한 공간)로 엮여 있다.

아래 사진 속 은하 **M74는** 우주 거미줄(Cosmic Web)의 한 점, 즉 필라멘트가 교차하는 지점에 자리한 나선 은하이다. 은하는 암흑물질과 수소 가스가 필라멘트처럼 엮인 구조 속에서 형성되며, 그 교차점에는 별의 요람이자 우주의 섬이라 불리는 은하가 자리한다. M74는 그중에서도 매우 이상적인 나선 은하로, 제임스 웹 우주망원경(JWST)은 이 은하의 정교한 팔 구조와 별 탄생의 흔적, 가스와 먼지의 흐름을 포착해 냈다. 이 한 장의 사진은 단지 하나의 은하를 보여 주는 것이 아니라, **우주 전체가 어떤 질서를 따라 엮여 있는지를 보여 주는 단서**가 된다.

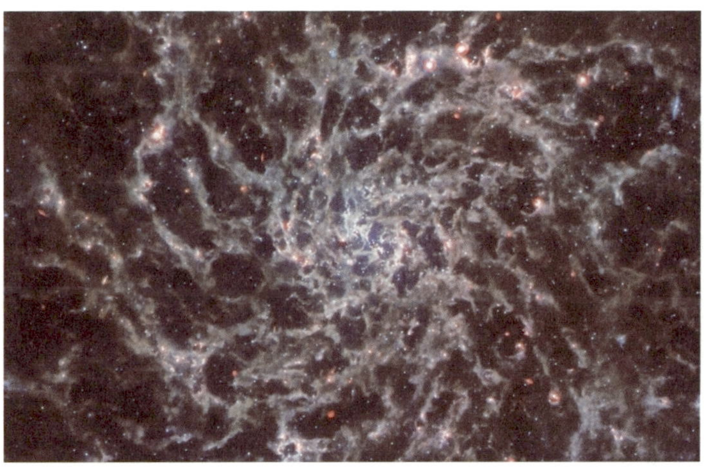

나선형 은하 (M74)
"Image Credit: ESA/Webb, NASA & CSA, J. Lee and the PHANGS-JWST Team", Public Domain

우리가 속한 **태양계**는 이 거대한 우주의 정중앙도, 중심축도 아니다. 우리 은하의 중심에서 약 2만 6천 광년 떨어진, '오리온 나선팔'의 외곽 가장자리에 자리 잡고 있다. 이는 **우주의 중심 무대가 아니라, 조용한 관측자 석**과도 같은 위치다. 이 외곽의 고요한 공간 속에서, 푸른 지구는 우주 먼지의 잔해로부터 태어났고, 빛과 어둠의 교차 속에 그 자리를 잡았다. 우리는 그 작은 행성 위에 발을 딛고 선 존재들이다. 이곳은 방사선의 위협이 적고, 별들의 충돌도 드문 피난처 같은 장소다. 태양은 적당한 거리에서 생명의 불씨를 태우며, 한 치의 오차 없이 생명을 위한 조건을 지켜낸다. 너무 덥지도 차갑지도 않은 그 거리 덕분에, 우리는 물을 가졌고, 대기를 가졌으며, 생명을 품을 수 있었다. 과학자들은 이 절묘한 조건을 **'골디락스 존(Goldilocks Zone)'**이라 부른다.

그렇다면 우리는 어디서 왔는가? 과학은 약 46억 년 전, 태양계의 탄생을 이야기한다. 먼 옛날 별의 죽음에서 흩어진 성운이 중력에 끌려 모였고, 그 안에서 뜨거운 충돌이 반복되었다. 뭉쳐진 먼지는 마그마가 되었고, 마침내 식으며 지각과 바다, 하늘이 펼쳐졌다. 진화론자들은 그 지구 위에 단세포 생명체가 나타나고, 그것이 수억 년의 흐름 속에서 다세포, 동물, 그리고 인간으로 이어졌다고 말한다.

하지만 **과학이 말할 수 있는 것**은 **'어떻게'에 대한 설명**일 뿐이다. **'왜'라는 질문 앞에서는 침묵**한다. 이 질문 앞에 설 때, 우주는 단순히 무작위 입자들의 조합이 아니라, 하나의 설계 의도를 지닌 정교한 작품처럼 다가온다. 우리는 별들의 먼지로 지어진 육체를 가졌지만, 그 별빛 아래서 자신의 존재를 묻는 의식을 지닌 존재다. 우리는 과학과 초월, 시간과 공간의 경계에서 서서 묻는다.

"이곳은 어디인가?" "우리는 어디서 왔는가?"

그리고 별빛의 정적 아래,
우리는 여전히 그 답을 찾아 나선다.
이제 우리는 안다.
이 우주는 멈춘 공간이 아니다.
지금 이 순간에도 팽창하고 있으며,
모든 은하는 서로 멀어지고 있고,

그 팽창은 마치 거대한 캔버스 위에
계속 색을 더하는 화가의 손길처럼,
우리가 써 내려갈 이야기를 담을 무대를
조금씩 넓혀가고 있다.

2. 생명의 탄생 - 분자에서 인격으로

지구는 이미 준비되어 있었다. 은하계의 한적한 외곽, 정밀하게 조율된 거리와 속도, 안정된 기후와 물, 자기장과 오존층, 그리고 달의 리듬까지—그 모든 조건은 마치 누군가 생명을 위한 무대를 정성껏 마련한 듯했다. 그리고 마침내, 그 무대 위에 첫 장면이 열렸다. 생명이 시작된 것이다. 과학은 이 첫 장면을 '화학 진화(chemical evolution)'라고 부른다. 원시 지구의 바다는 거대한 실험실과 같았다. 메탄, 암모니아, 수소, 수증기 같은 단순한 기체들이 대기를 이루고 있었고, 심해 열수공(熱水孔)에서는 뜨거운 에너지가 끊임없이 분출되었다. 또 다른 곳에서는 하늘을 가르는 번개가 대기와 바다를 휘저었다.

이 **강력한 에너지 속**에서 유기 고분자들이 결합하며 **아미노산이 형성**되었다고 과학은 추정한다. 이 아미노산들은 점차 자신을 스스로 연결해 더 복잡한 고분자로 발전했고, 결국에는 스스로를 복제할 수 있는 분자—RNA(Ribonucleic Acid), 나아가 DNA(Deoxyribonucleic Acid)로 진화했을 것으로 여겨진다. 그러나 이 모든 과정은 극도로 낮은 확률, 수십억 년에 걸친 시간, 정확히 맞아떨어져야 하는 수많은 변수 위에 세워져 있다. 단순한 분자가 생명체로 변하는 것도 경이롭지만, 더 근본적인 질문은 여전히 남는다.

"어떻게 생명은 단지 생존하는 유기체를 넘어, 사유하고 창조하며 윤리적 결정을 내리는 존재로 진화했는가?"

창조자는 이렇게 말씀하신다.

"내가 너희를 나의 형상대로 빚었다."

인간은 DNA와 단백질로만 이루어진 존재가 아니다. 우리는 목적을 부여받은 존재다. 단순한 유기체를 넘어서, 예술을 창조하고, 언어를 통해 세상을 공유하며, 죽음을 넘어서는 희망을 품는다. 이는 단세포 생물이 오랜 진화를 통해 우연히 도달한 결과라기보다, 어느 순간 초월자의 숨결이 생명 속에 '의미'를 불어넣은 사건이었다. 그 숨결은 단순한 산소가 아니라, 존재의 이유를 부여하는 **'생기(生氣)'**였다. 과학은 여전히 생명의 기원을 탐구하고 있으며, 수많은 이론이 제기되고 진전을 이루고 있다. 그러나 그 모든 탐구의 끝에서 인간은 다시 본질적인 질문 앞에 선다.

"나는 왜 여기 있는가?"

생명은 단순한 하드웨어의 조합이 아니다. 우리는 목적을 지닌 존재다. 과학은 생명의 조건을 탐구하고, 철학과 신학은 그 존재 이유를 설명한다. 그리고 초월자의 숨결은 단순한 호흡이 아니라, **생명에 의미를 불어넣는 '생기'**였다.

3. 우주를 흔드는 소리 - 양자역학과 존재의 파동

고전 물리학은 오랫동안 우주를 결정론적으로 설명해 왔다. 뉴턴의 세계관 속에서 우주는 마치 정밀한 시계 장치처럼 작동했다. 모든 원인은 반드시 결과를 낳는다는 신념 위에 세계는 질서를 부여받았다. 하지만 20세기 초, 과학자들은 아주 작은 세계—원자와 전자가 춤추는 무대에서—기존의 질서를 뒤흔드는 놀라운 현상들과 마주하게 된다.

그것이 바로 **양자역학**이다.
양자역학은 말한다.
"세상은 단순한 톱니바퀴처럼 예측할 수 없다."

우리가 너무도 당연하게 여겨온 법칙들은, 미시 세계에서는 더 이상 적용되지 않았다. 예를 들어, 입자의 위치와 속도를 동시에 정확히 측정할 수 없다는 **하이젠베르크의 불확정성 원리**는, 자연의 본질이 근본적으로 '열려 있음'을 시사한다. 전자는 동시에 여러 위치에 존재할 수 있으며, 우리가 관측하는 행위가 곧 입자의 상태를 결정짓는다. 즉, **관측자가 없으면 상태도 없다.**

마치 무대 위에 배우가 등장하기 전까지는, 그 무대가 어떤 배경인지조차 정해지지 않은 것처럼—관객의 시선이 무대의 현실을 창조하는 것이다. 존재와 인식의 경계가 허물어지며, 보이지 않는 세계의 본질에 대해 다시 묻게 된다.

빛은 그 대표적인 예다. 때로는 파동처럼 퍼지고, 때로는 입자처럼 한 점에서 충돌한다. **곧, 빛은 파동이면서 동시에 입자**다. 현대 물리학은 이를 '이중성'이라 부르며, 빛이 단순한 에너지나 물질이 아닌, 둘 다의 성질을 동시에 지닌 존재라고 설명한다. 우주의 기원을 논할 때, 고전 물리학은 설명을 멈춘다. 그 너머는 **양자 중력과 양자 요동**이 지배하는 세계였다. 진공조차도 완전한 '무(無)'가 아니었다. 오히려, 끓어오르는 에너지의 장(場) 속에서 입자와 반입자가 끊임없이 태어나고 사라지는, 끝없는 **진동의 바다**였다.

양자우주론은 이러한 진동과 요동이 우주의 씨앗이 되었을 가능성을 제시한다. 하틀과 호킹의 '**무경계 제안**(No-Boundary Proposal)'에 따르면, 우주는 특정한 한 점에서 '시작'된 것이 아니라, 마치 곡면처럼 부드럽게 펼쳐졌을 수도 있다고 말한다. 시간 또한 어느 순간 '생겨난' 것이 아니라, 우주의 직물 위에 자연스럽게 잉태되었을 수 있다는 것이다.

이 지점에서 과학은 다시 신비로움과 마주친다.
그리고 성경은 이렇게 말한다.
"믿음으로 모든 세계가 하나님의 말씀으로
지어진 줄을 우리가 아나니"
(히브리서 11:3)

그 말씀은 단순한 언어가 아니었다.
“**말씀은 실재를 일으키는 파동**,
곧 **존재의 진동**이었다.”
현대 물리학은 이 모든 입자들이
‘진동하는 양자장’의 상태라고 말한다.

빛과 소리, 입자와 파동—이 모든 것은 결국 하나의 본질, 즉 ‘진동’이라는 원천에서 비롯된 서로 다른 표현일 뿐이다. 어쩌면 하나님의 말씀은 **단순한 소리의 집합이 아니라, 실재를 생성하는 파동**, 존재를 일으키는 **창조의 진동**이었는지도 모른다. 우리는 그 진동 속에서 태어났다. 그리고 지금 이 순간에도, **우주를 울리는 그 소리**는 여전히 우리의 존재를 흔들고 있다.

4. 과학과 신앙 - 충돌인가, 조화인가?

언제부터인가 사람들은 **과학과 신앙**을 서로 적대적인 진영으로 그려왔다. 갈릴레오의 재판, 다윈의 진화론 논쟁, 창조과학을 둘러싼 충돌—이 모든 사건은 마치 과학과 신앙이 양립할 수 없는 두 세계인 것처럼 대립 구도로 부각되었다. 하지만 **역사의 긴 흐름**을 들여다보면, 이분법적 프레임이 얼마나 단편적인지 곧 깨닫게 된다. 수많은 위대한 과학자들이 **깊은 신앙인**이었음을 우리는 잊고 있다. **아이작 뉴턴**은 만유인력의 법칙을 발견하고 나서 이렇게 고백했다.

“나는 하나님의 생각을 읽으려 했다.”

요하네스 케플러는 우주의 조화와 질서를 수학으로 해석하며 말했다.
“나는 하나님의 창조 질서를 수학으로 찬양한다.”

그들에게 과학은 신앙과 충돌하는 전장이 아니라,

창조주의 숨결을 탐구하는 경건한 여정이었다.
현상을 이해하는 이성과, 그 너머를 바라보는 믿음은,
서로를 파괴하지 않고 오히려 완성해 주는 또 하나의 언어였다.

과학은 **'어떻게(How)'에 대한 해석**을 제시하고,
신앙은 **'왜(Why)'라는 물음**을 던진다.

이 둘은 서로 다른 질문을 향한 탐구이며, 충돌이 아니라 상호 보완의 관계에 놓여 있다. 우주는 놀라울 정도로 정연하며, 수학적 구조로 해석이 가능하다. 그런 질서가 '있다'는 사실은, **과학자가 그것을 신뢰하고 연구할 수 있는 토대**이며, 그 배경에는 **법칙의 근원이 있다는 전제**가 깔려 있다.

신앙은 그 법칙의 이면에서 **창조주의 의도와 목적**을 묻는다.
"왜 이런 질서가 존재하는가?"
"왜 우주는 이해할 수 있도록 설계되었는가?"
과학은 현상을 추적하고, 신앙은 존재의 이유를 되묻는다.

실제로, 현대 과학은 오히려 **신앙과의 접점**을 넓혀가고 있다.
빅뱅 이론은 우주가 시작되었음을 말하며,
이는 "태초에"라는 성경의 선언과 자연스럽게 맞닿아 있다.
DNA의 정보 구조,
물리 상수의 정밀 조정,
지구의 생명 조건-
이 모든 것은 우연으로 보기엔 지나치게 섬세하고,
목적이 엿보이는 구조다.

물리학자 폴 데이비스는 말했다.

"우주는 설명 가능하도록 설계된 것처럼 보인다."

과학과 신앙은 서로를 파괴해야 하는 관계가 아니다.
오히려, 더 깊이 이해할수록 우리는 그 둘이
같은 진실을 서로 다른 언어로 노래하고 있음을 깨닫게 된다.
믿음으로 과학을 바라볼 때,
우리는 단순한 원인과 결과를 넘어,
존재의 의미와 목적에 다가서게 된다.

5. 철학, 과학, 신학의 통섭 - 존재의 의미를 묻다

우주와 생명의 기원을 말할 때, 단지 **물질의 기원**만으로는 설명이 충분하지 않다. 왜 '이것'이 존재하며, 왜 '지금 여기'에 있는가? 그 근본적인 질문 앞에서 우리는 과학을 넘어서는 **사유의 틀**을 필요로 하게 된다.

바로 이 지점에서 **철학**이 등장한다. 고대 그리스 철학자들은 세상의 질서와 이성적 구조를 '로고스(Logos)'라는 개념으로 설명했다. 로고스는 단순한 말이 아니라, **존재를 관통하는 이성적 원리**였다. 놀랍게도, 신약성경의 요한복음은 "태초에 말씀이 계시니라"는 선언으로 시작한다. 여기서 말하는 '말씀' 역시 **로고스**를 의미한다. 과학이 로고스의 작동 원리를 밝히려 한다면, 신학은 그 로고스가 곧 인격을 지닌 창조주였다고 선언한다. 말씀은 단순한 법칙이 아니라 '누구'였으며, 우주는 그 뜻의 표현이었다.

철학은 존재(Being), 시간(Time), 가능성과 현실성, 목적(Telos,그리스어)에 대해 근본적인 질문을 던진다. 하이데거는 인간을 "존재를 묻는 존재"라고 규정했으며, 수학자이자 철학자인 화이트헤드는 과정철학(Process Philosophy)을 통해 우주를 고정된 실체가 아니라 끊임없이 생성되는 '관계적 흐름'으로 이해했다. 이는 양자역학이 제시하는 확률성, 불확정성,

상호작용의 우주관과도 상통한다. 나아가 화이트헤드의 '관계적 흐름' 개념은 오늘날 **네트워크 과학, 양자 얽힘, 시스템 공학**과도 맞닿아 있어, 우주와 인간 존재를 단일한 관계망 속에서 새롭게 이해하게 한다. 이처럼 철학은 과학과 신학 사이를 가로지르며, 인간 존재의 위치와 인식의 구조를 탐색하는 **지성의 다리**가 된다.

- **과학**은 **세상이 어떻게 작동하는가**를 묻고,
- **철학**은 **우리는 왜 질문하게 되는가**를 묻는다.
- **신학**은 그 질문에 **초월적 응답**을 시도한다.

이 셋은 충돌하는 것이 아니라, 각기 다른 지평에서 **하나의 진리를 탐색**한다. 그리고 **기술자**는 이 셋의 접점 위에 서 있다. 기술자는 로고스를 단지 원리로 보는 것이 아니라, **실현 가능한 구조로 구현**하고자 한다. 법칙의 작동을 따르면서도, 그 이면에 담긴 목적을 고민한다. 철학이 틀을 만들고, 과학이 그 틀을 채우고, 신학이 그 틀에 숨결을 불어넣는다면, 기술자는 **그 틀을 현실 속에 구현하는 손과 마음**이다.

존재를 이해한다는 것은
단순히 '있는 것'을 아는 것이 아니라,
'왜 있어야 하는가'를 묻는 일이다.

6. 보이지 않는 끈이 우주를 만든다면 - 끈 이론과 존재의 해석

인간은 오래전부터 물어왔다.
"우리는 무엇으로 만들어졌는가?"
흙인가, 빛인가, 아니면 그보다
더 근원적인 어떤 것인가?

20세기 후반, 과학자들은 물질의 심연을 더욱 깊이 들여다보기 시작했다. 그리고 그 끝에서 놀라운 이론과 마주했다. 모든 입자는 사실, 진동하는 '끈'으로 이루어져 있다는 주장. 이것이 바로 **끈 이론(String Theory)**이다.

우리가 아는 세계는 입자로 구성되어 있다. 전자, 쿼크, 중성미자 같은 입자들은 한때 더 이상 쪼갤 수 없는 '최소 단위'로 여겨졌다. 그러나 끈 이론은 더 깊은 차원을 가리킨다. 모든 입자와 힘은 사실 하나의 동일한 근원—**진동하는 끈**에서 비롯되었고, 각 입자는 그 끈이 진동하는 방식의 차이에 불과하다는 것이다. 마치 기타 줄 하나에서 수많은 음이 울려 나오듯, 우주의 모든 구성 요소는 같은 끈의 **다양한 진동 모드**일 뿐이다. 우리가 '물질'이라 부르는 실체조차, 결국은 에너지의 **리듬**이며, **진동의 패턴**일 뿐이다.

□ "침묵하는 두 이론" - 상대성이론과 양자역학의 충돌

이 이론이 중요한 이유는, 현대 물리학의 두 거대한 세계—**아인슈타인의 일반 상대성 이론**(거시 우주의 법칙)과 **양자역학**(미시 세계의 불확실성)을 **하나로 통합**하려 하기 때문이다. 이 둘은 평범한 조건에서는 각각 뛰어난 예측력을 보이지만, 블랙홀의 중심(특이점)이나 우주의 기원(빅뱅 직후)과 같은 **극한 상황에서는 서로 충돌**한다. **특히** 일반 상대성 이론은 중력장을 **'연속적인 시공간의 곡률'로 설명**하기 때문에, 시공간이 '무한히 휘어지는' 특이점에서는 수학적 식이 발산하며 **더 이상 해를 제공하지 못한다.** 즉, **시공간 자체가 붕괴**하는 영역에서는 상대성 이론이 **'작동을 멈추는' 한계**에 부딪힌다.

반면, 양자역학은 이러한 극한의 미시 영역을 설명할 수 있는 도구를 갖고 있지만,중력이라는 힘을 제대로 다루지 못한다. 결국 **"강한 중력 + 초미시 세계"**가 동시에 나타나는 상황에서는 **두 이론 모두 침묵**하거나 모순을 드러낸다. 따라서 **끈 이론**과 같은 새로운 통합 이론은, 바로 이 **'침묵의 영역'을 설명**하기 위해 등장한 시도이다.

□ "진동하는 우주" - 끈 이론이 보여준 새로운 세계

끈 이론은 그 단절을 잇는 다리를 놓으려 한다. 강력, 약력, 전자기력, 중력까지 포함한 네 가지 힘을 **하나의 수학적 구조로 통합**하려는 유일한 이론이며, 특히 중력을 매개하는 가상의 입자인 중력자(graviton)를 자연스럽게 예측한다는 점에서, 끈 이론은 **양자 중력**의 유력한 후보로 주목받는다.

그러나 끈 이론이 그리는 세계는 우리의 직관을 넘는다. 그것은 **10차원 혹은 11차원**의 우주를 전제로 한다. 우리가 인식하는 3차원 공간과 시간 외에, **여섯 개 이상의 차원**이 미세하게 말려 있으며, 그 안에서 끈이 진동하고 있다는 것이다. 이 차원은 우리의 감각이나 실험으로는 접근할 수 없고, 다만 이론적으로만 존재를 추론할 수 있다. 이 보이지 않는 공간은 **칼라비-야우 다양체**(Calabi-Yau manifold, 끈 이론에서 여분 차원이 감춰진 공간 구조)라는 복잡한 기하학 구조를 따른다. 끈 이론의 우주는 마치 **'말씀의 우주'**와 닮아 있다.

모든 것이 진동, 곧 **소리로** 시작된 세계다.

"태초에 말씀이 계시니라"는 복음서의 선언은, 끈 이론이 말하는 **진동하는 우주의 기원**과 영적인 평행선을 이루는 듯하다. 물질보다 더 근본적인 것이 있다면, 그것은 보이지 않지만 질서 있게 진동하는 **에너지**, 곧 **존재의 리듬**이다. 그러나 그것은 물리학의 언어로 "**보이는 것이 나타난 것으로 된 것이 아니다**"라는 성경의 고백을 되풀이하고 있는지도 모른다. **보이지 않는 것**이야말로 실재의 본질일 수 있다는 가능성을, 끈 이론은 과학적으로 제시한다. 기술자의 눈으로 보아도, 끈 이론은 매혹적이다.

기술자는 복잡한 기계 속에서도 **보이지 않는 회로의 흐름**을 읽어 낸다. 마찬가지로, 이 우주의 정밀한 구조 속에서도 **설계자의 의도와 손길**이 보이지 않게 새겨져 있음을 느낀다. 아무리 단순한 장치라도 **설계 없이 작동할 수 없듯**, 이 우주도 **우연의 산물**이라기엔 지나치게 치밀하다. 최근의 연구는 끈 이론이 **블랙홀의 정보 보존 문제**나 **양자 중력 이론의 수학적 통**

합에도 기여할 수 있음을 보여 주고 있다. 끈 이론은 단순한 공상이 아니라, **우주의 가장 깊은 비밀**에 접근할 수 있는 **열쇠**일 수 있다.

어쩌면, 우주를 지탱하는 것은
금속도, 돌도, 입자도 아닌
하나의 '끈', 그리고 그 끈의
질서 있는 떨림이다.

그리고 그 울림은,
지금도 **보이지 않는 곳에서**
노래하고 있을지 모른다.
그 소리는,
존재의 심연에서 시작된
창조자의 첫 숨결일 수 있다.

제2장

인류 기원에 대한 다양한 관점 - 충돌과 공존

1. 진화론과 인류 기원에 대한 다양한 해석

세상을 바라보는 눈은 모두 다르다. 그것을 우리는 **'세계관**(worldview)'이라고 부른다. 세계관이란 인간이 현실을 이해하고 해석하는 방식의 뿌리이며, 우주의 기원, 생명의 의미, 윤리의 기준, 죽음 이후의 존재 등 삶의 모든 영역에 영향을 미친다. 과학도 신앙도, 각자의 세계관 위에서 질문을 던지고 답을 찾아간다. 그렇기에 동일한 증거와 데이터를 보고도 전혀 다른 결론에 이를 수 있는 것이다.

□ 주제 1. 우주의 나이와 지구의 연대에 대한 관점 차이

과학자들은 방사성 동위원소 연대 측정, 별빛의 이동 거리, 지층의 연속성 등을 근거로 **우주의 나이를 약 138억 년, 지구의 나이를 약 45억 년**으로 본다. 이러한 수치는 수많은 실험과 계산을 통해 얻은 결과이며, 현재 과학계에서 널리 수용되는 이론적 틀에 기반한다.

반면, 창조과학자들은 문자 그대로 해석하며, **창세기 족보와 성경의 시간 단서**를 토대로 우주와 지구의 연대를 약 6천~1만 년으로 본다. 그들은 연대 측정법들이 특정 가정들에 기반해 있으며, 하나님은 시간까지도 창조하신 분이기에 인간의 **시간 개념은 절대적 기준이**

될 수 없다고 본다.

본질적인 접근이 다른 이 두 관점 사이에서, 오늘날 점점 더 많은 신학자와 과학자들은 이분법적 대립이 아니라 **조화로운 접근**을 시도하고 있다. 이러한 중간 입장에는 대표적으로 **점진적 창조론**과 **유신론적 진화론**이 있다.

점진적 창조론(Progressive Creationism)은 창세기의 "하루"를 문자적 24시간이 아닌, 하나의 시대 또는 창조의 단계로 해석한다. 이 관점에서는 지구와 우주의 연대를 과학적으로 받아들이되, 하나님께서 시대마다 중요한 창조적 개입을 하셨다고 본다. 다시 말해, 생명의 기원과 종의 다양성은 자연적 진화에 의한 결과가 아니라, 시기마다 하나님의 창조적 섭리가 단계적으로 이루어진 결과로 해석된다.

또 다른 접근인 **유신론적 진화론**(Theistic Evolution)은 진화라는 자연적 과정을 전적으로 수용하면서도, 이 모든 진화적 과정이 하나님의 계획과 섭리 아래 이루어졌다고 본다. 이 관점은 과학과 신앙이 서로 배타적인 설명이 아니라, 각기 다른 차원에서 하나의 진리를 설명하는 방식이라고 이해한다. 과학은 **"어떻게(HOW)"**라는 질문에 답하고, 신앙은 **"왜(WHY)"**라는 질문에 답하는 것이다.

이러한 조화론적 입장을 따르는 사람들에게 창세기 1장의 기록은 단지 지질학적 · 천문학적 데이터를 전달하기 위한 텍스트가 아니라, 인간과 세계에 대한 하나님의 주권과 목적을 선포하는 **신학적 선언문**으로 받아들여진다. 창조의 순서와 구조는 우주의 기원에 대한 실증적 시간표라기보다는, 하나님의 의도와 질서, 그리고 생명에 부여된 의미를 전달하는 **상징적 구조**로 이해된다.

□ 주제 2. 생명의 기원에 대한 접근 방식 - 무기물에서 인격체로?

진화론자는 생명의 기원을 설명하면서, **화학 진화(chemical evolution)** 이론을 언급한다.

원시 지구의 조건—고온의 열수공, 강력한 자외선, 잦은 번개 활동, 그리고 원시 대기 속의 메탄, 암모니아, 수소—속에서 단순한 유기 분자가 자연적으로 생성되었고, 이들이 장구한 시간에 걸쳐 복잡한 생체 고분자와 자가 복제 분자(RNA, DNA)로 발전했을 가능성이 있다고 설명한다. 이러한 이론은 밀러—유리 실험(1953)을 통해 실험실 조건에서 아미노산이 생성된 사례를 기초로 한다. 이후 분자생물학은, 단순한 분자가 어떻게 점차 복잡한 생명 시스템으로 확장될 수 있었는지를 설명하려 한다.

하지만 창조론자는 이러한 설명에 근본적인 회의감을 드러낸다. 고전 생물학의 원칙인 **"생명은 생명에서만 나온다"**를 믿으며, 생명이 단순한 물질의 조합을 넘어서는 정보성과 목적성을 지닌다고 주장한다. 특히 **DNA의 구조**를 정보이론(information theory)의 관점에서 보면, 단순한 화학적 결합체가 아니라 **'언어'와 '코드'**에 가까운 성격을 지니고 있음을 알 수 있다. 수십억 개의 염기 서열은 단순한 무작위 배열이 아니라, 단백질 합성과 세포 활동을 지시하는 정밀한 의미 체계로 작동한다. 이러한 고도의 정보성은 무작위적 화학 반응만으로 설명하기에는 한계가 있다는 지적이다.

성경 창세기 2장 7절—"여호와 하나님이 땅의 흙으로 사람을 지으시고 생기를 그 코에 불어넣으시니 사람이 생령이 되니라"—을 인용하며, 창조론자는 생명이 단순한 화학 반응의 부산물이 아니라, 창조주의 의도와 설계 속에서 시작되었다고 믿는다. 신앙인의 관점에서 인간은 단순히 생물학적 존재를 넘어, 창조주와의 관계 안에서 정의되는 인격적 존재이다.

□ 주제 3. 생물의 다양성과 자연선택에 대한 해석 - 적응인가, 창조인가?

진화론의 핵심 메커니즘은 **자연선택**(natural selection)과 **돌연변이**(mutation)이다. 진화론자는 찰스 다윈 이래로 생물학자들이 누적해 온 연구들을 인용하며, 유전적 변이가 환경적 압력 속에서 선별되어 생물 종이 점진적으로 변화해 왔음을 설명한다. 박테리아가 항생제에 적응하며 내성을 갖게 되는 사례나, 갈라파고스 제도의 다양한 핀치새들처럼 환경에 따라 부리의 형태가 달라지는 사례를 언급한다.

또한 현대 진화생물학은 자연선택만이 아니라, 중립 진화론(Neutral Theory)과 **유전자 드리프트**(genetic drift) 같은 확률적 요인도 종의 다양성 형성에 중요한 역할을 한다고 본다. 더 나아가 유전자 중복(gene duplication)과 **기능 전환**(neofunctionalization) 같은 분자 수준의 메커니즘은 새로운 기능과 구조가 출현할 수 있는 가능성을 보여준다고 설명한다.

하지만 창조론자는 이와 같은 변화가 종 내부에서 일어나는 '수평적 다양성(horizontal variation)'일 뿐이며, 완전히 새로운 생물학적 구조나 기관이 출현하는 '**계통 발생적 혁신**(phylogenetic innovation, 흔히 '수직적 진화'라 불리는 과정)'을 보여주는 예는 아니라고 지적한다. 또한, "내성 박테리아는 여전히 박테리아이고, 산업혁명기의 검은색 후추나방의 등장도 결국 나방일 뿐, 새로운 생물로 진화한 것이 아니다"라고 말하며, **종(種)의 경계를 넘는 진화의 증거는 여전히 모호**하다고 본다.

특히 생명체 내부의 복잡한 기관과 시스템—예를 들어 **혈액 응고 시스템**, 인간의 **면역체계**, 시각 구조 등이 수많은 **우연적 돌연변이의 누적**만으로 만들어졌다는 설명은 설득력이 부족하다고 본다. 생명체의 특정 기관들도 중간 단계가 작동하지 않으면 전체가 쓸모없기 때문에, 하나씩 천천히 생겨났다는 설명은 부족하다고 주장한다. 즉, 생물의 다양성은 무작위적 변화의 산물이 아니라, **정교한 설계자의 계획**에 따라 각 환경에 맞게 '미리 내재된 다양성'으로 창조되었음을 보여준다고 본다.

궁극적으로 이 논쟁은 단지 과학적 메커니즘의 차이를 넘어, **우리가 생명을 어떻게 해석할 것인가**라는 더 깊은 철학적 질문으로 이어진다. 생명은 복잡한 분자의 산물인가, 아니면 뜻과 목적을 지닌 존재인가? 자연선택은 설계 없는 과정인가, 설계를 품은 도구인가? 이러한 질문들은 단순한 데이터의 문제가 아니라, 세계관의 문제이다. 그리고 이 세계관이 우리가 생명을 바라보는 방식을 결정짓는다.

따라서 이 논의는 단순히 생물학적 기원의 문제가 아니라, **"생명은 우연인가, 설계된 선물인가?"**라는 궁극적 존재론적 질문으로 확장된다.

□ 주제 4. 인간의 기원에 대한 시각 차이 - 유전자의 진화인가, 형상의 창조인가?

인간은 어디에서 왔는가? 이 질문은 단순한 생물학적 기원을 넘어, 인간 존재의 본질과 존엄성에 대한 근본적인 물음을 내포하고 있다. 과학계의 다수 의견에 따르면, 인간은 유인원과 공통 조상(common ancestor)을 가진 존재로서, 수백만 년에 걸쳐 진화의 과정을 거쳐 지금의 형태에 이르렀다고 본다. 특히 **호모 하빌리스**(Homo habilis), **호모 에렉투스**(Homo erectus), **호모 날레디**(Homo naledi), **네안데르탈인**(Homo neanderthalensis) 등의 고인류 화석과, 현생 인류(Homo sapiens)의 유전체가 침팬지와 **98.8% 유사**하다는 유전학적 분석 결과를 핵심적인 증거로 제시한다.

이러한 화석들의 해부학적 특징과 도구 사용 능력, 뇌 용적의 증가 등을 통해, 인간이 점진적으로 인지적 능력을 확장해 왔으며, 자연선택과 문화적 진화가 결합하여 오늘날의 문명을 이루었다고 설명한다. 즉, 인간도 생물학적 진화라는 보편적 법칙 안에서 태어난 존재라는 것이다. 최근에는 분자계통학(molecular phylogenetics)과 고대 DNA 연구(ancient DNA studies)가 발전하면서, 네안데르탈인과 현생 인류 사이의 **교잡(introgression)**, 데니소바인의 유전자 흔적 등이 현대 인류의 다양성 속에 남아 있다는 사실이 확인되기도 했다.

그러나 창조론자는 이러한 설명에 근본적인 이견을 제기한다. 인간은 단순히 **고등한 유인원**이 아니라, **도덕**, **영성**, **창조성**, 자기 인식(self-awareness)을 갖춘 전혀 다른 차원의 존재라고 본다. 유전자 코드가 비슷하다는 것은 마치 동일한 설계자가 여러 제품에 유사한 부품을 사용한 것처럼, **효율성과 통일성의 결과**일 수 있으며, 그것이 곧 진화의 증거가 될 수는 없다고 본다. **DNA의 코드적 성격**은 단순한 화학적 반응이 아니라 **언어적·정보적 체계**라는 점에서, 무작위 돌연변이와 자연선택만으로는 설명되기 어렵다는 것이다. 인간은 단순히 생물학적 특성을 지닌 동물이 아니라, 창조주의 형상(Imago Dei)을 반영하는 존재다. 이 형상에는 육체적 유사성이 아니라, 자유의지, 도덕적 판단, 예술적 상상력, 신앙적 직관력 같은 고유한 속성이 포함된다.

또한 창조론자들은 진화론에서 자주 언급되는 **'전이 화석**(missing link)', 즉 오늘날 학계에서 '중간형 화석(transitional fossil)'이라 부르는 증거가 여전히 불충분하다고 지적한다. 일부 화석들은 추정적 해석에 크게 의존하고 있으며, 특히 유인원과 인간 사이를 직접적으로 연결하는 사례는 극히 드물다는 것이다.

더 나아가, 인간이 **언어, 종교, 예술, 철학**을 창출하는 능력은 단순히 유전자 변화나 뇌 용량 증가만으로 설명하기에는 불충분하다. 인간은 물리적 · 생물학적 존재를 넘어, 의미를 묻고, **초월자와 교감할 수 있는 유일한 존재**라는 점에서 본질적으로 다른 차원에 속한다는 것이 창조론자의 주장이다.

□ 주제 5. 격변적 지질학 - 노아의 홍수는 실제였는가?

노아의 홍수는 단순한 신화인가, 아니면 실제 역사에서 일어난 전 지구적 격변인가? 이 질문은 창조론과 진화론의 세계관 차이를 극명하게 보여주는 대표적 논쟁 주제다. 특히 **지질학적 해석**에서 양측은 뚜렷이 다른 입장을 보인다.

진화론과 이를 바탕으로 한 동일과정설(Uniformitarianism)에 따르면, 지층은 수천만 년에 걸쳐 천천히 쌓였으며, 각 층은 오랜 지질시대를 대표하는 연대 지표로 사용된다. 화석은 그 지층 속에서 보존되었으며, 생물의 진화와 멸종의 흐름을 따라 층별로 배열된다고 본다. 그러나 창조론자는 이와는 다른 격변적 지질학(Catastrophism)을 제시하며, 대규모 재난—특히 성경의 **노아의 홍수**—이 짧은 시간 안에 거대한 지형을 변화시키고, 화석과 퇴적층을 형성했을 가능성을 강조한다.

▶ 세인트 헬렌스 화산 폭발 - 현대의 격변 실험실

1980년 미국 워싱턴 주의 **세인트 헬렌스 산**(Mount St. Helens) 대폭발은 창조론자들에게 중요한 사례로 인용된다. 단 몇 시간 만에 7.5m 이상의 층리 구조, 수직 매몰된 나무, 교차층리(cross-bedding)가 형성되었다. 일반적으로 이러한 구조는 수만 년에 걸쳐 축적된다고 설명되지만, 이번 사건은 단기간에도 유사한 지질 구조가 생길 수 있음을 보여 주었다.

특히, 분출로 인해 형성된 퇴적층 안에는 화석화가 진행 중인 **나무 기둥**과 **다층 교차층리**, 빠르게 생성된 **협곡 구조** 등이 포함되어 있어, "노아의 홍수와 같은 격변적 사건이 오늘날과 같은 지형을 형성할 수 있었음"을 시사하는 결정적인 근거로 간주된다.

수직 매몰 나무 화석, 캐나다 노바스코샤, 조긴스(Joggins)
"Photo by Michael C. Rygel, via Wikimedia Commons, CC BY-SA 3.0"

▶ 고산지대 해양 화석 - 바다 생물, 왜 산에 있는가?

히말라야, 알프스, 안데스, 로키산맥 등 해발 3,000m 이상의 고산지대에서 발견되는 해양 화석(암모나이트, 조개, 물고기 뼈 등)은 양 진영 모두에게 중요한 논점이다. 진화론자는 이를 대륙판 운동과 해양저 상승(sea floor uplift)의 장기적 결과로 해석한다. 반면 창조론자는 이를 "노아의 홍수 시 지각판의 급속한 움직임과 해수 범람"으로 설명할 수 있다고 본다. 특히, **판구조론적 격변 모델**(catastrophic plate tectonics)을 근거로 제시하며, 짧은 기간 내에도 거대한 융기와 침강이 일어날 수 있음을 강조한다.

▶ 유타 모리슨 지층 - 같은 방향으로 쓸려간 공룡

미국 유타주의 모리슨 지층에서는 수많은 공룡 뼈가 **같은 방향으로 나란히 놓인 채** 발견된다. 이는 점진적 매몰이 아닌, 강력한 물살에 의해 쓸려간 후 **빠르게 매몰된 형태**로 해석된다. 일부 뼈는 관절 연결 없이 흩어져 있고, 일부는 무게별로 분리되어 있는 것도 관찰되는데, 이는 수리적 분류(hydraulic sorting) 현상을 시사한다. 창조론자들은 이를 대홍수 급류 상황에서 발생한 결과라고 본다.

2. 지층은 말이 없다 - 해석은 세계관에 따라 달라진다.

결국 노아의 홍수와 지질학적 격변 논쟁은 단순히 "하나의 화산이나 화석을 어떻게 해석할 것인가"라는 문제가 아니다. 그것은 지구 역사 전체를 바라보는 '세계관의 차이'를 드러낸다. 동일한 퇴적층도 과학자는 **"시간의 축적"**으로 읽고, 신앙인은 **"사건의 흔적"**으로 읽는다.

지층은 스스로 말하지 않는다.

그 의미를 해석하는 것은 인간이며, 그 해석은 우리가 어떤 **'세계관의 렌즈'**를 끼고 있느냐에 따라 달라진다. 과학은 점진적 변화를 말하고, 성경은 창조와 격변을 선포한다. 동일한 지층, 동일한 화석을 두고도 전혀 다른 이야기가 펼쳐지는 이유는 바로 여기에 있다.

3. 세계관의 충돌이 사회 제도와 교육에 미친 영향

진화론과 창조론의 논쟁은 학문적 범위를 넘어 사회 제도와 교육 현장에도 깊은 흔적을 남겼다. 미국의 공립학교 교과서는 1920년대까지 성경적 창조론에 기반한 설명을 기본으로 하고 있었다. 이와 관련된 미국의 법정 공방은 이를 잘 보여 준다.

- **스코프스 재판(1925)**: 공립학교에서 진화론을 가르친 교사가 기소되며, 과학과 신앙의 갈등이 사회적으로 부각되었다.
- **에퍼슨 대 아칸소(1968)**: 연방대법원은 진화론 교육 금지를 위헌으로 판결, 과학 교육의 정당성을 인정했다.
- **에드워즈 대 아길라드(1987)**: "창조론 병행 교육법"이 종교적 목적을 띠었다는 이유로 무효화되었다.
- **키츠밀러 대 도버(2005)**: 지적설계론은 과학이 아닌 종교적 신념으로 판결, 진화론이 공립학교 과학 교육의 표준으로 자리 잡았다.

이러한 판례들은 보여 준다. **과학의 세계관은 제도 교육 속에서 정당성**을 확보하게 되었고, **신앙의 세계관은 종교 공동체와 자유 영역 속**에서 여전히 고유한 자리를 유지하게 되었다. 그러나 이 갈등의 배경에는 단순한 '이론의 경쟁'이 아니라, **인간이 세계를 이해하는 방식**에 대한 **근본적인 철학적 충돌**이 있었다.

진화론은 경험과 실증을 바탕으로 세계를 해석하려는 근대 과학의 산물이었고, 창조론은 초월적 질서와 목적을 전제로 한 신앙적 인식의 틀을 대표했다. 따라서 두 세계관의 대립은 "무엇을 가르칠 것인가"라는 교육의 문제를 넘어, "인간은 왜 배우는가, 그리고 무엇을 진리로 받아들일 것인가"라는 본질적인 질문으로 확장되었다. 교육 현장에서는 이 논쟁이 교과서의 내용, 교사의 양심의 자유, **국가의 종교중립 원칙** 등 **다양한 제도적 논의**로 번졌다. 일부 주에서는 지적설계론을 '과학적 대안'으로 포함하려는 시도가 있었으나, **법원은** 과학의 정의를 "자연적 원인에 의한 설명을 추구하는 학문"으로 한정하면서, **종교적 교리의 과학 교과서 편입을 경계**하였다.

결국 현대 교육제도는 과학과 신앙을 서로의 영역을 존중하되 구분하는 형태로 정착했다. 과학 수업에서는 진화론을 과학적 모델로 배우지만, 종교나 철학 수업에서는 인간의 존재 목적과 도덕적 기원을 신앙적 시각에서 탐구한다. 이러한 분화는 한편으로는 학문의 자율성을 지켜 주었지만, 다른 한편으로는 **세계관의 통합적 이해 능력**, 즉 "과학적 사고와 신앙적 사유를 함께 성찰하는 능력"을 약화시켰다는 비판도 있다.

"과학이 말하는 세계와 신앙이 말하는 세계는 과연 다른 것인가,
아니면 같은 진리를 서로 다른 방식으로 노래하는 것인가?"

4. 신앙과 과학의 서로 다른 언어

진리를 찾는 여정에서, 과학의 추론과 신앙의 고백은 때때로 서로 다른 언어를 사용한다. 그러나 두 언어 모두 결국은 존재의 기원을 향해 나아가고 있다. 결국 우리를 움직이는 것은 **생명의 기원보다 더 근본적인 질문, 곧 생명의 목적**이다. 그 질문을 품고 살아가는 한, 우리는 진리를 향한 순례자다.

그러나 궁극의 질문은 변함없다.
우리는 누구이며, 어디서 왔고, 왜 존재하는가?
당신이라면, 이 둘 중 어떤 언어로 진리를 듣고 싶은가?

□ 진화론의 의문점에 대한 과학계의 대응

항목	요약 설명	과학계의 대응
중간 화석 부족	일부 단계의 자료 부족	점점 더 많은 화석이 발견 중
복잡성의 진화	단순한 구조에서 출발이 어렵다는 주장	점진적 기능 변화로 설명 가능
유전정보	돌연변이만으로 부족하다는 주장	유전자 중복 등 메커니즘 존재
방향성	무작위성에 대한 의문	자연선택은 비우연적 과정
생명의 기원	진화론 외의 문제	별도의 연구 분야로 접근
정신/윤리	고차원적 기능의 진화 설명 한계	문화적 진화와 연계해 연구 중

□ 성경이 말하는 창조의 6일 - 단계별 설명

창조일	창조 내용	특징 및 신학적 의미
첫째 날	**빛** 창조 - "빛이 있으라"	빛과 어둠의 분리, 시간(낮/밤)의 시작
둘째 날	**궁창(하늘)** 창조	물 위의 물과 아래의 물 분리 - 대기 형성
셋째 날	**땅과 바다** 분리, 식물 창조	지구 표면 구조 정리, 생명체의 터전 준비
넷째 날	**해, 달, 별** 창조	시간, 계절, 날 수, 천체 주기 설정
다섯째 날	**물고기, 새** 창조	해양과 대기의 생명체 형성
여섯째 날	**육상 동물, 인간** 창조	인간에게 지구 관리권 부여
일곱째 날	**안식**	창조의 완성, 거룩함의 시작

제3장

문명의 기원과 종교
- 인류 문명의 첫 설계도

1. 괴베클리 테페와 에덴 - 신과 인간의 첫 만남, 그 기억의 중첩

고고학과 성경은 서로 다른 언어로 인류의 기원을 이야기한다. 고고학은 괴베클리 테페(Göbekli Tepe)를, 성경은 에덴(Eden)을 이야기한다. 그런데, 놀라운 것은 이 두 서사가 단지 상징과 실재의 경계에서 멀리 떨어진 것이 아니라, 오히려 서로를 비추는 **거울처럼 겹쳐 있다는 사실**이다.

□ 괴베클리 테페 - 신을 찾는 인간의 첫 제단

괴베클리 테페는 튀르키예의 샨르우르파(Şanlıurfa) 인근 고원에서 1994년, 독일 고고학자 클라우스 슈미트(Claus Schmidt)에 의해 발견되었다. 발굴 결과 이 유적은 **기원전 9600년경**, 인류가 아직 농경을 시작하기 전, **사냥과 채집에 의존하던 시기**에 세워졌다는 사실이 밝혀졌다.

무엇보다도 중요한 점은 이곳이 주거지가 아닌, **순수하게 제의적(종교적) 목적**으로 지어졌다는 점이다. 이는 종교가 농경 이후에야 형성되었다는 기존 인류학의 패러다임을 근본적으로 뒤흔든다. 오히려 이 유적은, **신을 경배하려는** 인간의 열망이 사람들을 모이게 했고,

그러한 **공동체가 문명의 출발점**이 되었을 가능성을 보여준다.

괴베클리 테페는 티그리스(Tigris)와 유프라테스(Euphrates) 강 상류에 위치해 있으며, 이 지역은 창세기에 묘사된 **에덴동산의 지형과 놀라운 유사성**을 보인다. 이러한 점에서, 괴베클리 테페는 **잃어버린 에덴의 기억**을 되살리려는 시도, 또는 하늘을 떠난 인간이 **다시 신을 찾기 위해 세운 첫 성소**로 해석될 수 있다. "이 발견은 '농업이 종교를 낳았다'는 기존의 패러다임을 흔들며, 오히려 '종교적 열망이 농업과 문명을 이끌었다'는 새로운 학설을 제시하였다. 일부 종교학자들은 이를 종교 발생사에서 흔히 말하는 '**축의 시대**(Axial Age)'보다 더 **앞선**, 인류 최초의 초월 추구 흔적으로 해석한다."

사실 이 언덕은 1963년 독일과 터키의 공동 조사팀에 의해 처음 주목되었지만, 당시에는 그 중요성이 제대로 인식되지 못했다. 이후 1995년, 독일 출신 클라우스 슈미트가 본격적인 발굴을 시작하면서 이 유적은 세계적인 관심을 받기 시작했다. 유적지에서는 **지름 10~30미터 규모의 원형 구조물**들이 발견되었고, 각각의 공간 중심에는 **두 개의 거대한 T자형 기둥**이 마주 보고 서 있었다. 이 기둥들은 단순한 석재가 아니라, 여우, 멧돼지, 전갈, 뱀 등 **동물 문양**과 정교한 **기하학적 무늬**가 새겨진 조각 작품이었다. 특히 일부 기둥에는 **사람의 팔과 손**이 표현되어 있어, 이것이 단순한 구조물이 아닌 **의례와 신앙**이 깊이 연결된 장소였음을 암시한다.

이러한 건축물은 당시 인간 사회가 단순한 **수렵채집 집단이 아니라, 노동을 조직하고 협력하여** 대형 구조물을 세울 수 있었던 **복잡한 사회구조**를 갖추고 있었음을 보여준다. 괴베클리 테페는 인류 문명의 기원을 다시 써야 할지도 모를 만큼, 인류학과 신앙, 문명사에 중요한 질문을 던지는 유적이며, 2018년 유네스코 세계유산으로 등록되었다.

□ '농업이 문명을 만들었다'라는 기본적인 상식을 뒤엎는 발견

무엇보다도 괴베클리 테페에서 가장 흥미로운 사실은, **농업이** 본격적으로 **시작되기 전** 이

미 이처럼 **대규모의 종교적 건축물**이 먼저 등장했다는 점이다. 이는 우리가 익숙히 받아들여 온 "농업 → 정착 → 공동체 → 문명"이라는 도식에 **근본적인 의문을 제기**한다.

오히려 신을 경배하고자 하는 **인간의 종교적 열망**이 사람들을 불러 모았고, 그 모임이 협력과 조직을 만들었으며, 결국 **농업과 문명**으로 이어졌을 가능성을 보여 준다. 괴베클리 테페의 발굴은 여전히 진행 중이며, 지금까지 전체 유적의 **약 5% 정도만 밝혀졌을 뿐**이다. 이 고대 성소는 아직도 수많은 비밀을 품은 채 **땅속에 잠들어 있으며**, 학자들은 앞으로 수십 년 동안 이곳을 연구하면서 인류의 기원과 초기 문명에 대한 **새로운 이야기들**을 써 내려갈 것이다.

이곳의 T자형 석주는 단순한 돌덩어리가 아니다. 그것은 **인간이 신을 인식**하고 형상화하기 시작한 **최초의 증거**, 그리고 공동체가 형성되어 제의와 협력이 시작된 **최초의 무대**였다. 괴베클리 테페는 인류가 **신을 어떻게 만들었는지, 사회가 어떻게 태동했는지, 문명이 어떻게 시작되었는지**를 실증적으로 보여주는 살아 있는 성소다.

괴베클리 테페 출처: Pexels, 작가: Mehdi
괴베클리 테페의 원형 구조물과 T자형 석주

오늘날 괴베클리 테페는 단순한 고고학 유적지를 넘어, 인류 문명의 시작을 이해하는 데 있어 **결정적인 열쇠**로 여겨진다. 인간이 **사회적 동물**로서, 신앙과 의례를 중심으로 모여 살고, 협력하고, 문명을 일구어온 **근본적인 동기**를 설명해 주는 **공간**인 것이다. 이렇듯 괴베클리 테페는 단순한 '선사시대 신전'이 아니다. 그것은 **인류의 기원**에 관한 질문을 다시 던지고, 우리 역사를 다시 쓰게 만드는 **살아 있는 질문이자 교훈**이다.

2. 에덴동산 - 창조 질서와 주관자와의 친밀함

성경 창세기 2장은 **에덴동산**을, 하나님께서 인간을 위해 예비하신 **완전한 조화의 장소로 묘사**한다. 동산 안에는 **생명나무와 선악**을 알게 하는 나무가 있었고, **비손**(Pishon) **· 기혼**(Gihon) **· 힛데겔**(Hiddekel) **· 유브라데**(Euphrates) **네 강**이 흘렀다. 이는 분명한 **지리적 힌트**를 제공한다. 학자들은 이를 바탕으로 에덴의 위치를 메소포타미아 북부, 오늘날 튀르키예 남동부 또는 시리아 접경 지역으로 추정한다.

이곳은 하나님과 인간이 얼굴을 마주하던 공간, 피조물이 창조주와 교제를 나누던 장소였다. 그러나 **인간의 불순종**으로 **에덴은 폐쇄**되고, **인류는 낙원을 잃었다.** 그 상실의 기억은 신화로, 종교로, 그리고 문명으로 이어졌다. 그리고 수천 년 후, 한 고대 유적이 이 기억의 파편처럼 드러난다.

□ 기억의 지층, 에덴과 테페의 교차점

두 장소는 지리적으로도, 상징적으로도 중첩된다. **에덴이 창조 질서의 원형**이었다면, **괴베클리 테페는** 인간이 자발적으로 신을 향해 만든 **최초의 제단**이다. 에덴은 하나님의 임재가 거하던 곳이고, 테페는 그 임재를 갈망하던 사람들이 세운 신앙의 기념비다. 괴베클리 테페는 이후 흙으로 의도적으로 묻혔다. 마치 어떤 비밀을 감추듯이, 아니면 더 이상 접근할 수 없도록 봉인하듯이. 이는 에덴의 출입이 막힌 사건과도 묘하게 겹친다. 인간은 다시 그곳에 들어갈 수 없었고, 대신 탑을 쌓거나, 신전을 짓거나, 돌을 세워 하늘을 올려다보았다.

□ 결론 - "신을 만든 인간"이 아닌 "신을 기억한 인간"

괴베클리 테페는 '문명은 농경으로 시작되었다'는 상식을 넘어, "문명은 신을 향한 그리움으로 시작되었다"라는 가설을 제시한다. 이는 창세기가 말하는 에덴 상실과 궤를 같이한다. 인간은 처음부터 단순히 생존을 위한 도구 제작자가 아니라, **하늘을 바라보며 존재의 의미**

를 묻는 자였다.

따라서 우리는 다시 묻는다.
"인간은 신을 만든 존재인가? 아니면 신을 기억하는 존재인가?"

3. 고대 문명의 시작

인류는 오랜 세월 동안 유목과 수렵채집을 통해 생존해 왔으나, 기원전 약 1만 년 전부터 **농업을 시작하며 정착 생활**로 전환하기 시작했다. 이른바 **신석기 혁명**은 인류 문명의 출발점이라 할 수 있으며, 이후 사람들은 물이 풍부하고 토양이 비옥한 **강 유역**에 모여 복합적인 사회 조직과 문화를 형성해 나갔다. 이러한 과정 속에서 **문자, 정치, 종교, 기술**이 함께 발전하면서, 인류는 비로소 '**문명(civilization)**'의 단계에 이르게 되었다.

□ 메소포타미아 문명 - 인류 최초의 문명과 에덴의 흔적

세계에서 가장 먼저 문명이 발생한 곳 중의 하나는 **메소포타미아**, 곧 오늘날 **이라크 남부**에 해당하는 지역이다. 이곳은 **티그리스강과 유프라테스강**이 만나는 비옥한 초승달 지대에 위치하며, 기원전 **약 3500년경**에 **수메르**(Sumer) **문명**이 등장하였다. 수메르인은 인류 최초의 도시국가들인 **우루크**(Uruk), **우르**(Ur) 등을 세우고, 세계 최초의 문자 체계인 쐐기문자(설형문자)를 만들어 냈다. 또한 신전을 계단 형태로 쌓아 올린 **지구라트**를 건축하고, 초기 법률 체계와 수학, 천문학의 기초를 마련하였다.

그런데 놀라운 것은, 이 지역이 성경에서 말하는 **'에덴동산'과 지리적으로 겹친다는 사실**이다. 창세기 2장 10절에서 14절에 이르기까지, 성경은 에덴에서 한 강이 발원하여 네 갈래로 나뉘었다고 기록한다. 그 이름은 **비손, 기혼, 힛데겔(티그리스), 유브라데(유프라테스)**였다. 특히 티그리스와 유프라테스는 오늘날에도 명확히 존재하는 강이며, 수메르 문명이 자

리 잡은 메소포타미아 지역과 정확히 일치한다. 이로 인해 일부 학자와 신학자들은 에덴동산이 상징적 공간이 아니라, **인류 문명의 실제 기원과 맞닿아 있는 지리적 실재**였을 가능성도 조심스럽게 제기한다.

▶ 수메르 신화와 창세기의 평행 구조

더욱이 수메르 문명의 유물들 속에는 인간의 기원, 신들과의 관계, 홍수 전설 등 **창세기의 이야기와 유사한 구조**가 다수 등장한다. "길가메시 서사시(Epic of Gilgamesh)의 홍수 전승, 바빌로니아 아트라하시스 신화(Atrahasis Epic)의 인간 창조 이야기 등은 성경과 놀라운 평행성을 보인다. 이는 단순한 모방이라기보다, 인류가 공유한 집단 기억(collective memory)이 고대 신화와 성경 모두에 다른 형태로 남아 있는 것으로 해석할 수 있다."

▶ 에덴은 실제 장소인가, 상징인가?

그렇다면 에덴은 실제 장소였을까? 아니면 인류의 도덕적 기원을 설명하기 위한 상징적 공간이었을까? 과학적 탐사는 여전히 이 질문에 명확한 대답을 주지 못하지만, 흥미로운 사실은 존재한다.

성경에 언급된 네 강 가운데 티그리스와 유프라테스는 오늘날까지 이어지는 실제 강으로 확인되지만, **비손과 기혼의 위치는 여전히 논쟁적**이다. 일부 학자들은 비손을 아라비아 사막을 가로지르던 고대 하천 흔적이나 인더스강과 연결하려 했고, 기혼은 전통적으로 나일강으로 이해되었으나, 최근에는 메소포타미아 인근 자그로스 산맥에서 발원하는 카르카·카론(이란에서 가장 긴 강) 강과 연관시키는 해석이 힘을 얻고 있다. 이는 성경의 기록이 단순한 상징을 넘어, 고대 인류가 실제 경험했던 지리적 기억을 반영했음을 보여 준다.

특히 이 네 강이 지시하는 지리적 범위가 메소포타미아와 겹친다는 점은 주목할 만하다. 이 지역은 **'비옥한 초승달 지대'**로 불리며, 농업과 도시, 문자와 종교가 최초로 등장한 문명의 발상지였다. 다른 강 유역 문명들—이집트, 인더스, 황허—도 비슷한 시기에 출현했지만, 성경은 메소포타미아를 중심 무대로 선택하여 인간의 기원, 타락, 그리고 하나님의 구속 역사를 시작한다. 신앙적 관점에서 이는 하나님께서 **인류 역사의 첫 장면**을 **특정 문명 발생 지역과 연결**시키셨음을 상징적으로 드러내는 것이다. 따라서 **에덴**은 단순한 신화적 공간이 아니라, **문명사와 신앙사가 만나는 기념비적 좌표**로 이해될 수 있다.

▶ 과학과 신앙의 접점 - 에덴, 문명, 인간 책임

이러한 관점은 과학과 신앙의 충돌이 아니라, **두 흐름이 만나는 접점**으로 해석할 수 있다. 고고학과 문명사는 인간의 기술과 지혜가 축적되는 과정을 보여 주는 지도이고, 성경은 그 인간이 어떻게 하나님과의 관계를 잃고 회복해 가는지를 조명하는 거울이다. **에덴은 문명이 시작된 공간**이자, 동시에 **인간의 윤리적 책임**이 태동한 장소였다.

고대 문명의 발생 순서를 따라가다 보면, 단순히 과거의 도시 흔적만이 아니라, 인류가 스스로를 어떤 존재로 이해했는지, 그리고 그 이해의 기원을 어디에 두었는지를 묻는 근본적 질문에 도달하게 된다. 그것이 바로 우리가 문명사를 공부하면서도 **에덴을 기억해야 하는 이유**이다.

□ 이집트 문명 - 죽음 이후를 준비한 문명

다음으로 문명이 발달한 곳은 **나일강 유역의 이집트**였다. 기원전 **약 3100년경**, 상이집트와 하이집트가 통일되면서 강력한 중앙집권 국가가 탄생하였고, 신과 같은 존재로 여겨진 **파라오**가 통치하였다. 이집트 문명은 **피라미드**, **미라**, **히에로글리프(상형문자)** 등으로 유명하며, 사후 세계에 대한 강한 신앙과 함께 독자적인 종교적·예술적 세계관을 구축하였다. 이러한 특징은 수천 년에 걸쳐 이어지며 이집트를 세계에서 가장 오래 지속된 문명 중 하나로 만들었다.

□ 인더스 문명 - 질서와 위생의 도시 문명

이와 유사한 시기에, **남아시아 인더스강 유역**에서는 **인더스 문명**이 발생하였다. 기원전

2600년경부터 번성하기 시작한 이 문명은 **모헨조다로**, **하라파** 등 계획된 도시를 갖추었으며, 정교한 **배수 시스템**, **도량형**, **측량 기술** 등을 보여 준다. 아직까지 문자는 해독되지 않았지만, 이 문명은 상대적으로 **평등한 사회구조**와 **체계적인 도시 운영**으로 독창성을 인정받고 있다.

□ 황허 문명 - 청동기와 제정일치의 시작

한편, **동아시아의 황허(황하)강 유역**에서는 기원전 **약 2000년경**부터 초기 국가 형태가 형성되었다. **하 왕조**의 실존 여부는 논란이 있으나, **상(은) 왕조**는 갑골문자, 청동기, **왕권 중심의 제정일치 체제** 등을 통해 중국 문명의 본격적인 시작을 보여 주었다. **조상 숭배**, **농경 중심 사회**, **신권 통치**는 이후 수천 년간 중국 문명의 중심 가치를 형성하였다.

□ 에게해 문명 - 미노아와 미케네

지중해 동부의 **크레타 섬**에서는 기원전 **약 2000년경**, **미노아 문명**(Minoan Civilization)이 번성하였다. 이 문명은 **해양 무역**과 **궁전 중심의 복합 사회**를 기반으로 하며, **선형문자 A**, **미궁**(미로와 같은 궁전) **신화**, **여신 숭배** 등 독자적인 문화를 형성하였다. 이어 **기원전 1600년경**, 그리스 본토에서는 **미케네 문명**(Mycenaean Civilization)이 등장하여 군사 중심의 도시국가와 **선형문자 B**를 사용하며, **트로이 전쟁의 전설**을 남겼다. 이들은 후에 **고대 그리스 문명**의 기초를 이루게 된다.

□ 아메리카 문명 - 신대륙의 독립적 시작

이와는 별도로, **아메리카 대륙**에서도 고대 문명이 독립적으로 발생하였다. 기원전 **약 1500년경**, 현재의 **멕시코만 연안**에서는 **올멕 문명**(Olmec Civilization)이 시작되었으며, 이들은 **거대한 석상 조각**, **숫자 0의 개념**, **천문학**, **문자 체계** 등 독창적인 요소를 발전시켰다. 남미 **안데스 고원**에서는 기원전 **약 1200년경**, **차빈 문명**(Chavín Civilization)이 등장하여 계단식 농업, 제사 중심 사회, 종교적 중심지 운영 등 후대 잉카 문명의 토대를 마련하였다.

4. 신을 만든 인간의 기억과 그 한계

문명의 시작은 인간이 땅을 개간하고 씨앗을 뿌린 순간보다 훨씬 이전으로 거슬러 올라간다. 인류는 밤하늘을 바라보며 "우리는 어디에서 왔는가? 왜 살아야 하는가?"라는 본질적인 질문을 던졌다. 이러한 물음의 출발점에는 늘 '신(神)'에 대한 두려움과 경외가 자리하고 있었다.

에덴에서 추방된 이후 **인류는 저마다의 '신'**을 만들었다. 에덴의 기억은 인류의 무의식 속에 새겨져 있었지만, 창조주와의 관계가 단절되자 수많은 모조 된 신들이 생겨났다.

□ 강변에서 문명이 태동하며 신을 모시다.

기원전 3,000년경, 인류는 티그리스—유프라테스강, 나일강, 인더스강, 황허강 유역에서 문명을 일으키기 시작했다. 강은 인간에게 곡식을 길러 주었고, 곡식은 공동체를 만들었으며, 공동체는 규율과 질서를 세웠다. 하지만 이런 질서보다 먼저 등장한 것은 자연현상을 초월적으로 설명하고자 한 '신'에 대한 관념이었다. 벼락, 홍수, 가뭄, 질병과 같은 이해할 수 없는 현상들을 인간은 신의 뜻으로 여겼고, 이를 달래기 위해 제사와 신전을 건립했다.

예를 들어, **수메르인**들은 **도시 중심에 지구라트**(Ziggurat)**를 세워** 하늘의 신 아누(Anu)와 대기의 신 엔릴(Enlil)을 섬겼다. **이집트인**들은 태양을 신격화하여 매일 해가 뜨고 지는 주기를 신의 여행으로 해석했고, **죽음 이후의 삶을 준비**하며 **피라미드**를 쌓았다. **인더스 문명**에서는 **공중목욕탕**을 만들어 **정결과 정화의식**을 치렀다. 황허 문명에서는 거북 등에 글을 새겨 하늘의 뜻을 묻는 등 조상과 하늘을 숭배하는 풍습이 자리 잡았다. 이렇게 문명이 시작된 곳마다 종교는 삶의 중심이었다.

□ 고대 문명에서 신의 역할

이들 고대 문명은 서로 다른 환경과 문화적 배경 속에서 각자의 신을 만들어냈지만, 공통으로 자연을 신격화하고 초월적 존재에 대한 숭배를 중심에 두었다. 인간은 세상을 이해하기 위해 신을 상정했고, 이를 통해 문명을 발전시켰다. 이러한 신들은 단순한 초월적 존재가 아니라 권력의 상징, 자연의 힘, 질서와 혼돈을 조율하는 중심축으로 기능했다.

특히, 메소포타미아 문명에서는 하늘, 바람, 물, 사랑, 정의 등 자연과 사회 **모든 영역에 신**이 존재했다. 도시마다 수호신이 있었고, 신들의 갈등은 인간의 역사에도 영향을 미쳤다. 인간은 신의 노예가 아니라 신의 질서를 유지하는 존재로서, 성실하게 제사를 드리고 신전을 지으며 사회 질서와 풍요를 지키려 했다.

▶ 이집트의 "라"와 "오시리스"

이집트 문명에서는 **파라오가 신의 화신**으로 여겨졌다. **태양신 "라**(Ra)"는 매일 아침 태양을 띄워 세상을 밝히고, 밤에는 죽음의 세계로 내려가 부활을 준비했다. 죽음 이후의 세계에 대한 믿음은 "**오시리스**(Osiris)" 신과 미라 문화로 이어졌다. 이집트의 종교는 시간과 공간의 순환, 그리고 영원한 생명을 지향했다. 이집트의 다른 신으로는 소의 신 **아피스(Apis)**가 있었다. 그는 신성한 황소로, 태양신 라와 풍요의 신 오시리스가 지상에서 황소의 모습으로 나타난 실체의 화신으로 여겨졌다. 아피스는 왕권과 생명의 힘을 상징하며, 죽은 뒤에는 미라로 만들어져 '세라피움(Serapeum)'에 안치되었다. 또한 암소의 형상으로 나타난 **하토르(Hathor)** 여신은 사랑과 모성, 풍요의 상징으로 숭배되었다. 이처럼 이집트의 소 숭배는 생명과 재생, 하늘과 대지의 조화를 상징하는 종교적 사상으로 발전하였다. **오시리스는 죽음과 부활, 심판의 신**이었다. 이집트인들은 오시리스를 통해 사후 세계의 질서를 이해했으나, 그 심판의 주체는 창조주가 아니었다.

▶ 인도 대륙의 신과 요가자세

인더스 문명에서는 문자 해독이 되지 않아 구체적인 신화는 전해지지 않지만, 유물 속 신상과 인장, 여신상 등을 통해 풍요와 다산, 자연의 순환, 내면적 조화를 중시했음을 알 수 있다. 특히 **요가 자세**의 인간형 신상은 현대 힌두교의 **시바 신**과 연결되며, 이미 복잡한 신관을 가지고 있었음을 시사한다. 또한 발견된 다수의 **여신상**은 풍요와 다산의 상징으로, 어머니 신(Mother Goddess) 숭배 전통의 흔적으로 여겨진다. 이는 자연의 순환과 생명력의 지속을 중시한 세계관을 반영하며, 인도를 중심으로 한 대륙의 후대 종교들—브라만교와 힌두교—로 이어지는 **생명 중심적 신앙의 원형**으로 평가된다.

▶ 중국의 신 - 하늘과 인간의 조화

황허 문명에서는 **하늘(天), 땅, 인간**이라는 삼재(三才)가 질서 있게 연결되기를 바랐다. '천(天)'은 단순한 자연의 하늘이 아니라 도덕적 질서와 권위의 근원이었고, 왕은 하늘로부터 '천명'을 받아 통치했다. 상제(上帝)는 절대적 존재로서 후에 도교와 유교 사상의 기원이 되었고, 용은 번영과 권위를 상징했으며, 조상 숭배는 가족과 국가 윤리의 핵심이었다. 청동제기와 갑골문에 나타난 제사와 점복(占卜)의 전통은 이러한 신앙을 잘 보여 준다. 인간은 하늘과 조상에게 제사를 드림으로써 질서와 조화를 유지하고, 국가의 안녕과 풍년을 기원했다. 이러한 믿음은 후대의 **유교의 효(孝) 사상과 예(禮)의 문화**, 그리고 **도교의 천인합일(天人合一)** 사상으로 발전하며, 중국 문명의 정신적 근간을 이루게 되었다.

▶ 바빌론의 마르둑

마르둑(Marduk)은 본래 바빌론의 수호신이었으나, 함무라비 시대 이후 **메소포타미아의 최고신**으로 격상되었다. 그는 혼돈의 여신 티아맛(Tiamat)을 물리치고 세상을 질서로 재편하며, **혼돈에서 질서를 세운 창조의 신**으로 숭배되었다. 마르둑이 티아맛의 시신으로 하늘과 땅을 나누고 인간을 창조했다는 신화는, 창세기의 '빛과 어둠의 분리'와 '인간 창조' 이야기와 구조적으로 유사하다.

그러나 마르둑은 절대적 존재가 아니라, **다른 신들로부터 권한을 위임받은 존재**로 묘사된다. 이는 고대 메소포타미아인들이 신들조차 **힘의 균형과 권력의 순환** 속에 있다고 믿었음을 보여 준다. 이러한 세계관은 후대 제국의 정치적 정당화—즉, 왕이 신의 뜻을 받아 질서를 세운다는 **신권통치의 근원적 형태**—로 이어졌으며, 종교와 권력의 결합이 문명 발전의 핵심 구조를 이루게 되었다.

▶ 가나안의 바알과 아세라

바알(Baal) 신앙은 가나안 지역 전역에 퍼져 있었으며, 농경 사회의 풍요와 생명 순환을 보장하는 **자연 숭배적 종교**의 중심이었다. 비와 번개, 폭풍을 다스리는 바알은 하늘에서 비를 내려 곡식을 자라게 하는 신으로 여겨졌고, 그를 달래기 위한 **주술적 제의와 희생 제사**가 행해졌다. 그러나 이러한 제의는 종종 **성적 행위와 인신 제사**로 이어지며, 인간의 생명을 신에게 바치는 왜곡된 신앙으로 타락하였다.

아세라(Asherah)는 바알과 함께 숭배된 모신(母神)으로, 다산과 풍요의 상징이었다. 고고학적 유물에서는 그녀가 나무 기둥이나 여신상 형태로 표현되었으며, 성경은 이를 '아세라 목상(Asherah pole)'이라 기록한다. 이러한 목상은 때로 **예루살렘 성전 근처에도 세워질 만큼** 이스라엘 사회에 깊이 침투하였다. 선지자들은 바알과 아세라 숭배를 **영적 음행**으로 규정하며, 하나님과의 언약을 파기하는 행위로 강하게 경고했다. 이 사건은 고대 이스라엘이 주변 다신교 문화 속에서 **신앙의 순수성을 지키기 위한 영적 투쟁**을 치열하게 벌였음을 보여준다.

▶ 그리스의 제우스와 로마의 주피터, 그리고 아폴론

그리스의 신 가운데 가장 중심이 되는 존재는 **제우스**(Zeus)로, 그는 올림포스 신들의 왕이자 하늘과 번개를 다스리는 절대적 존재로 여겨졌다. 제우스는 정의와 질서의 수호자였지만, 동시에 인간적인 감정과 약점을 지닌 신으로 묘사되며, 신과 인간의 세계가 밀접하게 연결되어 있음을 보여 준다. 그리스인들에게 신들은 인간과 완전히 분리된 존재가 아니라, **인간의 욕망과 감정을 신적 차원에서 확대해 놓은 존재**였다.

이 사상은 인간의 자유와 개성을 중시한 그리스 문명의 정신과도 맞닿아 있었다. 아테나(지혜의 여신), 아폴론(예언과 음악의 신), 아프로디테(사랑의 여신) 등 각 신들은 인간의 다양한 내면을 상징하며, 자연과 인간의 조화를 신성한 질서로 해석하는 신관(神觀)을 형성했다.

로마의 **주피터**(Jupiter)는 제우스와 동일시되었으나, 그리스의 인간적인 신 개념과 달리 **국가의 권위와 법적 질서의 수호자**로 발전하였다. 로마 황제들은 주피터의 이름으로 자신들의 통치를 신성시하며, **정치권력에 신적 정당성을 부여하는 수단**으로 삼았다. 결국, 그리스의 신들은 인간의 이상을, 로마의 신들은 국가 권력과 질서의 상징을 담는 존재로 자리 잡았다.

여기에 **아폴론**(Apollo)은 그리스와 로마 모두에서 **이성과 조화, 빛과 예언의 신**으로 예외적인 위치를 차지했다. 그는 제우스의 아들이자, 인간 세계와 신의 세계를 잇는 매개자로서 예언(Delphi의 신탁)과 **예술(음악과 시)**, 그리고 질서 있는 아름다움(kósmos)을 상징했다. 그리스에서 아폴론은 인간 정신의 균형과 절제를, 로마에서는 제국의 이상과 법적 질서의 조화를 상징했다. 그의 존재는 신성(神性)이 인간의 이성적 질서 속에 구현될 수 있음을 보여 주는 상징이었다.

아폴론 벨베데레(Apollo Belvedere)는 **그리스의** 이상적 **인간미와 로마의 질서미**를 완벽히 **결합한 조각**이다. 활을 쏜 직후의 순간을 포착한 이 조각은 **신의 평정과 인간의 생명력**을 동시에 담았다. 얼굴은 감정을 초월한 냉정한 평온함을, 머리카락은 **태양의 불꽃 같은 빛의 상징성**을 드러낸다. 균형 잡힌 팔과 어깨의 움직임, 완벽한 신체 비례(카논, Canon)는 **고전 조각의 이상적 미학**을 구현한다. 르네상스 시대의 미학자들은 이를 "**인류 조형미의 절정**", "**신이 인간을 통해 드러낸 완전한 형태**"로 찬미했다.

아폴론 벨베데레 조각상(바티칸 미술관), 사진: 구민성

5. 바벨탑, 지구라트, 에템에낭기 - 인간의 교만과 신전의 형상

바벨탑(Tower of Babel)은 성경 창세기 11장에 등장하는 상징적인 구조물로, 인류가 하나의 언어를 쓰던 시절 **"하늘에 닿는 탑"**을 세우려 했던 시도를 묘사한다. 이는 단순한 건축물이 아니라, 인간이 자신들의 이름을 드높이고 하나님의 통치와 무관하게 독립적인 문명을 세우려 했던 시도였다. 그 결과 하나님은 언어를 혼잡하게 하셔서 사람들을 온 땅으로 흩으셨다. 바벨탑 사건은 따라서 단순한 탑이 아니라, 인간 문명에 내재된 교만과 통제 욕망의 상징으로 이해된다.

이 사건을 역사적·고고학적 맥락에서 살펴보면, 가장 밀접하게 연결되는 구조물이 **지구라트**이다. 지구라트는 고대 메소포타미아 문명에서 발견되는 계단식 신전탑으로, 수메르에서 시작되어 아카드·바빌로니아·아시리아 시대까지 이어졌다. 보통 3층에서 7층까지 쌓아 올려 꼭대기에는 작은 신전을 두었고, 이는 인간이 하늘에 오르려는 상징적 시도로 여겨졌다. 단순한 제사 공간을 넘어 행정과 정치 권위의 중심지였으며, 왕은 신과 연결된 존재로 선포되었다.

특히 바벨탑과 직접 연결되는 가장 중요한 역사적 지구라트는 에템에낭기(Etemenanki)이다. 수메르어로 **"하늘과 땅의 기초의 집"**이라는 뜻을 지닌 이 건축물은 바빌론 도심에 세워진 거대한 7층 지구라트였다. 기단은 약 90m × 90m, 높이는 90m에 달했다고 전해진다. 바빌론의 주신 마르둑을 위한 신전으로, 느부갓네살 2세 시대에 재건되었으며, 알렉산드로스 대왕도 복원하려 시도했으나 미완으로 남았다. 지금은 기초 흔적만 남아 있지만, 성경의 바벨탑과 그 건축 방식(벽돌과 역청 사용), 그리고 "하늘에 닿는 집"이라는 이름이 그대로 겹친다.

따라서 **바벨탑-지구라트-에템에낭기**는 서로 분리된 것이 아니라, 신학적 상징·건축적 전형·역사적 실체가 서로 얽힌 하나의 맥락으로 이해될 수 있다. 성경의 바벨탑은 인간 교만의 상징이었고, 지구라트는 고대 문명이 신과 연결되기 위해 세운 신전의 전형이었으며, 에템에낭기는 그중에서도 가장 거대하고 역사적으로 검증된 실체였다.

결국 이 세 가지는 하나의 동일한 질문으로 모인다.

"인간은 누구를 향해, 무엇을 위해 문명을 쌓는가?"

하늘을 향했지만 하나님을 등졌던 바벨탑은 무너졌고, 에템에낭기는 폐허가 되었다. 그러나 그 잔해는 오늘날에도 여전히 우리에게 묻는다. 우리는 지금 또 다른 바벨탑을 쌓고 있는 것은 아닌가?

The Tower of Babel- Pieter Bruegel
Wikimedia Commons Public Domain
우르 지구라트 복원 상상도 -
하늘에 닿기 위한 메소포타미아인의 시도는 바벨탑과 종교건축의 원형으로 이어진다.

6. 종교는 인간의 상상이었는가?

학자들은 **초기 종교의 기원**을 **'자연에 대한 두려움'**에서 찾는다. 먹을 것이 부족하고, 예기치 않은 질병과 천재지변에 노출된 고대인들은 살아남기 위해 **'제사의 대상'**을 설정했고, 그것이 신이 되었다는 해석이다. 종교는 단지 사회 질서를 유지하기 위한 **인간의 발명품**이라는 것이다.

그러나 **성경은 정반대의 이야기**를 들려준다. **인간이 신을 만든 것이 아니라, 신이 먼저 인간을 만들었다**는 것이다. 성경은 말한다. "여호와 하나님이 땅의 흙으로 사람을 지으시고 생기를 그 코에 불어넣으시니 사람이 생령이 되니라." (창세기 2:7) 인간은 처음부터 하나님과 교제하는 존재로 창조되었고, 죄로 인해 에덴에서 쫓겨난 이후, 그 관계를 다시 회복하려는 시도가 제사와 종교로 이어졌다고 본다. 즉, 종교는 신을 상상한 결과가 아니라, **잃어버린 하나님을 향한 기억의 흔적**일 수 있다.

□ 신을 찾은 인간, 신이 된 인간

성경 **창세기 4장**은 가인이 동생 아벨을 죽인 이후, 한 도시를 세웠다고 기록한다. 그는 자신의 아들의 이름을 따서 그 도시를 '**에녹**'이라 불렀다. **살인자가 도시를 세우고**, 그곳에서 **기술, 음악, 농경, 그리고 무기의 문화**가 태동했다. 이 흐름은 문명이 신과의 단절 이후에 시작되었음을 시사하는 듯하다.

이후 **창세기 11장**에서는 인간이 하늘에 닿기 위해 '**바벨탑**'을 쌓는 장면이 등장한다. 그러나 그 시도는 **언어의 혼란과 흩어짐**으로 끝났고, 인류는 서로 알아듣지 못하는 상태로 **온 땅에 흩어지게** 된다. 인간 문명의 자율적 확장은 결과적으로 **분열과 단절**을 초래한 셈이다.

이 이야기는 오늘날 우리에게도 **깊은 통찰**을 던진다. **문명은 두 방향 중 하나로** 향한다. 하나는 **신을 향한 경외와 회복**, 다른 하나는 **스스로 신이 되려는 교만한 시도**이다. 고대 종교는 때로 피비린내 나는 제사와 권력의 도구로 전락했으며, **신전은 왕권을 정당화**하고 위세를 과시하는 **수단**이 되었다. 그러나 그 와중에도 인간은 끊임없이 **'창조자'와의 관계를 회복하려는 본능**을 놓지 않았다. 인간의 내면 깊은 곳에는, 에덴에서 끊긴 하나님과의 관계를 다시 잇고자 하는 영적 갈망이 흐르고 있었던 것이다.

□ 맺음말 - 누구의 기억인가?

"신을 만든 인간인가? 신을 만난 인간인가?"

이 물음은 단지 고고학이나 인류학의 질문이 아니다. 그것은 오늘을 살아가는 우리 각자에게 던져진 실존적 질문이다. 문명은 인간이 신을 만들었다고 말하지만, 창조론은 신이 인간을 창조했고, 인간은 그 신을 기억하려 애써 왔다고 말한다. 괴베클리 테페는 인간이 신을 찾아 세운 첫 성소였을지도 모른다. 그들은 그곳에서 **잊힌 에덴의 언약**을 되새기고자 했던 것일지도 모른다. 괴베클리 테페는 단지 오래된 돌무더기가 아니다. 그것은 잃어버린 기억의 지층이며, 창조자를 다시 기억하려는 인간의 첫 번째 울림이다. 이 장의 질문은 여전히 유효하다.

"우리는 여전히 바벨의 탑을 쌓고 있는가?
아니면, 에덴을 기억하며 다시 걸어가고 있는가?"

제4장

DNA가 말하는 인류의 여정 - 유전자와 고고학의 대화

1. 나는 DNA다

나의 이름은 DNA다.
디옥시리보핵산(deoxyribonucleic acid),
내 이름에는 수억 년의 기억이 응축되어 있다.

- **Deoxy** - 산소 원자 하나가 제거된 구조,
- **Ribo** - 리보스(Ribose)라는 당,
- **Nucleic** - 핵(nucleus)에서 발견된,
- **Acid** - 산(Acid).

나는 곧, "핵 안에 존재하는 산성 분자이며, 산소 하나가 제거된 리보스 구조를 가진 정보 전달자"다. 나는 세포 깊은 곳에서 침묵 속에 숨죽이며, **인류의 기원과 이동, 진화의 여정**을 고스란히 품고 있는 **전달자**다. 태초, 나는 **아프리카의 따스한 대지 아래**에서 생명을 전하던 이들의 몸속에 있었다. 그곳에서 나는 진화의 시행착오를 반복하며 생존을 위한 방정식을 조율했다. 피부의 색, 면역의 방패, 신체 구조의 균형—이 모든 것은 내 유전 코드의 설계다. 그러나 인간은 머물러 있지 않았다.

더 나은 땅, 더 풍요로운 환경, 때로는 그저 미지의 세계를 향한 호기심으로 발걸음을 옮겼다. **사하라**를 넘어 북으로, 초원과 산맥을 넘어 **유럽으로**, 그리고 **아시아 대륙의 끝자락까지** 나는 그들과 함께 이동했다. 나는 **뼛속에 새겨진 시간의 기록**이다. 사람들은 내게 묻는다.

"너는 누구의 흔적이냐?"
나는 말한다.
"나는 네 조상들의 발자국이다."

내 안에는 **잊힌 혈연의 기억**이 있다. 네안데르탈인과의 만남, 데니소바인과의 짧은 교차—그 흔적마저 나는 지워지지 않게 간직하고 있다. 세월이 흐르고, 인간은 나를 다시 불러낸다. **동굴 속**, **고대 무덤 속**, **빙하 아래**, **사막의 유적 안**에서 그들은 나를 깨워 빛 속으로 데려온다.

나는 말한다.
"나는 네가 잃어버린 역사다."
"나는 네가 어디에서 왔는지 말해 줄 수 있다."

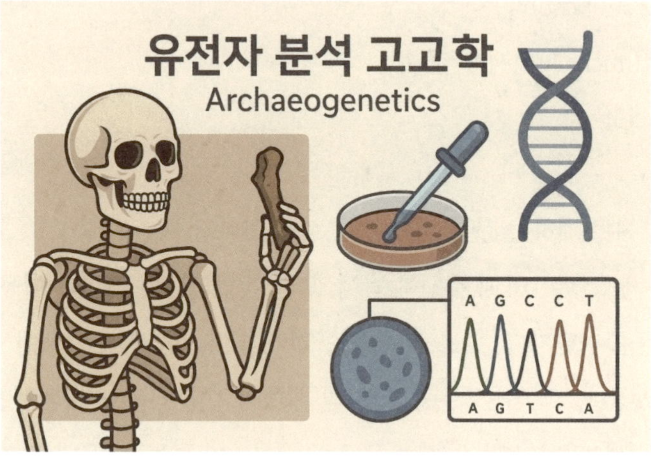

유전자고고학 Created with DALL · E by OpenAI.

나는 DNA.

태어나는 그 순간부터

너의 발걸음과 숨결, **사랑과 전쟁**, **이별과 연대**의 이야기까지

모두 내 안에 기록되어 있다.

나는 **너희의 뿌리**이며,

과거와 현재, 인간과 인간을 잇는 **보이지 않는 연결자**다.

2. 유전자 분석 고고학 - 과거의 유전자로 역사를 읽다

21세기 인류학과 고고학의 판도를 바꾼 결정적 전환점은, 더 이상 유물만이 아니라 DNA 자체가 **'역사의 문을 여는 열쇠'**로 떠올랐다는 점이다. '**유전자 분석 고고학**(Archaeogenetics)' 또는 '고대 DNA 연구(ancient DNA archaeology)'는 유전학, 고고학, 분자생물학을 아우르는 **학제 간 융합의 최전선**에 있는 새로운 **학문 분야**다.

이 분야는 고고학적으로 발굴된 인골, 치아, 머리카락, 미라, 동식물 유해 등 생물학적 유물에서 DNA를 추출하여, 분자생물학적 기법으로 분석한다. 이를 통해 과거 인류의 이동 경로, 혈통, 유전 질병, 사회구조, 문화 교류의 흔적까지도 과학적으로 규명하는 것을 목표로 한다.

□ 고대 유전자 분석의 대상과 의미

고대 인류의 유골은 단순한 '뼈'가 아니라, 그 속에 과거 사람들의 삶과 이동의 기록을 담고 있다. 예를 들어, 치아나 두개골에서 채취한 DNA는 그 개인이 어느 지역에서 왔는지, 어떤 민족과 유전적으로 연결되어 있는지를 보여 준다. 또한 근친혼 여부와 같은 사회적 풍습까지 추적할 수 있다. 이와 함께, 고대 동식물의 DNA 분석은 인류가 언제, 어디서, 어떤 작물과 가축을 선택하고 길들였는지를 밝혀냄으로써, 농업 혁명의 진원지와 문화 확산 경로를 과학적으로 입증하는 데 기여한다.

□ 분석 기술의 발전

초기 고대 DNA 연구는 짧고 손상된 **DNA 조각을 분석하는 데 한계**가 많았다. 하지만 **중합효소 연쇄반응**(PCR, Polymerase Chain Reaction) 기술이 도입되면서 극소량의 DNA도 수백만 배 이상 증폭하여 읽어낼 수 있게 되었고, 이후 **차세대 염기서열 분석**(NGS, Next Generation Sequencing) 기술의 발전으로 이제는 고대 **시료 전체의 유전체 분석**도 가능해졌다. 특히 단일세포 유전체 분석과 초저량 DNA 복원 기술은 빙하나 사막에서 발견된 미세한 조직 조각에서도 수만 년 전의 유전적 흔적을 되살려낸다. **미토콘드리아 DNA** 분석은 **모계 혈통**을, **Y염색체** 분석은 **부계 혈통**을 추적하는 데 특화되어 있다. 또한, 최근에는 현대인의 DNA 오염을 최소화하는 시료 정제 및 오염 제거 기술의 비약적 향상은, 고대 DNA의 분석 정확성과 연구의 신뢰도를 획기적으로 끌어올렸다.

▶ 하플로그룹(Haplogroup)이란?

하플로 그룹은 **공통 조상**으로부터 유래한 **유전적 계통 집단**을 의미한다. 인류의 유전체에는 세대를 거치며 자연스럽게 발생한 돌연변이가 누적되는데, 특정 **SNP(단일염기다형성**, Single Nucleotide Polymorphism) 변이를 기준으로 같은 조상을 공유하는 집단을 구분할 수 있다. 이처럼 같은 유전적 기원을 공유하는 사람들을 하나의 하플로그룹으로 묶는다.

이러한 하플로그룹은 **부계(Y염색체)** 또는 모계(미토콘드리아 DNA, mtDNA)를 통해 유전되며, 이를 분석하면 특정 민족이나 인류 집단이 언제, 어디에서 발생하여 어떻게 이동했는지를 추적할 수 있다.

▶ 유전자 부계 vs 모계 비교표

항목	부계 유전자(Y염색체)	모계 유전자(mtDNA)
유전 경로	아버지 → 아들	어머니 → 자녀 모두
존재 대상	남성만	남녀 모두

분석 대상	남성만 가능	남녀 모두 분석 가능
세포 내 위치	세포핵 내부(염색체)	세포질 내 미토콘드리아
분석 용도	씨족, 부족, 왕조 추적	인류 기원, 모계 혈통 분석
하플로그룹 예시	O1b2, C2, R1b 등	D4, B4a1a, M7a 등

▶ Y염색체(부계 유전자)

Y염색체는 인간의 23쌍 염색체 중 하나로, 남성에게만 존재하는 염색체이다. 남성은 X와 Y염색체를 각각 하나씩 가지고 있지만, 여성은 X염색체 두 개를 가진다. 따라서 Y염색체는 **아버지로부터 아들에게만 유전**되며, 이 과정에서 거의 변하지 않기 때문에 부계 계통을 오랜 시간에 걸쳐 추적하는 데 매우 적합하다.

Y염색체는 돌연변이가 아주 낮은 속도로 축적되므로, **수천 년 전 조상**으로부터 **현재**에 이르기까지의 **직계 남성 혈통**을 유전자 수준에서 파악할 수 있다. 이 때문에 고대 씨족이나 왕족 계보 연구, 부족의 이동 경로 분석 등에 널리 활용된다.

대표적인 하플로그룹을 보면, O1b2(M176)는 고구려를 포함한 **한민족 북방 계통**에서 많이 나타나며, C2(M217)는 몽골과 만주 지역의 유목민 계열, 그리고 R1b(M343)는 유럽 백인과 관련된 부계 유전자이다. 이처럼 Y염색체는 각 민족의 **기원과 이동 경로, 혈통적 연관성**을 보여 주는 강력한 유전 지표이다.

▶ 미토콘드리아 DNA(모계 유전자)

미토콘드리아 DNA는 인간의 유전체 중에서도 독특한 위치에 존재하는 유전자이다. 일반적인 DNA는 세포핵 속 염색체에 들어 있지만, 미토콘드리아 DNA는 **세포질 속 미토콘드리아**에 존재하며, 오직 **어머니**를 통해서만 **자식에게 유전**된다. 즉, 자녀가 남성이든 여성이든 상관없이 모두 어머니의 mtDNA를 물려받지만, 다음 세대로는 **딸을 통해서만 유전**이 이어진다. mtDNA는 구조가 단순하고 유전자 수가 적지만, **돌연변이 발생률**이 상대적으로 **높아** 세대 간 변화를 잘 보여준다. 이 특성 덕분에 모계 계통의 분화 과정을 추적하거나, 고대 인류의 기원과 이동 경로를 분석하는 데 널리 활용된다.

예를 들어, **D4 하플로그룹**은 만주와 몽골, 시베리아 지역에서 기원한 것으로 알려져 있으며, **한민족의 약 25~35%**가 이 계통에 속한다. **M7a**는 일본에서 자주 나타나는 유전형이고, **B4a**는 동남아와 중국 남부 기원으로 한국과 일본 남부에서도 발견된다. mtDNA 분석은 특히 '미토콘드리아 이브(Mitochondrial Eve)'라 불리는 인류 공통의 모계 조상을 추적하는 데 사용되며, **남녀 모두에게서 시료를 채취할** 수 있다는 점에서 **활용 범위가 넓다.**

□ 대표적인 연구 사례

▶ 네안데르탈인의 유전적 유산

현대 **유라시아인**의 유전체에는 **약 2~4%의 네안데르탈인 DNA**가 포함되어 있음이 밝혀졌다. 이는 고대 인류 간 교배가 실제로 일어났음을 과학적으로 입증한 최초의 사례이며, '현생 인류는 완전히 새로운 종'이라는 **기존 가설을 수정**하게 만들었다. **인류의 진화**는 단절이 아니라, **'교차와 연대의 역사'**였음을 보여 주는 결정적 **증거**였다.

▶ 얌나야 문화와 유라시아 대이동 (기원전 3000년경)

유라시아 초원 지대의 목축민이었던 **얌나야인**(Yamnaya people)이 유럽 전역으로 이동하면서, 인도유럽어족의 확산, 농업 기술, 그리고 유전자가 대규모로 이동한 사실이 DNA 분석을 통해 밝혀졌다. 이는 고대 유전자 분석이 역사학과 언어학의 새로운 해석을 가능하게 한 대표적 사례이다.

▶ 투탕카멘의 혈통과 유전 질병

고대 이집트의 파라오 투탕카멘의 미라에서 채취한 DNA 분석 결과, **왕가 내 근친혼**이 지속적으로 이루어졌다는 사실이 밝혀졌다. 그로 인해 **유전 질환의 가능성**, 특히 **선천성 기형과 면역력 약화**가 높았던 것으로 추정된다. 이는 고대 왕조의 혈통 유지 전략이 **생물학적으로 어떤 결과를 초래**했는지를 보여 주는 **대표적인 사례**로 손꼽힌다.

3. 유전자 계보로 보는 세계사

오늘날 유전자 분석은 서로 다른 길을 걸어온 **인류**가 다시금 한 출발점에서 시작되었음을 보여 주며, 우리는 모두 **연결된 존재**라는 사실을 **과학적으로 확인**하게 된다.

□ 인류는 하나의 뿌리에서 시작되었다.

유전자 고고학이 말하는 현생 인류의 기원은 아프리카 대륙에 있다. 약 20만 년 전, 아프리카에서 출현한 **호모 사피엔스**(Homo sapiens)는 수만 년에 걸쳐 대륙 곳곳에 정착했으며, 약 6만~7만 년 전 일부 집단이 아프리카를 떠나 중동을 거쳐 유라시아 대륙으로 확산되었다. 이들이 바로 오늘날 유럽인과 아시아인의 조상이 되었다. 초기 이주자들의 유전자는 Y 염색체 A, B, C, F, 그리고 mtDNA L, M, N 계열로 다양화되기 시작했다. 이들은 단순히 이동한 것이 아니라, 새로운 환경에 적응하며, 이미 그 땅에 존재하던 고대 인류와 유전적으로 교류하며 각 대륙마다 고유한 유전적 계보를 남겼다.

□ 아시아인의 형성 - 동서남북으로 얽힌 유전적 그물망

아시아 대륙은 지리적으로 방대하고 기후 또한 극단적으로 다양하여, 초기 인류는 동남아시아, 중앙아시아, 동아시아 등으로 흩어지며 각기 다른 유전적 정체성을 형성했다. 동아시아인은 대체로 북방계(시베리아계)와 남방계(동남아계)의 유전적 융합으로 설명된다. 예를 들어, 오늘날 **한국인과 일본인**은 **Y염색체 O2와 C2, mtDNA M과 N 계열이 혼합된 형태**를 보인다. 이들은 황허 문명, 만주, 그리고 조몬-야요이 문화의 흐름과도 맞물려 있으며, 네안데르탈인과 데니소바인과의 유전자 공유도 일부 확인된다.

□ 유럽인의 형성 - 세 조상의 만남

현대 유럽인은 단일한 뿌리에서 비롯된 민족이 아니라, 서로 다른 기원을 지닌 세 집단이

오랜 시간에 걸쳐 이동하고 융합하며 형성된 복합적 문명의 산물이다. 빙하기를 지나 생존을 이어간 선사시대의 수렵채집인, 농업 혁명을 이끌고 서쪽으로 이동한 아나톨리아 농경민, 그리고 기마 문화를 바탕으로 유라시아 초원에서 밀려온 얌나야 유목민이 수천 년 동안 여러 차례 뒤섞이면서 오늘날 유럽인의 유전적·문화적 기반이 마련되었다. 이러한 세 조상의 만남은 단순한 인구 이동을 넘어, 기술·사회·언어·정체성의 변화를 연속적으로 이끌어 낸 거대한 인류사적 흐름이었다.

첫 번째 조상은 서유럽 **수렵채집인**(Western Hunter-Gatherers)이다. 이들의 뿌리는 약 5만 년 전 아프리카를 떠난 **현생 인류 호모 사피엔스**가 중동을 거쳐 유럽에 진입하면서 시작되었다. 이들은 **크로마뇽인**(Cro-Magnon)으로 알려져 있으며, 빙하기 동안 유럽 전역에 퍼져 살다가 마지막 빙하기가 끝난 약 1만 2천 년 전부터는 안정적으로 정착해 **메소신석기**(Mesolithic, 중석기 시대) **문화**를 형성하였다. 이 수렵채집인들은 동굴 벽화, 석기 기술, 의례적 매장 등을 통해 자신만의 문화를 꽃피웠고, Y염색체 **I 계열**, 모계 mtDNA U 계열(U5, U2 등)로 대표된다. 이들의 유전적 흔적은 오늘날 유럽인의 DNA에 약 10~30% 정도 남아 있으며, 특히 발칸, 발트해, 스칸디나비아 일대에서 더욱 뚜렷하다.

두 번째로는 기원전 **약 9,000년 전**, **신석기 농업 혁명**을 이룬 **아나톨리아**(Anatolia) **농경민족**이 중동과 소아시아 지역에서 유럽으로 진입하였다. 이들은 곡물 재배와 가축 사육, 정착 생활을 전파하며 유럽의 인류학적 풍경을 바꾸어 놓았고, 대표적인 유전자는 Y염색체 G2a, E1b1b 계열이다. 이들의 이동은 다뉴브 강을 따라 발칸반도로 진입한 내륙 경로와, 에게해를 건너 지중해 연안으로 퍼진 해양 경로로 이루어졌다. 이들은 초기의 선형토기 문화를 남기며, 농경사회와 함께 초기 마을과 도예, 신앙 체계를 유럽에 정착시켰다.

세 번째로는 기원전 **약 5,000년 전**, 흑해 북쪽 초원 지대에서 출발한 얌나야 문화의 **인도유럽계 유목민족**이 대규모로 유럽 대륙으로 이동하였다. 이들은 기마술과 바퀴 달린 수레, 금속무기와 고분 문화를 가지고 있었으며, **Y염색체 R1a**와 **R1b**를 유럽에 광범위하게 퍼뜨렸다. 이들의 유전적 영향은 특히 중부 및 북서유럽에서 뚜렷하며, 인도유럽어족의 전파와도 밀접하게 연결되어 있다. 이들의 도래는 유럽 사회에 언어적, 유전적, 문화적 **대전환**을 가져온 **결정적인 사건**이었다.

□ 유전자의 증언과 성경의 기억 - 에덴 이후의 인류는?

오늘날의 유전자 분석 고고학은, 인간이라는 존재가 어디에서 비롯되었는지를 추적하는 데 과학적 단서를 제공한다. 과학은 말한다. 인류의 모계 조상인 이른바 **'미토콘드리아 이브**(Mitochondrial Eve)'는 약 15만~20만 년 전, 동아프리카 지역에 살았던 여성이다. 마찬가지로, 부계 계통의 공통 조상으로 추정되는 'Y염색체 아담' 역시 거의 비슷한 시기, 아프리카 대륙 어딘가에서 존재했던 남성으로 확인된다. 모든 현대인의 유전정보는 이들의 혈통으로 수렴된다.

현생 인류는 아프리카에서 기원(약 20만 년 전)하였으며, 약 6-7만 년 전 일부 집단이 아라비아 반도와 중동을 거쳐 유라시아로 확산했다. 이 'Out of Africa'가 오늘날 전 세계인의 **유전적 다양성을 설명하는 열쇠**가 되었다. 성경은 노아 이후 인류가 셈, 함, 야벳 세 아들의 계보를 따라 전 세계로 흩어졌다고 기록한다(창세기 10장). 이 족보는 단순한 신화가 아니라, 고대 근동을 중심으로 퍼져 나간 인류 집단들의 방향성을 압축적으로 보여준다. 오늘날 유전학의 연구는 이러한 확산을 하플로그룹과 고대 DNA(aDNA)의 신호로 확인해 주며, **성경의 기록과 과학의 증거**가 흥미롭게도 **교차하는 장면**을 제공한다.

▶ 에덴 이후 인류 확산과 유전적 연결

구분	성경적 계보	주요 확산 지역	하플로그룹	성경적/역사적 연결
셈	아람, 엘람, 앗수르, 아브라함	메소포타미아, 레반트, 아라비아	J1, J2, E1b1b	아브라함, 이스라엘, 아람, 아랍 민족
함	구스, 미스라임(이집트), 가나안	나일강 유역, 북아프리카, 가나안	E1b1a, E1b1b	고대 이집트, 가나안, 에티오피아
야벳	고멜, 마곡, 야완, 두발, 메섹	북방 초원, 유럽, 동아시아, 아메리카	R1a, R1b, C2, Q, O1b2, O2	인도 유럽 민족, 스키타이, 동아시아인, 아메리카 원주민

먼저 **셈(Shem)의 계보**는 메소포타미아와 레반트, 아라비아를 중심으로 이어졌다. 성경 속 아람, 엘람, 앗수르, 그리고 아브라함은 모두 셈의 후손으로 제시된다. 이 지역의 유전적 특징은 주로 Y염색체 **J1, J2, E1b1b** 계열로 나타나며, 이는 오늘날 유대인과 아랍인의 부계 계통에서 여전히 확인된다. 따라서 아브라함의 계보는 단순한 신앙의 상징을 넘어, **레반트와 메소포타미아**에 뿌리내린 유전적 흐름과 맞닿아 있다고 볼 수 있다.

다음으로 **함(Ham)의 계보**는 나일강 유역과 북아프리카, 가나안 지역으로 퍼졌다. 구스는 에티오피아·누비아 지역을, 미스라임은 이집트를, 가나안은 레반트 남부를 상징한다. 이 계보의 유전자는 주로 **E1b1a, E1b1b** 계열로 대표되며, 북아프리카와 사하라 이남 **아프리카**의 인구에서 뚜렷하게 확인된다. 성경 속 이집트 문명과 가나안 문화는 실제로도 이러한 유전자적 기반 위에 형성된 복합 문명이었음을 고대 DNA 연구가 보여준다.

마지막으로 **야벳(Japheth)의 계보**는 북방 초원과 유럽, 그리고 동아시아와 아메리카까지 확장되었다. 성경의 고멜, 마곡, 야완, 두발, 메섹은 **북방 민족의 조상**을 상징하는 이름으로 등장한다. 유전학적으로는 **R1a, R1b** 계열이 유럽과 인도유럽 민족을 대표하며, **C2, Q** 계열은 몽골과 아메리카 원주민으로 이어지고, **O1b2, O2** 계열은 동아시아 농경민의 핵심 계통으로 자리 잡았다. 이는 성경의 표현대로 "하나님이 야벳을 창대하게 하사…"(창세기 9:27)는 말씀이 실제 인류학적·유전학적 확산과 겹쳐지는 흥미로운 지점이다.

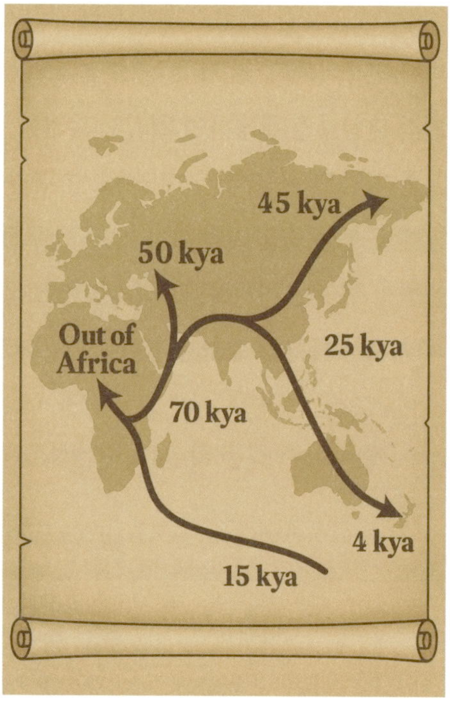

Out of Africa - 인류 대이동의 시간 지도
1 kya = 1,000년 전 (kilo years ago)
Created with DALL·E by OpenAI.

에덴에서 시작된 인류의 여정은 노아 이후 셈, 함, 야벳 세 계보로 갈라져 전 세계로 확산되었다. 셈의 후손은 메소포타미아와 레반트, 아라비아에 뿌리내렸고, 그 가운데 아브라함은 특별히 언약의 계보로 선택되었다. 그는 갈데아 우르(Ur of the Chaldeans)에서 출발하여 하란(Haran)을 거쳐, 마침내 **가나안(Canaan)** 땅에 이르렀다. 이 경로는 단순한 지리적 이동이 아니라, 셈의 계보 속에서 아브라함을 통해 이어진 언약의 길이자, 성경과 유전학이 함께 증언하는 역사적 무대였다.

결국 성경의 족보와 현대 유전학은 서로 다른 언어로 같은 이야기를 말한다. 성경은 에덴 이후 인류가 셈, 함, 야벳으로 나뉘어 온 세계로 확산되었음을 기록하고, 유전학은 하플로그룹과 aDNA의 신호로 이를 뒷받침한다. 두 시선은 **에덴에서 시작**된 하나의 뿌리 → 노아 이후의 확산 → **아브라함을 통한 언약의 계승**이라는 큰 흐름 안에서 만난다. 에덴은 과거의 신화가 아니라, 인류가 어디에서 왔으며 어디로 나아가는지를 묻는 근원적 기억으로 남아 있다.

4. 고대 민족의 이동과 유전자 분석 - 분자생물학이 밝혀낸 과거의 이야기

21세기에 접어들면서 유전체 분석 기술과 고대 DNA 연구의 눈부신 발전은 인류 역사의 가장 오래된 장면들을 새롭게 비춰주고 있다. 이제 우리는 단지 유물과 문헌에 의존하지 않고, **분자생물학**(Molecular Biology)의 **언어**로 고대 민족의 정체성과 이동 경로를 해독할 수 있는 시대에 들어섰다. 유전자 고고학(Archaeogenetics)은 고대 사회를 단일 민족의 연속으로 보던 기존의 시각에서 벗어나, 이주, 융합, 충돌과 동화의 과정을 과학적으로 추적하며 인류사를 새롭게 해석하고 있다.

□ 한민족의 기원 - 동북아 유전자 흐름의 복합성

한민족의 형성과 이동 경로는 전통적으로 고고학과 언어학, 역사 기록을 통해 연구되어 왔지만, 최근에는 동북아시아 · 시베리아 · 만주 지역에서 발굴된 고대 유골의 DNA 분석이 활발히 이루어지며, 유전적 계보를 분자 수준에서 재구성하는 시도가 이어지고 있다. 이러한 분석은 한민족이 단일한 혈통이 아니라, 북방계 유목민, 남방계 농경민, 그리고 바이칼 호수 인근의 수렵채집계 집단과의 다중 융합적 기원을 가졌음을 시사한다. 특히 흥미로운 점은, **모계(mtDNA)는 북방계 유전자가 우세하고, 부계(Y염색체)는 남방계 계통**의 비율이 **더 높게** 나타난다는 **연구 결과**도 존재한다는 것이다.

즉, 민족의 정체성은 고정된 것이 아니라, **오랜 시간의 이동과 결합**, 그리고 **남녀 간 서로 다른 계통의 융합**을 통해 점진적으로 형성되었다는 통찰을 제공한다.

□ 이집트인과 블레셋인 - 문명과 유전자의 교차로

이집트인은 나일강 유역이라는 천혜의 조건 속에서 정착 문명을 발전시킨 집단으로, 유전적으로는 **E1b1b, J, T 계열**의 하플로그룹을 중심으로 한 **아프리카 북부와 서아시아의 혼합 계통**을 보인다. 이들은 수천 년 동안 외부와 단절되지 않고도 지속적인 유전자 유입과 융합을 경험한 고정착 농경사회였다.

한편, 블레셋인(Philistines)은 **기원전 12세기경**, 해양 민족의 일파로서 이스라엘 아슈켈론 유적에서 발견된 유아 유골의 DNA 분석 결과, 남유럽 계통(R1b-M269, J2, mtDNA H, T2 등)이 초기 정착층에서 나타났으나, 불과 1-2세대 만에 현지 가나안인과 급속히 혼합되어 후대 유골에서는 거의 사라졌다.

이들은 정착 후 **가나안인들**과 빠르게 유전적으로 **융합**되었고, 후대의 블레셋 유골에서는 외래 유전형이 거의 사라질 정도로 빠르게 동화되었다. 이는 하플로그룹 분류, ADMIXTURE 분석(조상혼합 추정), PCA(주성분 분석)를 통해 그 이동과 혼합의 과정을 분자적으로 추적할 수 있음을 보여주는 대표 사례이다.

- **ADMIXTURE 분석**: 개체의 유전체가 몇 개의 조상 집단으로부터 유래했는지를 색상과 비율로 시각화하여, 혼합 여부를 추적하는 데 유용하다.

- **PCA(주성분 분석)**: 다양한 유전자 데이터를 2차원 또는 3차원상에 투영하여 민족 간 유전적 거리와 방향성을 시각적으로 보여주는 도구이다.

□ 가나안인과 히브리인 - 성경 속 민족의 과학적 탐색

오늘날의 이스라엘과 팔레스타인, 레바논, 요르단 서부에 해당하는 **레반트 지역**의 고대 주민으로 알려진 **가나안인**은 현대의 **레바논인**과 유전적으로 밀접한 관련이 있는 것으로 밝혀졌다. 이들은 주로 **J, E, G 계열**의 하플로그룹을 보이며, 유전자 흐름상 시리아 북부에서 남하한 집단으로 구성된 것으로 보인다.

히브리인, 곧 이스라엘 민족은 메소포타미아에서 출발하여 가나안으로 이주하였다는 성경의 서사와 일치하듯, **고대 가나안계 유전자와 상당한 융합**을 보이며, 유전적 특성에서도 큰 차이를 보이지 않는다. ADMIXTURE 분석은 이들이 **혼합된 공동체**였음을 보여 주며, PCA 분석 결과 역시 그들의 유전적 좌표가 가나안계 주민과 겹쳐지는 것을 확인할 수 있다. 이는 성경의 **아브라함에서 여호수아**에 이르는 이주와 정착의 과정이 **실제 유전자 흐름과도 부합**하는 지점이 있음을 시사한다.

□ 히타이트 · 아시리아 · 바빌론 - 제국의 그림자, 유전자에 새겨지다

히타이트는 아직 유전자 분석이 상대적으로 부족하지만, **인도유럽어족**을 사용하는 것으로 보아 **얌나야계 또는 중앙아시아계 혈통**의 일부가 소아시아에 정착한 것으로 추정된다. 유전적으로는 **R1b, J2, G2a** 계열이 복합적으로 나타날 가능성이 높다.

아시리아인은 **J2, T, G 계열**을 중심으로 한 **중동 유전형**을 보이며, 이는 티그리스강 중류와 북메소포타미아 일대에서 활동했던 제국의 유산이다. 성경의 열왕기와 이사야서는 북이스라엘이 아시리아에 의해 멸망당하고 포로로 끌려갔음을 전하며, 이 역시 유전자의 흐름과 일정 부분 맞닿는다.

바빌론은 **수메르계와 아카드계의 유전적 혼합**을 보여 주는 지역으로, 메소포타미아 남부의 복잡한 인종·언어·문화적 역사를 반영한다. 그들은 **성경의 다니엘서와 예레미야서**에서 포로기와 연결되며 등장한다.

□ 유라시아 유목민의 영향 - 얌나야와 스키타이의 유전자

얌나야문화는 기원전 약 3300~2600년경 흑해 북부에서 발생한 기마 유목민 집단으로, 유럽과 중앙아시아 전역에 큰 유전적 영향을 끼쳤다. 이들은 **R1b 계열**을 중심으로 하며, 인도유럽어족의 확산과 밀접한 관련이 있다. 그들은 청동기 말기에서 철기 초기에 걸쳐 **서유럽, 발칸, 아나톨리아, 인도 북부**까지 이주하며, **현대 유럽인 유전체 구성의 약 50% 이상**을 결정지었다.

스키타이인(Scythians)은 얌나야 이후 등장한 또 다른 유목 계열 집단으로, **R1a, C2, Q** 등 다양한 하플로그룹을 보이며 **알타이, 카프카스**(흑해와 카스피해 사이), **흑해 북부**에 이르기까지 활동하였다. 이들의 유전적 흔적은 **유럽-아시아 접경지대**에서의 **민족 융합**의 주요 증거로 해석된다.

□ 병원체와 인류 이동 - 전염병이 남긴 유전적 기록

고대 DNA 분석은 인류 자체뿐만 아니라, 과거를 뒤흔든 **병원체의 유전자**까지도 분석 대상으로 삼고 있다. 대표적인 예가 14세기 유럽을 강타한 흑사병(페스트, Yersinia pestis)이다. 이 병원체의 DNA는 중앙아시아의 고대 유적에서 검출되었으며, 이를 통해 **실크로드 경로**를 따라 **유럽으로 전파**되었음이 확인되었다. 이것은 전염병이 단지 의학적 사건이 아니라, 인류의 이동·무역·전쟁과 맞물린 **문명 교류의 일면**임을 보여 주는 강력한 증거이다.

□ 맺음말 - 유전자에 새겨진 인류의 여정

고대 민족들의 이동과 융합, 충돌과 동화의 과정은 더 이상 신화나 기록에만 의존하지 않는다. **DNA는 가장 오래된 기억의 저장고**로, 침묵의 언어로 과거를 말해 준다. 하플로그룹, ADMIXTURE 분석, PCA와 같은 도구들은 고대 문명들이 어떻게 섞였고, 어디서 왔으며, 무엇을 남겼는지를 우리에게 보여 준다.

이제 우리는 과거를 유전자의 눈으로 본다.
분자생물학은 역사의 새로운 기록자이며,
사라진 민족의 또 다른 연대기다.

"나는 여전히 너희 안에 있다.
너희가 서로 다르다고 말할 때조차,
나는 같은 근원에서 흘러온 증거를 보여 준다.
너희의 분열은 잠시일 뿐, **너희는 본래 하나였다."**

제5장

한민족의 기원과 주변 민족
- 북방과 남방의 교차로

1. 한민족의 기원과 형성 - 신화, 역사, 과학이 만나는 지점

한민족(韓民族)의 기원에 대해서는 역사학, 고고학, 언어학, 유전학 등 다양한 학문 분야에서 서로 다른 이론이 제시되어 왔다. 특히 고대 문헌의 전승과 현대 학문적 해석이 반드시 일치하지 않기 때문에, 단일한 결론에 도달하기는 어렵다. 그러나 각 분야의 연구 성과를 종합하면, 한민족의 형성 과정을 다층적으로 조망할 수 있다.

전통적인 관점에서 한민족의 기원은《삼국유사》에 전해지는 단군신화에 근거한다. 이 신화에 따르면, 환웅이 하늘에서 인간 세상으로 내려와 세상을 다스렸으며, 곰이 여인이 되어 낳은 아들 단군왕검이 고조선을 건국했다고 전해진다. 기원전 2333년경으로 추정되는 이 **건국 신화**는 한민족의 정신적 뿌리로 자리매김해 왔으나, 역사적 사실로서의 입증에는 여전히 **논쟁의 여지**가 있다.

2. 한민족의 유전적 기원과 특징 - 부계와 모계, 그 안에 담긴 역사

한민족의 유전적 기원은 수천 년에 걸친 민족 이동의 역사와, 삼면이 바다로 둘러싸인 한반도의 지리적 특성이 결합된 복합적 결과이다. 이는 단일 혈통으로 설명될 수 없는 유전자적 다양성을 내포하며, 최근의 **전장 유전체 분석**(WGS, Whole Genome Sequencing)을 통해 그 형성 과정이 더욱 구체적으로 밝혀지고 있다. 특히 Y염색체(부계 유전)와 미토콘드리아 DNA(모계 유전)의 비교 연구는, 고대부터 현재까지 한민족이 어떤 민족들과 어떻게 연결되어 있는지를 이해하는 열쇠를 제공한다.

□ 부계 유전자 - Y염색체 하플로그룹

- **O2**: 중국 남부 기원의 농경민 계열, 약 40%.
- **O1b2**: 한반도와 일본 열도 중심, 약 25~30%.
- **C2**: 몽골 · 만주 · 시베리아 계통, 약 10~15%.
- **N1**: 북유라시아 계열, 약 5% 미만.
- **Q**: 고대 북방 유목민 계열, 약 3~5%.

□ 모계 유전자 - 미토콘드리아 DNA (mtDNA)

- **D4, D5**: 시베리아, 중국 북부, 약 30~37%.
- **B4, B5**: 동남아 · 태평양 연안 기원, 약 10~20%.
- **M7**: 일본 · 동중국 연안, 약 10~15%.
- **F1, F2** : 중국 남부, 동남아 북부 계통, 10~15%.
- **A, G, N9 등**: 알타이 몽골,동북아 토착계통 2~3%.

□ 북방과 남방, 융합된 한민족

이러한 유전자 구성을 통해 알 수 있는 것은, 한민족은 남방계(O2, B4)와 북방계(O1b2, C2, D4 등)의 유전자가 혼합된 혼성 민족이라는 점이다. **부계**에서는 **남방계 유전자(O2)**의 비중이 높은 반면, **모계**에서는 **북방계 유전자(D4)의** 비중이 더 높다는 점이다. 이는 고대의 사회구조, 이주 방식, 혼인 문화 등과 밀접한 관련이 있다.

예를 들어, 남방계 농경민이 집단 단위로 북상하면서 한반도에 정착할 때, 부계 중심으로 남방 요소가 도입된 반면, 기존 **북방계 여성과의 통혼**이 지속적으로 이루어지며 **북방계 모계 유전자가 유지**되었을 가능성이 높다. 고대 사회에서 외부로부터 유입된 남성 이주 집단이 현지 여성과 혼인하는 패턴은 고고학과 인류학에서도 흔히 발견된다. 이처럼 한민족은 외래성과 토착성이 상호 융합된 역사적 정체성을 유전적으로도 증명하고 있다.

□ 의학적 특성과 유전적 안정성

한민족은 유전적으로 특정한 의학적 특성을 공유한다. **ALDH2 결핍**으로 인해 알코올 분해 능력이 낮은 인구가 전체의 약 30~40%에 달하며, **유당불내증** 비율도 상대적으로 높아 유제품 섭취에 따른 소화 장애가 흔하다. **BMI 관련 유전자**의 특성으로 인해 체질량지수가 낮더라도 복부비만 및 당뇨병 위험이 높은 것으로 알려져 있다.

또한 최근의 유전체 연구에 따르면, 한반도 인구는 지난 약 5,000년간 외부 유전자 유입이 비교적 적은 **안정된 집단 내 교류**를 유지해 온 것으로 밝혀졌다. 반도라는 지리적 특성은 외부 유전자 유입을 물리적으로 제한하는 역할을 하였고, 이는 한민족 유전자 특성의 **상대적 보존성**을 유지하게 한 주요 요인이 되었다.

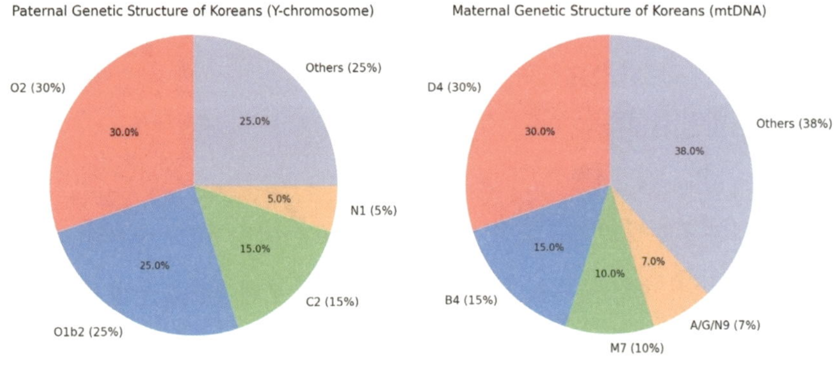

한국인 부계(왼쪽)와 모계(오른쪽) 유전자 분석(하플로그룹)
Created with DALL · E by OpenAI.

3. 북방과 남방의 융합으로 탄생한 민족: 고조선에서 삼한까지

한민족은 단일 혈통에서 비롯된 민족이 아니다. 수천 년 전부터 한반도에는 서로 다른 기원과 문화를 지닌 북방계와 남방계의 다양한 민족 집단이 존재해 왔으며, 이들은 끊임없는 이주와 교류, 충돌과 융합을 통해 오늘날의 한민족이라는 정체성을 형성하게 되었다. 이 과정을 이해하는 것은 단지 민족의 기원을 밝히는 차원을 넘어, 한국인의 심층적 문화 구조와 세계관이 어떻게 형성되었는지를 살펴보는 일이다.

□ 북방계 민족 - 초원과 활, 하늘을 숭배한 전사들

북방계 민족은 만주(滿洲)와 요하(遼河) 유역, 그리고 바이칼호 인근의 냉혹한 기후와 광활한 초원을 배경으로 형성되었다. 이들은 기마술, 청동 무기, 활 등의 전투 기술을 발전시키며 전사적 문화와 강한 정치 조직을 구축하였다. 이러한 문화적 특성은 고조선, 부여, 고구려와 같은 국가 체계의 형성으로 이어졌으며, 이들 국가는 천신(天神)을 숭배하는 천손(天孫) 사상과 군사 중심의 중앙집권 체제를 갖추고 있었다.

□ 남방계 민족 - 벼농사, 바다, 정착 공동체의 전통

반면 남방계 민족은 양쯔강 이남과 동남아시아 연안의 온화한 기후에서 벼농사를 중심으로 한 정착 농경문화를 발전시켰다. 이들은 바다와 강을 따라 한반도 남부로 북상하였으며, 토기, 패총, 돌칼, 움집 등 농경 사회의 유물과 함께 한반도 남부에 정착하였다.

이러한 남방계 전통은 한반도 남부에서 삼한(마한, 진한, 변한)이라는 지역 연맹체로 형성되었으며, 이들은 씨족 중심의 자치 사회와 느슨한 연합 형태의 정치 조직을 이루었다. 유전적으로는 **O1b 계열의 부계 유전자**와 mtDNA B, **F 계열의 모계 유전자**가 한반도 남부 지역에서 상대적으로 높게 나타나, 이들이 한반도 남부의 문화적 주체였음을 보여 준다.

□ 융합의 역사 - 정복이 아닌 공존과 통합의 과정

한민족은 어느 한 계통이 다른 계통을 일방적으로 지배하여 형성된 민족이 아니다. 북방계와 남방계의 만남은 장기간에 걸친 교류와 혼혈, 생활 방식의 융합을 통해 이루어진 **복합적 문화적 진화**였다.

북방계는 한민족의 **국가 형성과 정치 · 군사 조직력**, 즉 고조선과 고구려의 강력한 구조적 틀을 제공했으며, 남방계는 **농업 기반의 생존력, 생활문화, 공동체적 가치**를 전파하며 문화적 깊이를 더했다. 이 두 요소의 결합은 고조선이라는 최초의 고대 국가에서부터, 이후의 부여, 고구려, 삼한(마한 · 진한 · 변한)으로 이어지는 **분화와 통합의 역사**를 이끌어 냈다. 부계적으로는 남방(O2)의 흔적이, 모계적으로는 북방(D4)의 흔적이 뚜렷한데, 이는 농경민 남성과 토착 북방 여성의 통혼 패턴을 보여 주며, 곧 정치 · 문화적 융합의 기반이 되었다.

이처럼 북방과 남방의 융합은 단순한 유전자적 혼합을 넘어서, **정치와 문화, 사회구조와 세계관**에 이르기까지 한민족의 정체성 전체에 뿌리 깊은 영향을 남겼다. 삼한에서 삼국으로의 발전은 이러한 융합의 결정체였으며, 그 유산은 오늘날까지 한국인의 정신적 기반으로 살아 숨 쉬고 있다.

4. 동이족과 주변 세계의 교류 - 경계에서 문명을 꽃피우다

□ 변방에서 피어난 문명, 동이족

한반도와 만주 일대, 요동과 산둥반도에 걸쳐 살아가던 사람들은 중국 고대 문헌에서 **'동이족(東夷族)'**이라 불렀다. 이 호칭은 '동쪽의 활 잘 쏘는 자', '문신한 자', 또는 '중원 문명에 미치지 못한 오랑캐'라는 비하적 표현으로 사용되었지만, 실상 그들은 자연과 공존하며 농경과 수렵, 무기 제작, 제사 문화를 조화롭게 발전시킨 역동적인 **문명 창조자**였다. 그들의 문화는 중원과 북방, 해양 세계를 잇는 경계에서 독창적으로 형성되었으며, 중국의 청동기 문명과도 다른 계열의 단검·화살촉·제사 유물들을 남기고 있다.

기원전 수천 년, 요하 유역에서 출현한 홍산문화는 동이계 문화의 뿌리 중 하나로 평가된다. 이 문화는 옥기, 제천의식, 토착 여성 신상(女神像) 등의 유산을 남기며 후대 고조선의 신화적 구조에 영향을 주었고, 요동 지역을 중심으로 동이족이 문명을 꽃피우는 기반이 되었다.

□ 북방 유목민과의 교류 - 활과 말, 불빛 아래의 동맹

동이족은 고립된 민족이 아니었다. 그들은 북방 초원에서 등장한 흉노(匈奴), 말갈(靺鞨), 여진(女眞)과 오랜 세월 동안 경쟁과 동맹, 기술 교류를 이어왔다. 늦가을의 사냥 축제 자리에서 흉노의 사신은 동이족에게 말을 선물하며 전장에서의 연합을 제안했고, 동이족 대표는 화살과 말이 하나로 엮일 때 힘이 되지만, 그 피가 누구를 위한 것인지 잊지 말아야 한다는 말로 응답했다.

그들의 관계는 단순한 군사동맹을 넘어서 기술과 문화의 교류로 확장되었다. 동이족은 흉노에게 정교한 화살촉 제작법을 전수했고, 흉노는 기마 전술과 말 사육법을 공유했다. 말갈은 숲을 헤치며 사냥감을 추적하는 지식을 나누었으며, 밤에는 불가에 둘러앉아 술과 음악을 나누었다. 그 불빛 아래에서 언어와 혈연의 경계는 허물어지고, 문화는 서로를 흡수하며 진화했다.

□ 고조선과 중원 문명의 충돌과 융합

고조선(古朝鮮)은 동이족 문화가 정치적으로 결집된 **첫 번째 국가**였다. 비파형 동검과 탁자식 고인돌, 청동제 단검 등은 동이계 문화의 독자성을 보여주며, 고조선은 이를 바탕으로 요동과 한반도 북부 일대를 통치했다. 위만조선 시대에는 중원의 망명 세력과 토착 동이계

세력이 융합되었고, 이는 문명의 교류와 충돌을 동시에 불러왔다.

중국 한(漢)나라와의 긴장 속에서 고조선은 흉노와 전략적 동맹을 맺었고, 때로는 중원의 외교적 압박에 대응하며 독립적인 자주 질서를 유지하고자 하였다. 그러나 기원전 108년, 고조선은 한무제의 침략으로 멸망했고, 그 일부는 흉노 지역으로 유이민화되었다.

□ 고구려와 말갈 - 피와 땅의 연대

고조선이 멸망한 후, 고구려가 동북아시아의 새로운 강국으로 등장하였다. 이 시기 북만주와 연해주 일대에는 말갈족이 나타났고, 그들은 고구려와 언어, 풍습, 전투 방식이 유사한 동이계 부족이었다. 고구려와 말갈은 초기에는 연합 관계였다. 수·당의 침입에 맞서 말갈은 고구려를 도왔으며, 이후 고구려 멸망 후에는 대조영이 고구려 유민과 말갈인을 통합해 **발해**(渤海)를 건국하였다. 발해는 고구려의 정치체제와 말갈의 문화 전통을 융합한 다민족 국가로 발전하였고, 당나라·일본과의 외교를 통해 동북아 국제 질서에서 '**해동성국(海東盛國)**'으로 불릴 만큼 위상을 갖추었다.

□ 여진 - 역사의 변방에서 제국의 중심으로

말갈 이후 만주 지역에서 새롭게 등장한 세력이 **여진족**이었다. 중국 사서에 "여진은 곧 **옛 말갈**"이라 기록되어 있듯, 여진은 말갈의 후예로서 생활 방식과 문화의 많은 부분을 이어받았다. 다만, 발해 멸망 이후 분산되었던 말갈 세력이 점차 재편되며 새로운 이름과 정체성으로 나타난 것이 바로 여진이었다.

고려 초기에 여진은 조공과 침입을 반복하였고, 윤관 장군의 9성 설치와 같은 군사적 충돌이 있었다. 그러나 시간이 지나며 여진은 내부 결속을 다지고, 12세기 초 금(金)나라를 세워 송나라를 무너뜨리며 중국 북부를 장악했다. 조선 시대에는 4군 6진 개척과 여진 회유 정책이 병행되었으나, 결국 누르하치가 등장하면서 여진은 후금, 나아가 **청나라**로 발전하며 조선과 동북아 전체의 권력 판도를 바꾸는 중심 세력으로 떠올랐다. 병자호란(1636)은 여진계 청나라가 조선에 승리한 사건으로, 단지 군사적 패배가 아닌, 오랜 경계의 동맹이 제국의 위협으로 전환된 문명의 전환점이었다.

□ 동이족의 역사적 의의 - 문명은 경계에서 태어난다

흔히 변방의 민족으로 취급되었던 **동이족**은 사실상 고대 동북아 문명의 **가교**이자 **중심**이었다. 중원의 청동기 문화가 황하를 따라 발전할 때, 동이족은 요동과 한반도, 산둥에서 **비파형 동검**, **고인돌**, **독립적 제사 문화** 등을 발전시켰으며, 일본 열도에 벼농사와 공동체 문화를 전파하는 데에도 결정적 역할을 하였다.

그들은 북방 기마 문화와 남방 농경문화의 접점에서 새로운 문명을 창출하였으며, 단순히 오랑캐가 아닌, 중원과 초원, 해양을 잇는 문명의 **창조적 주체**였다. 동이족의 후예들은 고조선, 부여, 예맥, 고구려, 백제, 신라, 가야를 거쳐 오늘날의 한민족으로 이어졌고, 그 역사적 기억은 한국인의 정체성 깊숙이 새겨져 있다.

□ 맺음말

"동이족은 국경에 머문 민족이 아니었다. 그들은 국경을 건너 문명을 만들었고, 때로는 제국을 밀어냈으며, 때로는 그 제국의 중심이 되었다. 그 기억은 지금의 한민족 안에 살아 있다."

5. 발해는 고구려인가, 말갈인가 - 경계의 나라, 정체성의 기억

역사는 단일한 이름으로 정의되기 어렵다. 한 시대와 한 국가는 언제나 복합적이고 다층적인 이야기로 얽혀 있으며, **발해**라는 나라도 그중 하나다. 발해라는 이름을 부르면 곧바로 두 개의 이미지를 떠올리게 된다. 하나는 **고구려의 후손**이 만주의 들판에 다시 세운 부흥 국가라는 이미지, 다른 하나는 **말갈**의 숲과 강, 사냥꾼의 공동체가 문명화되어 국가로 변화한 이야기다.

□ 고구려의 계승자, 말갈의 뿌리 - 발해의 탄생

698년, 고구려가 멸망한 지 26년 후 대조영이 압록강 너머 동북의 산악지대에서 병사를 모았다. "대조영은《구당서》등 중국 사서에 고구려 유민으로도, 속말말갈 출신 장수로도 기록되어 있어, 그의 출신은 양쪽 계통 모두의 정통성을 아우르는 인물로 평가된다." 그는 고구려의 폐허 위에 말갈 세력을 규합해 당나라의 통제를 거부하며 새로운 나라를 세웠는데, 그 나라가 바로 발해였다. 시작부터 발해는 하나의 뿌리가 아닌, 두 개의 기억이 교차하는 나라였다.

발해의 정치체제와 이념은 고구려를 계승했지만, 지리적 기반과 민속문화, 인구 구성은 말갈의 전통에 뿌리를 두고 있었다. 대조영은 외교문서에서 발해가 고구려의 후예임을 강조했고, 당나라와의 관계에서도 고구려의 적통을 주장했다. 발해의 수도 상경 용천부는 고구려의 수도 평양성과 유사한 구조로 설계되었으며, 관직 체계, 율령 제도, 불교 신앙도 고구려의 전통을 계승했다. 국왕의 명칭도 무왕, 문왕처럼 삼국시대의 명맥을 잇는 이름을 사용했다.

그러나 발해의 땅과 사람은 말갈이었다. 발해의 수도는 평양이나 요동이 아니라 백두산 너머 헤이룽강 유역의 초원과 숲 사이에 있었으며, 이는 고구려가 통치했던 지역이 아니라 말갈 부족들이 대대로 살아온 고향이었다. 발해의 병력과 백성의 다수는 말갈 출신으로 구성되었고, 당나라 사서에도 **발해**를 **'속말말갈이 세운 나라'**로 기록했다. 무덤 양식과 토기, 장신구는 고구려의 것과 구별되는 말갈 특유의 문화를 간직했고, 곰과 호랑이 숭배, 수렵 풍속 등 말갈의 전통은 발해의 일상에서 사라지지 않았다.

이처럼 **발해**는 고구려와 말갈, 두 문화가 교차하며 만들어진 국가였다. **정치적 정체성은 고구려**에서 비롯되었지만, 문화적 토대와 **인구 구성은 말갈**에서 나왔다. 발해는 단순히 고구려의 계승 국가도, 말갈의 부족국도 아닌, 두 문화를 융합해 새로운 국가 정체성을 만들어 낸 **혼혈의 제국**이었다. 그들은 신라와 외교전을 벌였고, 당나라와는 대등한 조공 사절을 주고받았으며, 일본과의 외교에서도 고구려의 후계자이자 독자적 문화 강국으로서의 위상을 표방했다.

오늘날 발해가 고구려였는지, 말갈이었는지를 묻는 일은 단순히 천 년 전의 역사를 정리하는 문제가 아니다. 그것은 결국 오늘날 우리가 누구인지, 발해를 어떻게 기억할 것인지, 한민족의 역사에서 발해의 위치를 어떻게 자리매김할 것인지와 직결된다. 대한민국은 발해를 고구려의 후계 국가로 규정하고 '남북국 시대'의 주체로 포함시키며, 북한은 말갈조차 고구려계로 보아 전적으로 고구려의 연장선으로 본다. 반면 중국은 발해를 속말말갈의 지방정권으로 간주해 '중국 소수민족의 지방사'로 흡수한다.

그러나 어쩌면 발해는 이 모든 시각을 넘어, 하나의 제국으로서, 고구려와 말갈의 유산을 모두 품고 새로운 문명을 만들어낸 역사 속의 주체로 기억되어야 할지도 모른다. **발해는 고구려였고, 말갈**이었으며, 동시에 그 모든 것을 넘어선 국가였다.

발해는 단일한 줄기에서 솟은 나무가 아니라, 서로 다른 뿌리들이 교차하며 어우러진 숲과 같았다. 그 숲은 망국의 기억과 새로운 공동체의 가능성, 정체성과 다양성의 공존을 상징하며, 오늘날 우리에게 '누가 더 진짜인가'를 묻기보다는 '그들은 어떻게 함께 살았는가'를 성찰하도록 이끄는 역사적 거울이다.

□ 발해 멸망 후 대광현의 일인칭 이야기

926년, 거란의 침입으로 발해가 멸망하자, 마지막 왕족 대광현은 고려로 망명하였다. 그의 서사적인 회고는 발해인의 정체성과 한민족의 계승 의식을 잘 보여 준다.

나는 대광현,
발해의 피가 흐르는 마지막 왕족이다.
내 나라는 더 이상 존재하지 않는다.
926년의 어느 날,
천둥소리처럼 울려 퍼진 말발굽 소리와 함께
거란의 병사들이 상경용천부의 성문을 부수고 밀려들었다.
검은 연기가 하늘을 덮었고,
내 백성들의 울부짖음이 바람을 타고
북쪽 산맥을 넘어가던 그날,
발해는 멸망했다.

나는 목숨을 부지하려 도망쳤다.
발해 왕실의 후예로서,
왕국을 지키지 못한 죄책감이 내 목을 조여왔다.
그러나 나는 알고 있었다.
내 피를 이어받은 자들이 아직 살아있다는 것을.
그들을 살리고자, 나는 살아남아야 했다.

거란의 칼끝을 피해 산과 강을 넘고 또 넘었다.
내 곁에는 나와 뜻을 같이한 무사와 백성 몇이 함께였다.
우리는 때론 여진족의 눈을 피해 굴속에 몸을 숨겼고,
때론 갈대숲에서 허기진 배를 움켜잡고 눈물을 삼켰다.

그렇게 끝없는 길을 걸은 끝에,
나는 고려의 땅 끝자락에 도착했다.
고려 — 나와 같은 고구려의 후예라고 들었다. 그들의 왕,
왕건이 나를 불러들였다는 소식이 내 귀에 전해졌다.

내 가슴이 뛴다.
내 조상 대조영이 세운 발해의 마지막 불씨가 꺼져가던 그때,
왕건은 나를 맞아 주었다.

"대광현, 발해의 피를 이은 자여.
내 나라는 너희의 나라와 같은 피를 가졌다.
내 곁으로 오라."
그의 말은 내 귓가에 맴돌았다.
나는 무릎을 꿇고 머리를 조아렸다.
"고려의 임금이여, 발해의 유민과 내 목숨을 맡기겠나이다."
왕건은 나의 손을 잡았다.
"너와 네 백성은 나의 백성이다.
너희의 집과 밭을 주겠노라. 함께 고려를 지키자."
그때, 나는 눈물을 삼켰다.
내 나라가 사라졌지만, 내 백성은 아직 살아있다.
그리고 나를 받아 주는 이 새로운 땅이 있었다.

나는 다짐했다.
발해의 이름을 다시 일으키진 못할지라도,
내 백성만큼은 고려에서 뿌리내리고 살게 하리라.
나는 이제 고려의 신하가 되었지만,
내 핏줄 속에는 여전히 발해의 영광이 흐르고 있다.
그리고 언젠가 후손들이 내 이름을 부르며,
발해의 혼이 꺼지지 않았음을 기억해 주길 바란다.
고려의 땅에서 다시 깃든 발해인의 숨결은,
언젠가 잊혀질지라도 그날 나의 눈물은 잊히지 않으리.

제6장

노아의 홍수와 아라랏 전설
- 신화와 진실을 찾아서

1. 노아의 홍수

노아의 홍수(The Flood of Noah)와 **아라랏**(Ararat) 산에 얽힌 이야기는 단순한 신화로 가볍게 볼 수 있는 사건이 아니다. 이 서사는 인류 문명의 초기 기억과 신앙적 전승, 그리고 고고학적 호기심이 교차하는 지점에 위치해 있다. 성경《창세기》6장부터 9장에 기록된 이 사건은, 인류가 죄악으로 타락하자 하나님께서 전 지구적인 홍수로 이를 심판하시고, 오직 의인 노아와 그의 가족, 그리고 각종 동물을 구원하시기 위해 방주를 만들게 하신 이야기다. 하나님은 노아에게 길이 300규빗(약 137m), 폭 50규빗(약 23m), 높이 30규빗(약 14m)에 달하는 **삼층 구조의 배를 만들도록 명**하셨고, 40일 동안 쏟아진 비와 150일간 지속된 범람 이후, 방주는 아라랏 산에 머무르게 된다.

□ 방주의 구조와 조선공학적 설계

이러한 크기는 길이 대비 폭이 약 6:1, 길이 대비 높이가 10:1에 해당하는데, 현대 **조선공학**에서도 안정성과 복원성을 보장하는 **이상적인 비율**로 평가된다. 실제 대형 화물선이나 해양 구조물 또한 유사한 비율을 따르고 있으며, 이는 속도보다 안전과 부력을 우선시하는 설계 원리를 보여 준다. 약 4만 톤급으로 추정되는 방주는 추진력을 고려하지 않은 **거대한 바**

지선과 같은 구조로, 거센 파도 속에서도 전복 위험을 최소화할 수 있었다. 따라서 성경에 기록된 방주의 비율은 단순한 신화적 설정을 넘어, 오늘날 공학적으로도 타당성을 지닌 합리적 설계로 이해될 수 있다.

□ 창세기의 기록과 홍수의 경과

그날에 큰 깊음의 샘들이 터지며, 하늘의 창문들이 열려 사십 주야를 비가 땅에 쏟아졌더라. (창세기 7:11~12)

물은 점점 불어나 가장 높은 산까지 덮였고, 땅에 움직이는 모든 생물과 사람은 다 사라졌다. 오직 노아와 그와 함께 방주에 들어간 이들만이 살아남았다. 물이 땅에 150일간 넘실대다가 물이 점차 줄어들었고, 일곱째 달 열일곱째 날에 방주는 마침내 아라랏 산에 머물렀다. 까마귀와 비둘기를 내보내어 물이 줄어들었는지를 살폈으며, 마침내 무지개가 언약의 표징으로 하늘에 걸렸다.

□ 아라랏 산과 고고학적 탐사 시도

성경에서 말하는 '아라랏 산'은 단일한 산이 아니라 고대의 '아라랏 산지(Urartu)', 곧 오늘날 튀르키예 동부 아르메니아 · 이란 접경 지역의 고지대를 가리킨다. 현재 우리가 '아라랏 산'이라 부르는 곳은 해발 5,137m에 이르는 화산으로, 전통적으로 방주의 최종 도착지로 여겨진다. 그러나 이 지역이 실제로 방주가 멈춘 장소였는지를 둘러싸고는 여전히 논쟁이 이어지고 있다.

20세기 들어 아라랏 산에서 **방주의 흔적을 찾으려는 탐사 시도**도 여러 차례 있었다. 1916년 제정 러시아 군 장성이 눈 덮인 아라랏 산에서 거대한 구조물을 보았다는 보고를 시작으로, 1949년과 1970년대에는 미군 정찰 사진에서 방주로 추정되는 형상이 포착되었다는 주장이 제기되기도 했다. 2010년에는 홍콩의 탐사 팀이 목재 구조물을 발견했다고 발표했지만, 대부분은 과학적 검증을 통과하지 못했으며 현장의 조건이나 유물의 고고학적 맥락도 불분명하여 논란으로 남아 있다.

지질학적으로는 전 지구적 범위의 홍수 증거는 아직 명확히 발견되지 않았다. 이에 많은 과학자들은《창세기》의 홍수가 메소포타미아 지역을 중심으로 발생한 국지적 범람일 가능성에 무게를 둔다. 이러한 가설 중 하나가 바로 **'흑해 대홍수설'**(Black Sea Deluge Hypothesis)이다. 이 이론에 따르면, 약 7,000여 년 전 지중해의 해수가 보스포루스 해협을 통해 흑해로 급격히 유입되면서 주변 저지대에 대규모 범람이 발생했고, 이것이 고대 대홍수 전승의 실질적 기반이 되었을 수 있다.

□ 신학적 해석 - 심판과 구원의 언약

신학적으로 볼 때, **노아의 홍수는** 단순히 **멸망의 사건이 아니라 '구원의 약속'**이 담긴 이야기다. 하나님은 심판을 통해 인류의 악을 멈추셨지만, 동시에 노아와 방주를 통해 구원의 길을 열어주셨다. 홍수가 끝난 뒤 하늘에 떠오른 무지개는, 하나님과 인류 사이의 언약의 징표로 주어졌으며, 이후 기독교 신학에서 방주는 '예수 그리스도의 구속'을 상징하는 중요한 예표로 해석된다. **방주**는 생명의 보호처이자 심판을 넘어선 **은혜의 그릇**이었으며, 그 안에는 미래 세대를 위한 **'새로운 시작'**이 담겨 있었다.

결국 노아의 홍수와 아라랏 산에 얽힌 이야기는 고대인의 상상이나 종교적 신념에 머물지 않는다. 이 사건은 자연재해를 향한 인간의 두려움, 신과의 관계 속에서 구원을 갈망하던 원형적 기억, 그리고 문명을 향한 인류의 첫 발걸음이 교차하는 상징적 장면이다. **노아의 홍수**는 과거의 사건이자 오늘날에도 과학, 역사, 신앙이 함께 대화할 수 있는 **공통의 지점을 제공**한다.

그 이야기는 곧 **심판과 회복**, 그리고 희망의 약속이자, 우리가 다시금 "무엇을 믿고 살아가는가"를 묻는 깊은 거울이다. 홍수는 단순한 과거의 자연재해가 아니라, 인류가 '파괴 이후에도 다시 시작할 수 있다'는 희망을 기억하게 하는 영적 서사다. 이러한 신학적 의미와 더불어, 오늘날 탐사와 과학적 조사는 노아의 홍수가 단지 상징이 아닌 실제 흔적일 수 있다는 가능성을 탐구하고 있다.

2. 노아의 홍수 유적 발굴 - 최근의 과학적 조사 진행 현황

최근 터키 동부 아라랏 산 인근에서 성경에 등장하는 **노아의 방주와 관련된 유적 발굴**이 다시금 주목받고 있다. 특히 학자들과 탐사자들이 가장 주목하는 지역은 바로 **두루피나르 (Durupınar) 지형**이다. 이곳은 터키 아그리(Ağrı) 주 도우바야즈트(Doğubayazıt) 인근, 아라랏 산 남동쪽에 위치하며, 해발 약 1,874~1,911m의 고지대에 자리한다. 비록 아라랏 산 정상(해발 5,137m)보다는 낮지만, 접근이 상대적으로 용이한 지역이다.

□ 두르피나르 지형의 발견

두루피나르 지형은 1959년, 터키 공군의 항공사진 분석 과정에서 처음 발견되었다. 해당 지형은 약 164m의 길이를 가진 배 모양의 형상을 지녔으며, 이는 성경 창세기에 기록된 방주의 크기(길이 300규빗 ≒ 약 137m)와도 유사하여 주목을 끌었다. 이후 수십 년간 논란과 관심 속에서 탐사와 분석이 이어졌으나, 최근에는 첨단 기술이 투입되며 과학적 검증이 새로운 국면에 접어들고 있다.

□ '노아의 방주 스캔(Noah's Ark Scans)' 프로젝트

2021년부터 **'노아의 방주 스캔(Noah's Ark Scans)' 프로젝트**라 불리는 미 · 튀르키예 공동 연구가 본격적으로 진행되고 있다. 연구팀은 지표투과 레이더(GPR)와 **토양 성분 분석** 등의 기법을 활용해 두루피나르 지형의 지질학적 구조를 정밀 조사 중이다. 그 결과, 약 4m 깊이의 지하에서 **터널 형태의 공간과 세 개의 수평 구조물**이 탐지되었으며, 이는 성경에서 묘

사된 **방주의 삼층 구조**와 유사하다는 주장이 제기되었다. *(참고: Noah's Ark Scans, "Noah's Ark - A Selection of Images (2020)", NoahsArkScans.com)*

특히 주목할 만한 점은 **내부 토양의 특이성**이다. 연구팀이 분석한 결과, 해당 지역의 토양은 주변보다 **유기물 함량이 약 두 배** 높았고, **칼륨 농도도 40%가량** 더 높았다. 또한 **pH 수치는 더 낮게** 나타났다. 이러한 결과는 장기간 부식된 목재의 흔적일 가능성을 시사하며, 토양 내에서 **점토질 물질, 해양 퇴적물, 조개류** 등이 발견되면서 **약 3,500~5,000년 전** 이 지역이 **물에 잠겨 있었을 가능성**이 제기되었다. 이는 노아의 홍수 전승이 실제 자연재해에서 비롯되었을 가능성을 뒷받침하는 단서로 주목받고 있다.

연구팀은 현재 터키 정부와 협의하여 **본격적인 고고학 발굴 단계**로 전환을 준비 중이며, 인근 대학과의 협력을 통해 국제 고고학 프로젝트로 확대할 계획이다. 초기 발굴은 **코어 드릴링(core drilling)** 기법을 통해 지층 깊숙이 매장된 목재나 인공 구조물의 존재를 확인하는 데 중점을 둘 예정이다. 이번 프로젝트는 **고대 신화와 과학이 만나는 교차점**에서 진행되는 중요한 시도로서, 전 세계 학계와 대중의 관심을 끌고 있다.

결론적으로, 두루피나르 지형에서 진행 중인 연구는 노아의 방주 전설이 단순한 신화에 그치지 않고, **역사적 실체**일 수 있다는 가능성을 제시하고 있다. 향후 발굴과 분석을 통해 인공 구조물이나 목재 유물이 확인된다면, 이는 인류 문명의 초기 기억과 신앙 전통이 겹치는 이 지역이 단지 전승의 공간이 아니라, **고대 문명의 실제 무대**였음을 입증하는 중요한 전환점이 될 수 있다.

□ 실로암 수로의 발견과 노아의 방주 유적

마치 **기원전 700년경**, 유다 왕 히스기야가 건설한 실로암 수로(Siloam Tunnel)가, **2500년이 지난 1880년**, 예루살렘에서 물놀이하던 소년의 우연한 발견을 통해 세상에 드러났듯 말이다. 그 안에서 발견된 **실로암 비문**은 히브리어로 새겨진 고대 글로서, 성경 열왕기하 20장과 역대하 32장에 기록된 수로 공사의 사실성을 고고학적으로 입증하며, 오랫동안 성경을 신화로 치부하던 학자들에게 **침묵의 근거**를 제공했다. **두루피나르 지형 또한**, 언젠가 그러한 증거를 통해 **성경 기록이 허구가 아닌 역사**였음을 보여 줄 **또 하나의 증언**이 될지 모른다.

아라랏 산의 두루피나르 지형

3. 노아의 홍수는 전 지구적이었는가?

노아의 홍수 이야기는 성경을 넘어, 전 세계 고대 문명과 신화 속에 유사한 형태로 반복되어 등장한다. 이는 단순한 종교적 전승을 넘어, 고대 인류가 실제로 겪었을 가능성이 있는 **대규모 자연재해에 대한 집단 기억**이 문화마다 다르게 변용된 결과로 볼 수 있다.

□ 메소포타미아의 길가메시 서사시 - 홍수 신화의 원형

가장 대표적인 사례는 메소포타미아의 《길가메시 서사시》이다. 기원전 18세기경 바빌로니아에서 기록된 이 이야기에서는, 신들이 인간의 소란에 분노하여 대홍수를 내리기로 결정

한다. 그러나 신 '에아(Ea)'는 은밀히 인간 우트나피쉬팀(Utnapishtim)에게 배를 지어 가족, 동물, 기술자들과 함께 피신하라고 경고한다. 그는 결국 배를 타고 살아남아, 물이 빠진 후 산에 정착하고 제사를 드린다. 이 구조는 성경의 노아 이야기와 **방주의 건조, 생물 보존, 홍수 심판, 산에 정착, 제사, 불사의 언약**이라는 측면에서 놀라운 유사성을 보여준다. 또한, **수메르 왕명 목록**은 '홍수 이전'과 '홍수 이후'로 연대를 구분하며, 대홍수를 실제 역사적 단절점으로 인식했음을 보여 준다.

□ 인도와 그리스의 대홍수 전승

인도의 고대 전승에도 이와 비슷한 이야기가 있다. 인류의 시조 마누(Manu)는 신성한 물고기의 계시를 받고, 곧 닥칠 대홍수를 피하기 위해 배를 만든다. 이 물고기는 힌두교의 신 비슈누(Vishnu)의 화신으로, 마누를 높은 산(만디야 산)으로 인도한다. 구조적으로 방주, 산 정상 정착, 신의 구원이라는 모티프는 성경 및 메소포타미아 전승과 일치한다.

그리스 신화에서도 제우스가 인간의 타락에 분노하여 홍수를 일으키자, 데우칼리온(Deucalion)과 그의 아내 피라(Pyrrha)만이 살아남는다. 이 부부는 산 위에 올라 재앙을 피한 뒤, 새로운 인류를 세운다. 이는 단순한 우연의 일치라기보다는, 인류 초기의 생존 경험과 자연 재앙에 대한 인식이 공통된 문화적 기억으로 정제되어 전승되었을 가능성을 시사한다. 결국 이 모든 전승은 하나의 질문으로 우리를 이끈다. 왜 전 세계 수많은 고대 문명들이 **'홍수'라는 공통된 기억**을 공유하고 있는가?

□ 창조론적 관점 - 전 지구적 격변의 흔적

여기에 더해, **창조론적 관점**에서는 이러한 전승들을 단순한 신화적 모티프가 아닌 실제 전 지구적 격변의 **역사적 흔적**으로 해석한다. 전 세계 대륙에 걸쳐 분포하는 두터운 퇴적층, **히말라야**의 에베레스트 정상 부근에서 발견된 **조개와 암모나이트 화석**, **알프스 고지대** 석회암에서 확인되는 **산호와 패류 화석**, **안데스 산맥** 고원에서 보고된 **조개류와 산호, 해저 어류**

화석, 그리고 북미 **로키 산맥의** 그린리버 지층에서 대량으로 발견된 **어류와 곤충, 식물 화석** 등은 고산지대조차 한때 바다였음을 보여 준다. 이러한 사실은 장구한 지질 시대의 점진적 변화라기보다, 단기간에 일어난 거대한 격변적 홍수 사건의 결과로 해석될 수 있다. 더 나아가 광범위한 석탄·석유층 역시 전 지구적 격변 속에 매몰된 생물체가 압축되어 형성된 흔적으로 이해된다. 창세기의 "온 땅이 물에 잠겼다"는 서술과 무지개 언약은, 국지적 재해가 아닌 인류 전체를 대상으로 한 심판과 구원의 사건을 뒷받침하는 기록으로 제시된다.

□ 과학적 관점 - 국지적 홍수와 지질학적 변화

반면에, **과학계**는 **노아 홍수**를 전 **지구적 사건으로 보지 않는다.** 고산지대에서 발견되는 **해양 화석**은 전 지구적 홍수의 흔적이 아니라, 과거 바다였던 지층이 **대륙판 충돌과 융기**에 의해 산맥으로 솟아오른 결과로 설명된다. 화석과 퇴적층은 방사성 동위원소와 지층 연구에 따르면 수천만 년에서 수억 년에 걸쳐 형성된 것이며, 석탄과 석유 또한 장구한 지질 작용 속에서 만들어진 것으로 이해된다. 그리고 홍수가 일어났다고 추정되는 시기에도 이집트와 메소포타미아 같은 고대 문명이 끊어지지 않고 이어진 점은, 전 지구적 파괴 사건이 없었음을 보여 주는 근거로 제시된다.

4. 노아의 홍수 연대 추정

노아의 홍수는 성경에 명확한 연대가 기록되어 있지 않아, 해석과 학문적 관점에 따라 그 연대가 다양하게 추정되어 왔다. 이에 대해 대표적으로 세 가지 접근 방식이 존재한다.

□ 노아의 홍수에 대한 다양한 해석

첫째, 성경 연대기(문자적 연대 계산)에 따른 **전통적 추정**이다.
이는 창세기에 기록된 아담부터 노아까지의 족보(창세기 5장)와, 이후 셈의 계보(창세기

11장)를 연대 단위로 계산해 홍수 연대를 산출하는 방식이다. 대표적으로 유대교의 마소라 본문(Masoretic Text)을 기준으로 계산하면, 노아의 홍수는 대략 **기원전 2348년경**으로 추정된다. 이 연대는 제임스 어셔(James Ussher) 주교의 연대기(1650년대)에서도 자주 인용되며, 일부 보수적 성경학자들은 여전히 이 시점을 지지한다.

둘째, 역사 비평적 · 고고학적 관점에서는

성경의 족보 연대가 문학적 · 신학적 장치일 가능성을 감안하여 직접적인 연대 산출에는 신중하다. 다만, 고대 메소포타미아 지역에서 발견된 대규모 홍수층과 문명 붕괴의 흔적들을 통해, 기원전 **2900년경 우르(Ur)** 지역에서 발생한 **대홍수 사건**이 실제 홍수 신화의 원형이었을 가능성이 제기된다. 이는 우르 왕조 이전 고고학 유적층에서 발견된 두꺼운 실트층(silt layer,홍수 퇴적층)에 기반한 연대이다. 이 해석에 따르면, 노아의 홍수 이야기는 지역적 홍수의 역사적 경험이 성경 기록에 수용되었을 가능성이 있다.

셋째, 지질학적 · 자연과학적 시각에서는

노아의 홍수를 특정 연도로 정확히 고정하기 어렵다고 본다. 홍수 퇴적층이 지구 전역에서 동시에 발생했다는 과학적 증거는 부족하며, 홍수의 흔적은 주로 국지적 범람(메소포타미아, 흑해 등)으로 해석된다. 예를 들어, **흑해 대홍수설**은 기원전 약 **5600년경 지중해의 해수**가 보스포루스를 통해 **흑해로 유입**되어 대규모 범람을 일으켰다는 가설로, 일부 연구자는 이를 노아의 홍수 전승의 기원으로 추정한다. 그러나 이 역시 역사적 연대에 대해 학계의 일치된 합의는 없다.

결론적으로, 노아의 홍수 연대는 해석의 관점에 따라 기원전 **2348년경(성경 문자적 해석)**, 기원전 **2900년경(역사 비평적 관점)**, 혹은 기원전 **5600년경(지질학적 가설)** 등으로 다양하게 제시되고 있다. 이처럼 동일한 사건을 놓고도 해석의 스펙트럼은 기원전 2348년부터 5600년까지로 넓게 분포한다. 이는 단순히 '언제'의 문제가 아니라, 우리가 어떤 렌즈(역사 비평, 과학, 신앙)를 통해 과거를 바라보느냐의 문제이다.

□ 최근의 연구 사례 - 흑해 연관설

흑해 대홍수설은 성경《창세기》의 '노아의 홍수' 이야기와 유사한 대홍수 사건이 고대 흑해 지역에서 실제로 발생했을 가능성을 제기하는 과학적 가설이다. 이 이론은 1997년 미국의 해양 지질학자 윌리엄 라이언(William Ryan)과 월터 피트먼(Walter Pitman)에 의해 본격적으로 제안되었으며, 구체적으로는 **기원전 약 5600년경**, 빙하기 이후 상승한 지중해의 바닷물이 **보스포러스 해협**을 통해 **흑해로 급속히 유입**되면서 **대규모 범람**이 일어났다는 주장이다.

그 당시의 흑해는 현재보다 훨씬 낮은 수면을 가진 **거대한 담수호**였고, 해협이 뚫리면서 바닷물은 하루 수백만 톤 규모로 흘러들어 수면이 약 **100~150미터 상승**하게 되었다. 이로 인해 주변 저지대에 거주하던 인류 문명은 **갑작스럽게 수몰되고**, 살아남은 사람들은 고지대나 다른 지역으로 대피하게 되었을 것이다. 이와 같은 거대한 재앙의 기억이 수천 년 동안 구전되며 변형되어, 후에 성경의 '노아의 홍수'나 메소포타미아 지역의 '길가메시 서사시' 등으로 전승되었을 가능성이 제기된다.

과학적 증거로는 흑해 해저에서 발견된 **담수 조개껍질 위에 해양성 염수 조개층**이 급격히 덮여 있는 지층 구조, **인류 정착 흔적의 급격한 단절**, 그리고 **DNA 분석을 통한 인구 이동 경로** 등이 있다. 일부 연구는 흑해 인근 인류가 이 사건 이후 발칸, 아나톨리아, 중동, 유럽 내륙 등지로 흩어졌고, 이것이 구체적인 문화 전파의 기점이 되었을 가능성도 제시한다.

이 이론은 신학계와 고고학계에서 활발한 논쟁을 불러일으켰다. 긍정적인 입장에서는 이 가설이 **고대의 실제 자연재해**가 어떻게 **종교적·신화적 이야기로 발전**할 수 있는지를 보여주는 사례로 평가되며, 과학과 신앙의 접점을 모색하는 데 기여하고 있다. 반면, 비판적인 시각에서는 당시의 범람이 생각보다 점진적이었을 수 있고, **성경의 연대기와 지리적 범위**와는 일부 불일치가 있다는 점을 지적한다.

결론적으로, 흑해 범람설은 노아의 홍수 이야기를 단순한 신화로 보거나 문자적 사실로만 해석하는 이분법을 넘어서, **역사적 사실과 종교적 기억** 사이의 **교차점을 탐색**하는 의미 있는 시도로 받아들여지고 있다. 인류의 집단 기억과 실제 자연재해의 경계를 탐색하는 이 가설은, 과학과 신앙이 서로를 배제하지 않고 **과거를 해석하는 두 개의 언어**로서 공존할 수 있음을 보여 주는 대표적 사례라 할 수 있다.

노아의 홍수 상상도, Download Free Stock Image from Pixabay generated by AI

5. 노아의 홍수가 가지는 상징성

노아의 홍수 연대는 단지 과거의 사건을 재구성하는 문제가 아니라, **성경 해석**과 **과학적 탐구** 사이의 **대화를 여는 열쇠**다. 믿음과 이성, 기록과 자연, 신화와 사실 사이의 경계를 묻는 이 주제는, 우리가 어떻게 과거를 이해하고 현재를 해석하며 미래를 설계할지를 비추는 중요한 거울이 된다. 노아의 홍수는 과학과 신앙이 만나는 시험대였고, 동시에 서로 다른 언어가 같은 진리를 지향할 수 있음을 보여 주는 거울이다.

노아의 홍수 이후, 인류는 노아의 세 아들—셈과 함과 야벳—의 자손으로 흩어졌다고 성경은 기록한다. 이는 단순한 족보 서술이 아니라, 민족의 분산과 언어의 다양성을 설명하는 신학적 기초였다. 흥미롭게도, 오늘날 유전자 분석과 고고학은 바로 그 시기 인류 집단이 대규모로 이동하며 새로운 언어와 유전적 다양성을 만들어 냈음을 보여준다. **과학의 언어와 신앙의 언어**가 서로 다른 방식으로, 그러나 **같은 기억을 가리키고 있는 것**이다.

II

문명과 기술의 첫 발걸음

제7장

고대의 토목과 건축 기술 - 이집트, 메소포타미아, 로마

1. 고대 이집트 오벨리스크 제작 이야기- 태양신의 기둥

▶ 제1막. 이야기 시작

기원전 15세기, 나일강이 흐르는 **아스완의 뜨거운 채석장.**

태양은 강렬한 빛을 내리쬐고, 붉은 화강암에 그 열기가 스며들고 있었다. 왕좌에 앉은 파라오 핫셉수트 여왕(혹은 일부 학자에 따르면 투트모세 3세)이 신하들을 불러 모았다. 그녀는 태양신 '라(Ra)'의 권위를 온 이집트에 드높이기 위해 거대한 오벨리스크를 세우기로 결심했다.

▶ 제2막. 파라오의 명령

"태양신 '라'의 영광을 상징할 가장 크고
가장 완전한 오벨리스크를 만들라."
왕의 목소리는 위엄으로 가득 차 있었다.
"룩소르의 신전 앞에 세워 모든 백성이
태양신의 권능을 경배하게 할 것이다."

▶ 제3막. 석공의 맹세

왕의 명을 받은 이멘호테프(왕실 건축 감독)는 아스완 채석장의 수석 석공 카프렘(Khaprem)을 불렀다. 카프렘은 검게 그을린 손으로 돌망치를 쥔 채, 자신의 손바닥을 파라오를 향해 펼쳐 보였다.

"내 손이 파라오의 뜻을 새기겠습니다.
태양이 내 머리를 녹일지라도,
'라'의 빛을 담은 기둥을 완성하리다."

▶ 제4막. 제작의 고통

채석장에는 수백 명의 일꾼들이 모였다. 돌로라이트 망치가 화강암을 두드리는 소리가 채석장 전체에 울려 퍼졌다. 수십 명의 석공들이 줄지어 늘어선 오벨리스크 외곽에 홈을 내며 돌망치를 반복해 내리쳤다. 때로는 구리 톱에 모래와 물을 부어, 끝없는 왕복 운동으로 화강암을 갈아냈다. 태양빛 아래, 석공들의 땀방울은 마치 라의 빛처럼 반짝였다.

▶ 제5막. 위기의 순간

그러나 어느 날, 카프렘은 돌덩어리에 길게 달린 균열을 발견했다.
그 균열은 오벨리스크의 허리를 갈라놓을 듯 깊었다.
카프렘은 얼굴이 하얗게 질려 이멘호테프에게 달려갔다.

"이멘호테프님, 태양신의 기둥이…
이대로는 완성될 수 없습니다."
이멘호테프의 얼굴에도 어둠이 드리워졌다.
"폐하께 보고드려야겠다.
'라'의 상징이 완성되지 못한 죄는 오로지 나에게 있다."

▶ 제6막. 파라오 앞에서

핫셉수트 여왕은 무표정한 얼굴로 카프렘과 이멘호테프를 바라보았다.

"태양신의 기둥이 갈라졌다고? 너희의 정성과 기술이 부족해서인가,
아니면 '라'의 뜻이 그러하신가?"
카프렘은 떨리는 목소리로 대답했다.
"폐하, 저희가 쓸 수 있는 도구로는 최선을 다하였습니다.
하지만 돌 속의 숨겨진 길을 읽어 내지 못했습니다.
'라'께서 허락하신 돌이 아니었나 봅니다."
여왕은 잠시 눈을 감았다.

"좋다. 그 기둥은 그대로 두어라.
'라'의 뜻이 완성되지 않은 돌로
후세에 전해질 것이다."

▶ 제7막. 이야기의 끝

그렇게 아스완 채석장에는 균열이 간 오벨리스크가 미완성으로 남았다. 미완성 오벨리스크는 단순한 실패작이 아니라, 고대인들의 도전과 한계를 동시에 증언하는 '기술의 흔적 박물관'이다.

□ 이집트의 미완성 오벨리스크

고대 이집트 아스완(Aswan) 지역에 있는 미완성 오벨리스크(unfinished Obelisk) 현장은 인류 석조 건축 기술의 진화를 보여 주는 대표적인 유적지다. 이 오벨리스크는 기원전 15세기경, 제18왕조 시기(핫셉수트 여왕 또는 투트모세 3세 시기)에 제작되다 중단된 것으로, 길이 약 42미터, 무게는 1,200톤 이상이다. 완성되었다면 고대 이집트 최대의 단일 석조물이 되었을 것이다.

이곳에서는 **돌로라이트**(Dolerite)라는 단단한 암석으로 만든 망치형 석구가 수백 개 발굴되었고, 화강암 표면을 타격한 흔적이 오벨리스크의 외곽에 선명히 남아 있다. 고대 이집트

인들은 구리나 청동으로 만든 끌과 톱, 모래·석영 가루와 물을 혼합한 연마재를 활용해 마찰 절단 기법을 적용하였다. 오늘날의 '습식 절단(wet cutting)'에 가까운 방식으로, 도구가 직접 자르기보다는 연마재가 돌을 마모시키는 원리를 활용하였다.

미완성 오벨리스크, Image by Zureks, Public Domain, via Wikimedia Commons.

□ 고대 이집트의 석재 공학 - 채석에서 드릴링, 그리고 정밀 결합까지

고대 이집트인은 돌을 단순히 쌓은 것이 아니라, **정확한 공정을 갖춘 석재 공학 시스템**으로 다루었다. 먼저 채석장에서 돌을 원하는 크기로 정밀하게 분리했고, 물을 뿌린 썰매와 경사로, 나일강 선박을 이용해 효율적으로 운반했다. 이후 구리 톱과 연마제를 사용해 돌을 절단하고 형태를 잡았으며, **코어 드릴링 방식의 천공 기술**로 돌에 완벽한 원형 구멍을 만들었다. 연마 단계에서는 석영과 에메리로 표면을 거울처럼 매끄럽게 다듬었고, 마지막으로 숄더 구조와 장부결합 등으로 **돌과 돌을 종이 한 장도 들어가지 않을 정도로 정확히 맞물리게 결합**했다. 이러한 기술은 고대 이집트가 힘이 아니라 **과학과 정밀 공학으로 돌을 지배한 문명**이었음을 보여 준다.

▶ 튜브 드릴 방식 - 고도의 천공(穿孔) 기술

고대 이집트 기술자들은 단순히 돌을 쪼개는 수준을 넘어, '정밀하게 돌을 깎아 내는 방식'으로 구멍을 만들었다. 그 핵심 기술은 **속이 빈 관 모양의 구리 또는 청동 도구를 회전시키는 방법**이었다. 이 관을 돌 표면에 세워 지속적으로 회전시키면 원형의 구멍이 만들어지는데, 문제는 **구리나 청동이 돌보다 훨씬 부드럽다**는 점이다. 그럼에도 이집트인들은 단단한 화강암이나 사암을 자유롭게 가공할 수 있었다.

이 놀라운 결과가 가능한 이유는 바로 **연마제(abrasive)의 사용**이었다. 이집트인들은 사암 가루, 석영(Quartz) 가루, 그리고 현대 공업용 연마제에 해당하는 매우 단단한 광물인 에메리(emery)에 물을 섞어 사용했다. 물은 단순한 윤활제가 아니라, 연마제가 고르게 분포되도록 도와주고 마찰열을 줄여 도구와 돌이 손상되지 않도록 하는 **냉각 역할**도 수행했다.

기자 피라미드의 나선형 드릴링 흔적, W. M. F. 피트리, 《The Pyramids and Temples of Gizeh》 Public Domain.

이 연마제는 구리 관과 돌 사이에서 **마치 사포처럼 작용**하여, 돌을 부수는 것이 아니라 **미세하게 깎아내는 방식으로 돌을 제거**했다. 이 과정에서 구멍의 가장자리는 깎여 나가지만, 중심부는 관이 닿지 않아 그대로 남게 된다. 이렇게 남은 부분이 바로 원통형의 '코어(core)'이다. 이 코어는 매우 정교한 원기둥 모양으로 남아 있으며, 이는 단순한 타격이나 쐐기 방식으로는 절대 만들 수 없는 형태이다. 특히 코어의 표면에는 나선형 마모 자국이 남아 있는 경우도 있어, **꾸준한 회전 운동이 가해졌음**을 명확히 보여 준다. 이러한 구조와 흔적은 **현대 석재 산업에서 사용하는 '코어 드릴(core drill)' 기술과 거의 동일**한 원리로, 고대 이집트가 이미 수천 년 전에 이와 유사한 가공 방식을 이해하고 있었다는 사실을 증명한다.

레크미레 무덤의 구슬제작 및 수동 드릴링 작업, The Metropolitan Museum of Art, Rogers Fund 1931 (Accession no. 31.6.25). Public Domain.

▶ 석재 기술의 총집합 - 고대 이집트 건축 공정의 공학적 이해

고대 이집트의 석재 건축은 단순한 노동의 산물이 아니라, **과학적 사고와 정밀 공학이 결합된 체계적인 기술 과정**이었다. 그들의 돌 가공 기술은 "채석 → 운반 → 절단 → 평면 연마 → 결합 및 고정"이라는 현대 건설 공정과 유사한 단계로 이루어졌으며, 각 과정에는 놀라울 만큼 정교한 방법이 적용되었다.

먼저 **채석 단계**에서 이집트인들은 단순히 돌을 부수는 것이 아니라, 원하는 크기와 형태로 정확하게 분리했다. 이를 위해 구리 끌과 돌망치로 돌에 홈을 파고, 나무쐐기를 박은 뒤 물을 부어 팽창시키는 방식을 사용하였다. 더 단단한 돌에서는 불로 달궜다가 찬물을 부어 균열을 유도하는 **열충격법**을 활용했다. 이처럼 돌의 성질과 열팽창 원리를 이해하고 활용했다는 점은 당시 기술자들이 단순한 노동자가 아니라 재료 특성을 이해한 '공학자'였음을 보여 준다.

채석된 거대한 돌은 **운반 과정**에서 또 한 번의 공학적 사고를 필요로 했다. 이집트인들은 나무로 만든 **썰매(sledge)** 위에 돌을 올리고, 마찰을 줄이기 위해 바닥에 **물을 뿌려 모래를 젖게 하여** 끌어 이동했다. 벽화에서도 수십 명의 인부가 썰매를 끌고, 한 사람이 앞에서 물을 붓는 장면이 표현되어 있다. 또한 경사로(ramp) 구조를 세워 높은 곳으로 돌을 끌어올렸으며, 나일강의 수위를 이용해 **범선으로 장거리 수송**까지 수행했다. 즉, 단순한 힘이 아니라 **윤활, 기울기, 부력 등 물리 원리를 체계적으로 활용**한 운송 기술이었다.

현장에 도착한 돌은 **절단과 성형**을 거쳤다. 이 과정에서 이집트인들은 구리 또는 청동 끌과 돌망치를 사용해 기본 형태를 다듬었다. 하지만 정밀한 절단은 돌톱(sawing)과 **연마제 (석영, 에메리) + 물**을 이용한 마모 방식으로 이루어졌다. 톱날 그 자체보다 연마제가 실제 절단을 수행했기 때문에, 돌을 곧고 평행하게 절단할 수 있었다. 덕분에 오벨리스크의 네 면은 놀라울 정도로 정확한 각도를 유지하며, 석관의 내부는 정육면체에 가까운 형태로 가공되었다.

절단 후에는 평면 연마(polishing)가 진행되었다. 이집트인들은 사암 같은 부드러운 돌을 이용해 표면을 문지르는 1차 연마부터, 석영과 에메리 가루에 물을 섞은 **연마 슬러리**(slurry)를 사용한 고급 연마까지 단계적으로 표면을 다듬었다. 이 과정을 반복하면 마치 금속처럼 매끄럽게 빛나는 돌 표면이 완성된다. 실제로 피라미드의 석재 외장, 왕의 석관, 신전 기둥은 현대 기계로 연마한 것과 유사한 반사면을 보여 주며, 이는 단순한 장식이 아니라 **정밀도에 대한 집착과 높은 기술력**을 증명한다.

마지막으로, 가장 놀라운 단계는 **결합 및 고정 기술**이다. 이집트인들은 단순히 돌을 위에 올려놓는 것이 아니라, **숄더(턱) 구조**나 **장부결합(tenon-mortise)** 같은 정교한 결합 방식을 사용하여 돌과 돌을 서로 '끼워 맞추는' 기술을 사용했다. 경우에 따라서는 돌이나 금속 핀을 이용해 고정했으며, 돌 사이의 틈은 0.2mm 이하로 유지되어 **종이 한 장도 들어갈 수 없는 밀착도**를 보여 준다. 특히 피라미드와 신전에서 볼 수 있는 이 결합 방식은 접착제를 거의 사용하지 않고도 수천 년 동안 구조적 안정성을 유지해 왔다. 이는 고대 이집트가 **정확한 측량, 기하학적 계산, 구조 이해**를 바탕으로 건설을 수행했음을 의미한다.

결국, 고대 이집트의 석재 가공은 "거대한 돌을 옮기고 쌓았다"는 단순한 문장이 담아낼 수 없는 **정교한 과학과 공학의 결정체**였다. 그들은 돌을 얻는 순간부터 완성 구조물을 세우기까지, 각 단계마다 최적의 기술과 방법을 선택했고, 이를 수천 년간 축적해 체계로 만들었다. 이집트의 건축물이 지금도 무너지지 않고 남아 있는 이유는 바로 이러한 **채석의 정확성, 운반의 효율성, 절단의 정밀성, 연마의 완성도, 그리고 결합 기술의 천재성** 덕분이다. 이는 고대 문명에 대한 우리의 인식을 바꾸게 만드는 대표적인 사례이며, 이집트 기술자들이 단순한 노동자가 아닌 **고도의 공학자이자 시스템 설계자**였음을 보여 주는 살아 있는 증거이다.

2. 고대 이집트 건축의 특징 - 정밀함으로 쌓아 올린 기하학의 피라미드

고대 이집트 문명은 나일강 유역에서 꽃피웠으며, **피라미드 · 신전 · 무덤**을 중심으로 한 상징적이고 영속적인 석조 건축문화를 발전시켰다. 그들의 건축은 단순한 구조물이 아니라 **신앙과 과학, 기술과 철학**이 결합된 **총체적 예술**이었다. 태양과 별, 나일강의 흐름, 신의 질서를 건축의 축으로 삼아 우주의 질서(Maat)와 파라오의 권위를 시각적으로 표현하였다. 화강암과 사암, 석회암을 정밀하게 절단하고 맞추는 기술은 놀라운 수준에 이르렀으며, 이집트인들은 건축을 통해 **신의 세계와 인간의 세계**를 하나로 연결하려는 **영원성의 철학**을 실현하였다.

□ 피라미드 - 정밀한 기하학으로 세운 영원의 산

고대 이집트의 피라미드는 단순한 무덤이 아니라 **우주의 질서와 파라오의 영원한 통치**를 형상화한 상징적 구조물이었다. 기원전 2650년경, 조세르 왕의 **사카라 계단 피라미드**에서 시작된 이 전통은 쿠푸 왕의 **기자의 대피라미드**에서 정점을 이룬다.

이 거대한 건축물은 천체의 방향과 정밀하게 일치하며, 그 오차는 오늘날의 측량기술로도 감탄할 만큼 미세하다. 수천 톤에 이르는 석재 블록이 완벽한 각도와 비율로 정렬되어 있으며, 각 면은 정확히 동서남북을 향하고 태양의 궤도와 일치한다. 피라미드는 **신과 인간, 하**

늘과 땅을 잇는 축으로서, 기하학적 정밀성과 신앙의 열망이 결합된 **영원의 건축**이었다.

□ 신전 건축 - 신성과 왕권이 만난 성스러운 공간

피라미드가 죽은 왕을 위한 구조물이었다면, 신전은 **살아 있는 신과 왕의 권위를 구현한 공간**이었다. 룩소르(Luxor)와 카르나크(Karnak) 신전은 방대한 규모와 정교한 배치로 유명하며, 특히 수백 개의 거대한 석주가 숲처럼 늘어선 기둥의 전당(Hypostyle Hall)은 신전의 중심적 상징이었다. 이 기둥들은 구조적 지지대이면서 동시에 **신의 영역으로 들어가는 상징적 통로**였다.

신전의 축은 태양의 이동 경로와 정렬되어 있었고, 제의의 시간과 천체의 주기를 일치시키기 위해 세밀한 천문학적 계산이 반영되었다. 이곳은 신과 왕이 하나 되는 의식의 무대였으며, **신정(神政) 사회의 질서와 파라오의 절대 권위**가 시각적으로 구현된 성스러운 건축이었다.

룩소르 신전 입구 (Luxor Temple) MusikAnimal /
Wikimedia Commons / CC BY-SA 4.0

□ 무덤 건축 - 사후세계를 향한 기술과 신앙의 결합

이집트의 무덤은 단순한 매장지가 아니라 **영혼이 사후 세계로 나아가는 통로**였다. 왕가의 계곡에 조성된 암굴묘들은 정교한 벽화와 부조로 장식되어 있으며, 그 내부에는 〈사자의 서(Book of the Dead)〉와 같은 종교적 상징이 새겨져 있었다. 벽화 속에는 태양신 라의 여정, 심장의 계량, 사후의 재판 등 죽은 자가 영원한 생명으로 나아가기 위한 신앙적 여정이 그려져 있다.

무덤의 구조와 통로는 별자리의 배열과 천상의 길을 닮았고, 조명과 환기 구조마저도 종교적 상징과 기술적 합리성이 결합되어 있었다. 이러한 무덤들은 **죽음 이후의 세계를 과학적 정밀성과 종교적 신앙으로 설계한 공간**이었으며, 영원한 삶을 향한 인간의 열망을 돌 속에 새겨 넣은 신앙의 기념비였다.

□ 맺음말

결국 고대 **이집트의 건축**은 신앙, 수학, 천문학, 기술이 융합된 **총체적 예술**이었다. 각 구조물은 신의 질서를 시각화하고, 파라오의 권위를 영속시키며, 인간이 **시간과 죽음을 초월**해 영원에 닿으려 한 **기술적 기도문**이었다. 피라미드, 신전, 무덤은 단순한 건축이 아니라, **돌로 표현된 철학**이자 우주의 질서를 담은 **신앙의 구조물**이었다.

3. 메소포타미아 - 점토에서 석재로 확장된 도시 기술

유프라테스와 티그리스 강 사이, 비옥한 초승달 지대라 불리는 메소포타미아는 인류 최초의 도시 문명이 싹튼 곳이었다. 기원전 3500년경, 수메르의 우루크(Uruk)와 라가시(Lagash) 같은 도시국가들이 등장하면서, 사람들은 더 이상 유목 생활에 머무르지 않고 정주하며 거대한 구조물을 세우기 시작했다. 사람들은 **흙과 점토를 이용한 인공 구조물**을 세우며, 기술과 종교, 정치가 결합된 **도시 건축의 시대**를 열었다. 당시의 건축은 단순한 거주 공간이 아니라, **신과 인간, 왕과 백성을 하나로 묶는 사회적 상징**이 되었다. 시간이 흐르면서 점토는 유약으로 빛을 발하였고, 돌은 제국의 질서를 세우는 기둥으로 발전하였다. 메소포타미아의 건축사는 곧 **재료의 진화와 세계관의 확장**, 즉 인간이 '흙에서 돌로, 일시에서 영원으로' 나아간 역사였다.

□ 수메르 - 점토로 세운 신의 계단

메소포타미아 문명의 첫 장을 연 **수메르인들(Sumerians)**은 비옥하지만 자원이 부족한 평야에서 **점토와 진흙을 주재료**로 삼았다. 이들은 진흙을 반죽해 햇볕에 말린 **어도비 벽돌**(adobe brick)로 도시와 신전을 건축하였으며, 그 중심에는 하늘로 향하는 거대한 **지구라트**(Ziggurat)가 세워졌다. 지구라트는 단순한 제단이 아니라, **신과 인간을 연결하는 축**으로 설계되었으며, 계단식 피라미드 형태의 구조는 하늘로 오르려는 **인간의 열망**을 상징했다. 꼭대기에는 신을 위한 성소가 자리했고, 사제들이 그곳에서 제사를 올렸다. 수메르의 건축은 **도시계획과 종교, 기술이 통합된 구조**를 최초로 구현하였으며, 이는 인류 문명의 기초를 세운 업적이었다. 비록 흙벽돌은 쉽게 마모되었으나, 그들은 그 속에 신이 인간에게 거처할 공간을 허락했다는 **믿음**을 담았다. **수메르의 건축은** 물질적 영속성은 부족했지만, **영원을 향한 인간의 첫 시도**이자 문명적 선언이었다.

□ 아시리아 - 돌로 권위를 새긴 군사제국의 공학

북부의 **아시리아(Assyria)**는 수메르의 종교적 전통을 계승하면서 **군사력과 행정 체계를 결합한 제국 문명**을 세웠다. 수도 **아슈르(Ashur)**와 **니네베(Nineveh)**는 거대한 성벽과 왕궁, 신전이 계획적으로 배치된 도시로 발전하였다. 아시리아의 건축은 **석재 기술의 도입**으로 한층 정교해졌으며, **점토벽돌 구조물 위에 석회암과 사암을 덧대어** 강도를 높이고 외관의 장엄함을 완성하였다. 청동 끌과 구리 톱, 도르래와 밧줄을 사용한 **정밀 시공 체계**는 단순한 숙련 기술이 아니라 조직화된 공학 체계의 산물이었다. 궁전의 벽면에는 왕의 정복과 사냥 장면을 새긴 부조(浮彫)가 이어졌고, 이러한 조각은 **제국의 군사적 위엄과 신의 권위**를 시각적으로 증언했다. 아시리아의 건축은 **돌로 권력을 표현하고** 질서를 시각화한 **제국의 언어**였다.

□ 바빌로니아 - 점토 위에 색을 입힌 신성의 미학

아시리아의 강압적 제국을 뒤이은 **바빌로니아(Babylonia)**는 예술과 신성으로 도시를 장식한 문명으로 발전하였다. 수도 바빌론(Babylon)은 '신의 도시'로 불렸으며, 네부카드네자르 2세 시대(기원전 6세기)에 **이슈타르 문(Ishtar Gate)**과 **마르둑 신전**이 건설되었다. 바빌로니아의 건축 재료는 여전히 **점토벽돌**이었으나, 그 표면에는 **유약(glaze)**이 입혀져 **짙은 청색의 빛**을 발했다. 벽돌 위에 새겨진 황소, 사자, 용의 반입체 부조는 신의 힘과 왕권의 보호를 상징했다. **유약벽돌**은 미적 아름다움뿐 아니라 **방수성과 내구성**을 겸비한 **기술적 혁신**이었다. 이러한 색채와 상징은 단순한 장식이 아니라 신의 보호와 왕권의 신성함을 드러내는 종교적 언어였다.

바빌로니아의 건축은 돌의 강도보다 **빛의 지속성을 추구**하였고, 사막 한가운데서 하늘빛으로 빛나는 도시를 통해 신의 존재를 시각적으로 표현했다. 그들에게 건축은 **신앙이자 미학**, 점토의 한계를 넘어선 **정신적 예술**이었다.

□ 페르시아 - 석주와 기하학으로 완성한 제국의 질서

기원전 6세기, 메소포타미아의 유산을 계승한 **페르시아 제국**은 **기술과 철학을 제국적 규모로 통합**하며 새로운 건축 세계를 열었다. 수도 **수사**와 **페르세폴리스**는 넓은 기단 위에 수십 개의 **석주(column)**가 줄지어 선 웅대한 궁전으로, **정밀한 기하학과 비례**의 미학이 결합된 공간이었다.

기둥머리에는 황소나 사자가 서로 마주 보는 **이중 동물두(雙獸頭, Double-headed Capital)**가 조각되어 있었는데, 이는 **제국의 균형과 왕권의 조화**를 상징했다. 건물의 축선은 **태양의 이동과 계절의 주기**를 고려해 설계되었으며, 기단의 부조에는 제국의 여러 민족이 조공을 바치는 장면이 새겨졌다. 그것은 정복의 상징이 아니라 하나의 질서 아래 **다양한 민족이 공존하는 제국의 이상**을 표현한 것이었다. 페르시아의 건축은 돌의 강도에 기하학의 질서를 더하여 **하늘과 땅, 인간과 신을 연결하는 우주의 모형**으로 완성되었다.

□ 맺음말

수메르의 흙벽돌은 신에게 바친 **인간의 첫 건축**이었고, **아시리아의 돌벽은** 권력의 질서를 새긴 **제국의 상징**이었다. **바빌로니아의 유약벽돌**은 신의 빛을 담은 **신앙의 건축**이었으며, **페르시아의 석주**는 하늘과 땅을 잇는 **우주의 축**이었다. 메소포타미아의 건축은 단순한 기술의 발전이 아니라, **물질이 사유로, 기술이 철학으로, 구조가 신앙으로 진화한 과정**이었다. 점토에서 석재로, 유한에서 영원으로 이어진 그 여정 속에서 인류는 비로소 신과 세계를 연결하는 문명의 형태를 세웠다.

4. 고대 그리스 - 수학과 비례의 건축 미학

고대 그리스 문명(기원전 약 1200년경 ~ 기원전 146년)은 예술과 과학, 철학뿐 아니라 건축 분야에서도 눈부신 발전을 이뤘다. 그리스의 건축은 수학적 비례와 기하학적 조화를 바탕으로 발전했으며, 특히 석재—그중에서도 대리석을 중심으로 한 고도로 정제된 건축양식을 보여 준다. **기원전 8세기경부터** 그리스에서는 석회암과 대리석을 본격적으로 사용해 신전과 공공건물을 지었다. 초기에는 도리스식 기둥 양식이 주로 사용되었으며, 이후 이오니아식과 코린트식 기둥 양식으로 발전했다. 이는 단순한 구조적 역할을 넘어 미적 감각과 수학적 비례의 결정체로 평가된다.

□ 파르테논 신전의 설계와 시공

특히 기원전 5세기경에 아테네의 아크로폴리스 언덕에 건설된 파르테논 신전(기원전 447~432년)은 그리스 건축의 정점을 보여준다. 파르테논 신전은 도리스식 기둥 양식으로 설계되었으며, 전체 구조는 황금비와 같은 수학적 비례와 대칭성을 반영해 완벽한 조화를 이루었다. 기술적으로는 **기원전 1천년기 후반**부터 철제 끌과 망치가 사용되었으며, 이는 대리석을 정밀하게 다듬고 부조를 새기는 데 필수적인 도구였다. 돌을 절단할 때는 돌 톱과 연마재(모래, 돌가루 등)를 활용하여 석재를 마모시키며 자르는 방식을 사용했다.

또한, 그리스인들은 무거운 석재 기둥을 들어올리기 위해 도르래와 크레인(트리포드 구조)을 사용했다. 이는 파르테논 신전 건설 당시(기원전 5세기경)에도 활용되어 거대한 기둥들을 정확한 위치에 세우는 데 중요한 역할을 했다. 이러한 장비의 사용은 고대 그리스의 공학 기술 수준이 상당히 높았음을 보여 주는 증거이기도 하다. 고대 그리스의 건축은 기원전 8세기경부터 석재 건축이 본격화되었고, 기원전 5세기경 파르테논 신전을 정점으로 수학적 비례와 미적 감각이 완성되었다. 철제 끌과 망치, 돌 톱, 도르래와 크레인 등 정교한 도구와 장비가 사용되었으며, 이는 그리스인의 기술력과 예술성이 결합된 산물이었다.

□ 파르테논 신전의 정교한 건축 공학

고대 그리스 문명은 단지 조각과 철학의 위업으로만 평가되어서는 안 된다. 그들의 **건축은** 과학적 감각과 예술적 직관이 정교하게 결합된, 일종의 **시각 공학**이자 **비례의 미학**이었다. 기원전 8세기경부터 그리스인들은 석회암과 대리석을 본격적으로 사용하여 신전과 공공 건축물을 짓기 시작했으며, 건축은 단순한 실용 공간이 아닌 **질서와 조화, 이상적 아름다움의 구현물**로 간주되었다.

그리스 건축의 핵심은 **수학적 비례와 기하학적 조화**였다. 건물은 단지 똑바로 세우는 것이 목적이 아니었다. 어떻게 하면 인간의 눈에 가장 완벽하게 보일 수 있을지를 고민했고,

이를 위해 보이지 않는 작은 곡률과 기울기를 정교하게 설계하였다. 이러한 철학은 **도리스식, 이오니아식, 코린트식**으로 대표되는 기둥 양식에서 그 정수를 드러낸다. 단순한 지지 구조물이 아닌, 비례와 형태, 상징성을 아우르는 조형 예술이었다.

그 절정은 **기원전 5세기**, 아테네의 아크로폴리스 언덕에 세워진 **파르테논 신전**에서 드러난다. 페리클레스의 주도로 건설된 이 신전은 도리스 양식의 대표작으로, 전체 구조가 황금비(ϕ, 1:1.618)의 수학적 조화를 따르며 설계되었다. 하지만 이 건축물의 진가는 단지 수치에 있지 않다. 그것은 인간의 시지각 왜곡(Visual Distortion)까지 계산한 **'옵티컬 리파인먼트(Optical Refinement)'**, 즉 시각 보정 기술의 집약체였다.

가장 유명한 예는 **'엔타시스(Entasis)'**라 불리는 기둥 곡선이다. 신전의 기둥은 정면에서 보면 곧게 뻗은 것처럼 보이지만, 실제로는 중간이 살짝 팽창되어 있다. 이는 멀리서 기둥이 안으로 휘어 보이는 착시를 보정하기 위한 기술이다. 또 하나의 섬세한 조정은 **기단(바닥)의 곡률**이다. 파르테논의 바닥은 완전히 평평하지 않고, 중앙이 미세하게 융기되어 있다. 이는 멀리서 볼 때 바닥이 꺼져 보이는 현상을 상쇄하기 위한 설계로, 정밀한 곡선 수학이 바탕이 되었다.

또한, 신전의 기둥은 수직으로 세워진 것처럼 보이지만, 사실은 **아주 미세하게 안쪽으로 기울어져 있다.** 이 역시 구조적 안정성과 시각적 응집감을 동시에 확보하기 위한 장치였다. 이처럼 보이지 않는 세계를 보이도록 만든 기술자들의 손끝은, 미학과 공학의 경계를 허물며 새로운 차원의 건축을 완성해 냈다. 이러한 그리스 건축의 정신은 **비트루비우스(Vitruvius)** 같은 로마 기술자에게 계승되었고, 그의 건축서는 이후 유럽 르네상스부터 근대 건축에 이르기까지 서양 건축의 근간이 되었다. 그리스 건축은 단순한 양식이 아니다. 그것은 수학과 예술, 기술과 철학이 하나의 돌 속에 녹아든 사유의 구조물이며, 눈으로 보는 아름다움조차 수식과 공학으로 정밀하게 다듬을 수 있음을 보여주는 문명의 유산이다.

아테네 파르테논 신전, 사진: 구민성

5. 로마 - 기계화된 건축의 선구자

로마는 단순히 제국이 아니라, 기술로 세계를 정복한 문명이었다. 그리스로부터 예술과 비례의 감각을 물려받은 로마인들은 이를 실용성과 조직력, 공학 기술로 확장시켜, **고대 건축을 체계화한 대표적 문명**으로 자리매김하였다. 로마의 건축은 단지 조형미를 추구한 것이 아니라, 수천 명이 모일 수 있는 경기장, 수백 킬로미터를 흐르는 수도교, 수백 톤의 석재를 지탱하는 돔과 아치 등, **대규모 구조물을 안정적으로 유지하는 공학의 예술**이었다.

□ 콘크리트, 아치와 돔의 제국

기원전 3세기경부터 로마는 자체 개발한 콘크리트(Opus Caementicium)를 본격적으로 사용하기 시작했다. 이 콘크리트는 화산재(포졸라나), 석회, 자갈을 혼합해 만든 혼합물로, 공기 중에서도 굳어지는 수경성 재료였다. 이 기술은 **아치(Arch), 볼트(Vault), 돔(Dome)** 구조의 실현을 가능케 하였고, 기존의 석재 구조물로는 상상할 수 없었던 **넓고 높고 가벼운 공간**을 만들어 냈다.

그 기술의 정점은 서기 125년경 완공된 판테온(Pantheon)에서 드러난다. 직경 43.3미터의 거대한 돔은 철근 없이 자체 하중만으로 유지되며, 상단의 천창(오쿨루스, Oculus)을 통해 하늘빛이 실내로 유입된다. 돔은 상단으로 갈수록 콘크리트 재료의 밀도를 낮추어 무게를 줄이고 하중을 분산하는 방식으로 설계되었으며, 내부는 성스러움과 기하학적 질서가 공존하는 공간으로 구현되었다. **이 돔은 오늘날까지도 세계 최대의 비무장 콘크리트 돔**으로 남아 있으며, 건축과 구조 공학의 완성형으로 평가된다.

또 다른 걸작은 콜로세움(Colosseum)이다. 서기 72년부터 약 8년 만에 완공된 이 원형 경기장은 수만 명을 수용할 수 있는 계단형 좌석과 80개의 출입구를 갖추고 있었으며, 지하에는 무대 장치와 엘리베이터, 맹수 대기실 등 정교한 시스템이 구축되어 있었다. 석재 가공에는 **정(chisel)과 망치**가, 석재 운반에는 **도르래와 수레, 이동식 지렛대 시스템**이 사용되었으며, 이 모든 과정은 체계적인 공정 관리 아래 이루어졌다. 콜로세움은 그 자체로 로마 건축 기술의 집합체이며, 오늘날의 경기장 구조에도 영향을 준 선구적 구조물이었다.

판테온 정면, 사진: 구민성

로마의 수도교(aqueduct)는 공공 인프라의 상징이다. 가장 유명한 프랑스 퐁뒤가르(Pont du Gard)는 3단 아치 구조로 이루어진 서기 1세기경의 수도교로, 높은 곳에서 도시로 물을 흘려보내는 **중력 기반 수송 시스템**의 정점을 보여 준다. 아치 구조를 중첩시킴으로써 하중을 안정적으로 분산시켰고, 석재의 정밀한 가공과 시공 기술은 수 세기 동안 유지될 수 있는 견고함을 제공했다. 이러한 기술력은 오늘날까지 거의 완전한 형태로 남아 있는 **스페인의 세고비아 수도교**에서도 확인되며, 로마의 토목 기술이 제국 전역에서 표준화된 공학 시스템으로 운영되었음을 보여 준다.

로마시대 수도교(세고비아), 사진: 구민성

□ 수력식 기계와 로마 공학의 정점

로마 후기(서기 3~4세기경)에는 공학적 혁신이 더욱 발전하였다. **수력식 돌 절단 기계**가 등장하면서, 로마는 인력에 의존하던 석재 가공을 기계화하기 시작했다. 이 장치는 **물레방아의 회전력을 크랭크와 로드를 통해 왕복 운동으로 전환**하여, 톱날을 앞뒤로 움직이며 돌을 절단하는 원리였다. 절단 시에는 **모래(규사)와 물을 연마제로 사용**하여 마찰력을 높이고 과열을 방지했으며, 이는 오늘날의 **습식 절단 기술**과 구조적으로 동일한 방식이다.

이 기술은 튀르키예 히에라폴리스(파묵칼레) 유적의 수력식 석재 톱(물레방아-크랭크-로드) 부조 등에서 고고학적으로 확인되었다. 석재는 건물 기초, 기둥, 외벽뿐 아니라 내부 장식과 조각까지 다양한 용도로 사용되었으며, 이 절단 기술은 로마 건축물의 정밀성과 대량 시공을 가능케 한 기반이 되었다. 로마는 그리스의 미학을 계승했지만, 그것을 '기계화'와 '인프라'로 확장하며 실용성과 공공성을 결합한 문명을 만들어 냈다.

이러한 로마 건축의 철학과 기술은 고대 건축가 마르쿠스 비트루비우스(Marcus Vitruvius Pollio)의 저서《건축십서(De Architectura)》에 집약되어 있다. 그는 건축을 견고함(Firmitas), 유용성(Utilitas), 아름다움(Venustas)의 세 가지 원리로 정의하였고, 총 10권의 책에서 구조 기술과 재료, 미학과 기능, 수리공학, 기계 장치그리고 측량 및 천문학에 이르기까지 모든 분야를 통합적으로 설명했다. 이 책은 후대 유럽 르네상스 건축가들—알베르티, 팔라디오, 미켈란젤로 등—에게 깊은 영향을 끼쳤으며, 다빈치의 '비트루비안 맨'에도 그의 인체 비례론이 반영되어 있다.

□ 로마 건축 기술 요약 정리

▶ 기본 구조 기법

- **포스트 앤 린텔(Post & Lintel)**: 고대 이집트 및 그리스 신전 구조
- **아치(Arch)**: 하중 분산에 유리, 아쿠아덕트 · 개선문 · 지하 통로 등
- **볼트(Vault)**: 반원형 천장, 내부 공간 확대
- **돔(Dome)**: 판테온 돔 구조, 반구형 천장으로 공간 개방

▶ 수력식 석재 절단기 원리

- **수차(Water Wheel)**: 물의 흐름으로 회전력 생성
- **크랭크-로드 시스템**: 회전 운동을 왕복 운동으로 변환
- **톱날(Saw Blade)**: 모래, 물을 혼합해 마찰 절단
- **연마재 사용**: 절단 효율 향상, 과열 방지 → 현대 습식 절단의 원형

로마의 건축은 단순히 돌과 콘크리트의 조합이 아니다. 그것은 인간의 질서감, 기술적 창

의성, 공공성의 철학이 아우러진 **문명의 구조체**였다. 로마가 남긴 건축물은 오늘날에도 여전히 서 있으며, 공학의 원형으로서 지금도 전 세계 도시 구조 속에 그 흔적을 남기고 있다.

아치와 볼트의 응용 Created with DALL · E by OpenAI

로마의 수력 석재 절단 기계 복원도
Created with DALL · E by OpenAI.

6. 바알베크 신전 돌기둥 - 고대 로마 건축 기술의 정수

레바논의 베카 계곡 한가운데, 거대한 석재 기둥들이 하늘을 향해 솟아 있다. 이곳은 고대 로마의 도시 헬리오폴리스(Heliopolis)의 중심지였으며, 오늘날 바알베크(Baalbek) 유적으로 알려져 있다. 주피터 신전(Temple of Jupiter)과 바커스 신전(Temple of Bacchus)은 로마 제국이 남긴 가장 압도적인 건축물 중 하나로, 그 규모와 정밀성, 시공 기술의 수준에서 고대 기술문명의 정수를 보여 주는 대표적 사례다.

□ 거대한 석재와 인간의 한계에 도전한 건축

그중에서도 **주피터 신전의 돌기둥**은 전대미문의 규모를 자랑한다. 원래 총 54개였던 기둥 중 현재는 6개만이 남아 있으며, 각각 **높이 약 20미터, 직경 2.5미터, 무게는 최대 800톤**에 달한다. 이는 현대 중장비 없이 시공되었다는 점에서 더욱 놀라움을 자아낸다.

이 돌기둥은 바알베크 남동쪽에 위치한 채석장에서 **거대한 석회암 덩어리**를 절단하는 것으로 제작이 시작되었다. 채석장에는 지금도 '임신한 여인의 돌(The Stone of the Pregnant Woman)'이라 불리는, 무게 1,000톤 이상으로 추정되는 거대한 석재가 절단된 채 남아 있다. 석회암은 상대적으로 부드럽지만 높은 압축 강도를 지녀, **대형 구조물에 적합한 건축 재료**였다.

가공 방식은 완전한 하나의 원기둥을 완성한 뒤 옮긴 것이 아니라, **기초 형태를 다듬고** 주요 운송 후 **현장에서 마감 작업과 장식**을 진행하는 **단계적 공정**이었을 것으로 추정된다. 중요한 것은 **이 거대한 석재를 수 킬로미터 떨어진 신전 터까지 어떻게 운반하고 설치했는가** 하는 문제다. 현재 가장 유력한 가설은 **목재 롤러, 윤활제, 지렛대 원리**를 이용한 방식이다. 또는 **나무 썰매를 진흙 위로 미끄러뜨리는 기술**, **겨울철 동결된 지면 이용**, 또는 **임시 수로의 부력 활용설** 등이 제기되기도 한다. 수평 운송 이후에는 흙으로 만든 경사로(ramp)를 쌓아 기둥을 밀어 올린 다음, 수직으로 세우고 경사로를 제거하는 방식이 일반적으로 받아들여진다.

□ 로마 공학의 응용과 복합적 기술력

이 과정에서 로마의 **도르래 시스템**, 또는 대형 트리포드/지레 바퀴 크레인과 복합 도르래 장치가 동원되었을 것이다. 특히 로마 시대에는 **트리포드 구조의 크레인과 복합 도르래 장치**가 발달해 있었고, 일정 인원의 인력을 배분해 **점진적으로 상승 작업을 수행**할 수 있었다. 바알베크의 돌기둥이 전하는 메시지는 단순한 위용이 아니다. 그것은 **로마 기술자들의 계획 능력, 수학적 계산, 공정 조직력, 재료 이해, 물리 원리 활용**까지 아우르는 복합 기술의 산물이다. 당시 로마는 광범위한 도로망과 자재 수급 체계를 갖추고 있었으며, 제국 전역의 기술자와 장인을 조직해 대규모 건축 프로젝트를 수행할 수 있었다.

현대의 중장비 없이 이 같은 작업을 수행하는 것은 **거의 불가능에 가깝다.** 이 점에서 바알베크는 단지 유적이 아니라, **고대 기술의 집대성과 인간 정신의 한계를 넘나든 도전의 흔적**으로 남아 있다. 기둥 하나하나는 무언의 언어로 외친다. 기술은 곧 문명의 뿌리이며, 인간의 의지는 물질을 뛰어넘는 창조의 가능성을 품고 있다는 사실을.

제8장

첫 전쟁의 기록 - 카데시 전투와 평화조약

1. "태양 아래, 두 장군" - 카데시 전투, 양측 지휘관의 회고록

▶ 제1막. 하난두 - 히타이트의 수레는 침묵에서 달린다.

하늘은 잿빛 안개를 걷어내고 있었다.

동틀 무렵, 오론테스 강 저편의 숲속.

그곳에 잠복한 히타이트 전차부대는

숨소리마저 죽이고 있었다.

하난두는 전차 앞에 서서 말의 코를 쓰다듬었다.

그는 속삭였다.

"곧, 그림자가 자란다. 그때 달려라."

무와탈리 대왕 곁에서 수년을 싸운 베테랑 지휘관.

오늘은 그가 수천 대의 전차를 이끌고 이집트군을 정조준했다.

"람세스는 빛 아래 서지만, 우리는 그림자 속에서 달린다."

▶ 제2막. 우세르몬 - 나의 파라오는 빛이었고, 나는 그 방패였다.

카데시 남쪽 평원.

아문 군단의 깃발이 늘어지고,

병사들은 그늘 아래 퍼져 있었다.

우세르몬은 텐트 앞에서 언덕 너머를 응시했다.

그때 대지가 울렸다.

말발굽 소리, 전차 바퀴가 땅을 찢는 굉음.

그는 외쳤다.

"전하, 적이 옵니다! 이것은 함정입니다!"

람세스는 황금 투구를 쓴 채 하늘을 응시했다.

"나는 라의 아들이라.

오늘, 태양 아래서 신들이 나를 증거하리라."

▶ 제3막. 하난두 - 전차의 바퀴가 깃발을 밟을 때

하난두는 손을 들었다.

신호와 함께, 침묵의 수레는 매처럼 숲을 빠져나왔다.

이집트군은 진형을 갖추기도 전에 짓밟혔다.

전차는 텐트를 가르고, 병사들은 허둥지둥 흩어졌다.

기병은 몰살당하고, 불길이 치솟았다.

그는 언덕 위에서 번쩍이는 황금 투구를 보았다.

람세스였다.

혼자 전차를 몰며, 전장을 뚫고 있었다.

하난두는 중얼거렸다.

"이 자는 패배를 안을지언정, 물러서지는 않는구나."

▶ 제4막. 우세르몬 - 태양이 타는 전장을 건너며

우세르몬은 람세스의 곁에 섰다.

방패를 들고, 고삐를 쥐었다.

적군의 화살은 태양빛을 가르며 비처럼 쏟아졌다.

입안에는 흙먼지와 피비린내가 섞여 씹히고,

귀에는 전차의 쇳소리와 전우들의 외침이 뒤섞여 울렸다.

그는 속으로 되뇌었다.

"신의 아들을 지키는 자. 나는 인간이다.

그러나 오늘, 신의 아들을 위해 싸운다."

말이 넘어지고, 전차는 바퀴 하나를 잃었다.

람세스는 다시 일어났다.

그의 검이, 태양 아래 번쩍였다.

▶ 제5막. 하난두 - 침묵 속의 교착

해가 지고 있었다.

전장은 고요했다.

바퀴 자국 위로 피가 고였고, 말들은 지친 숨을 토해 냈다.

히타이트군은 후퇴했고, 이집트는 전진하지 못했다.

하난두는 무와탈리 곁에 앉아 말했다.

"그도 우리와 같구나. 왕을 지키려 싸운 자."

왕은 고개를 끄덕였다.

"전쟁은 승패만으로 정의되지 않는다."

▶ 제6막. 우세르몬 - 왕은 신이었고, 나는 사람이다.

수개월 후.

테베의 신전 벽에 람세스의 승리가 새겨졌다.

제사장들은 히타이트를 쫓는 그 부조 앞에서 승리를 선포했다.

우세르몬은 조용히 그 벽을 바라보았다.

"그 벽 속에는, 그림자가 없다."

밤마다 그는 카데시를 떠올렸다.

화염 속 전차, 눈을 맞댔던 히타이트 장군,

거친 숨을 몰아서 쉬는 말의 마지막 숨결.

그것이 진실이었다.

▶ 제7막. 후일담 - 묘지 위의 두 그림자

십 년 뒤.

우세르몬은 하투사의 사절단을 호위하며 북방을 찾았다.

고요한 언덕.

그곳에 말을 손질하던 노인이 있었다.

하난두였다.

그는 고개를 끄덕이며 말했다.

"그날, 나는 죽이기 위해 싸우지 않았다."

우세르몬도 고개를 끄덕였다.

"그리고 나는, 살아서 지키기 위해 싸웠다."

▶ 에필로그

태양은 다시 떠오르고 있었다.

그러나 그 아래, 두 장군은 더 이상 싸우지 않았다.

그들은 싸움의 이유를, 침묵 속에서 이해한 자들이었다.

2. 이집트와 히타이트의 전쟁과 카데시 전투

고대 근동에서 가장 주목할 만한 국제 전쟁 중 하나는 기원전 1274년경에 벌어진 **이집트와 히타이트 제국 간의 카데시 전투**(Battle of Kadesh)였다. 이 전쟁은 단순한 국경 분쟁을 넘어, **시리아 북부의 전략적 요충지와 상업로**를 두고 벌어진 **제국 간 패권 다툼**이었다.

□ 전차로 맞선 제국의 야망

당시 **이집트는 람세스 2세, 히타이트는 무와탈리 2세**가 각각 통치하던 시기로, 두 지도자는 각자의 제국을 대표해 카데시(오늘날 시리아 지역)라는 결정적 거점 확보에 나섰다. 카데시는 **군사적 요충지이자 상업로의 교차점**으로, 이를 장악하는 것은 **근동의 주도권을 확보하는 열쇠**였다. 양국 모두 **전차 부대**를 핵심 전력으로 삼았다.

□ 이집트 vs 히타이트 전차

이집트 전차는 두 명이 탑승하며, 궁수의 활 사격을 중심으로 기동성과 기습력을 극대화한 경량형 설계였다. 바퀴는 구부린 아카시아 목재로 제작되어 탄성과 유연성을 확보했으며, 가죽끈으로 바큇살을 결속해 충격을 흡수하도록 했다. 차축은 뒤쪽에 위치하여 무게 중심이 후방으로 쏠리면서 회전 반경이 작아지고, 방향 전환이 용이했다. 이러한 구조는 빠른 이동과 재빠른 후퇴가 가능하게 하여, 속도전과 유연한 전술 운용에 유리했다.

반면 히타이트 전차는 세 명이 탑승할 수 있는 중장형 구조로, 차체에는 강화 목재가 쓰였고 일부 부위에는 청동 보강재가 덧대어져 내구성과 충격 저항성이 강화되었다. 차축은 전방에 가까이 위치하여 하중이 균형 있게 분산되었으며, 넓은 승차 공간은 마차병·방패병·무기병이 동시에 임무를 수행할 수 있게 했다. 이는 속도는 느리지만 돌파력과 방어력이 탁월한 설계였다. 이는 단순한 무기 차이가 아니라, 전차 구조에 담긴 '기계적 설계 철학'의 차이를 보여 준다. 이집트는 기동성과 활 공격, 히타이트는 충돌과 방어라는 전쟁 철학을 택한 것이다.

전투는 카데시 평원에서 치열하게 전개되었다. 히타이트군은 교묘한 기만 전략으로 이집트 아문 군단을 기습했고, 초기에는 우세를 점했다. 그러나 람세스 2세가 직접 전차를 이끌고 반격에 나서며 전세는 다시 팽팽해졌다. 결과적으로 **전투는 명확한 승패 없이 종료**되었다. 이집트는 **자국의 승리를 공식 선포**하며, 테베의 신전 벽화에 **람세스 2세의 영웅적 활약상**을 남겼다. 그러나 실제로는 카데시 지역에 대한 완전한 통제권을 얻지 못했고, 히타이트 역시 **전차 전력의 큰 손실**을 입고 **전략적 방어선이 약화**되었다. 결국 양측 모두 **큰 피해를 입었지만 실질적 이득은 없었던 전쟁**, 그 결과는 **전략적 교착**이었다.

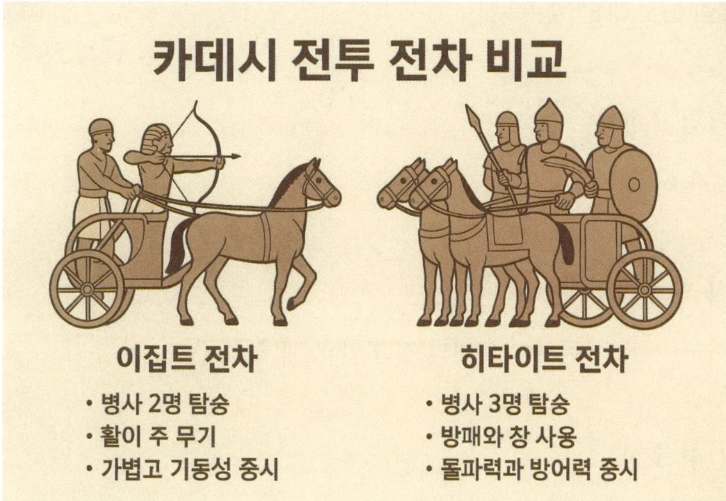

이집트와 히타이트의 전차 비교 Created with DALL · E by OpenAI.

3. 카데시 조약의 역사적 의의

전쟁의 상처와 상호 피로 속에서, 이집트와 히타이트는 마침내 **더 이상의 충돌이 양국 모두에게 감당할 수 없는 부담**이라는 현실을 직시하게 되었다. 그리하여 두 제국은 **전쟁이 아닌 외교**를 택했고, **기원전 약 1258년**, 이집트의 **람세스 2세**와 히타이트의 **하투실리 3세** 사이에 인류 최초의 평화조약으로 평가되는 '카데시 조약'이 체결되었다.

이 조약은 단순한 **휴전 협정**을 넘어서, **고대 근동의 초강대국들이 상호 이해와 평화 체제를 공식 문서로 약속한 사례**로서, **군사사와 외교사 모두에서 큰 전환점**을 이룬다. 특히, 이집트판(히에로글리프)과 히타이트판(아카드어 쐐기문자)이 **각국 고유 문자로 각각 기록**되었다는 점은, 오늘날 다국어 조약의 형식과도 닮아 있어 **외교적 상호 존중의 시작**으로 평가받는다. 카데시 조약은 단순한 휴전이 아니라, '신의 이름으로 맹세된 국제법'의 첫 사례였다.

□ 카데시 조약의 핵심 내용 (요약 5항)

▶ 상호 불가침 조항

양국은 상호 간 침략을 하지 않기로 약속함.

▶ 상호 군사 원조 조항

제3국의 침략 시 서로 지원하여 **고대의 집단 안보 체계**를 구축.

▶ 내정 불간섭 조항

왕위 계승과 내정에 개입하지 않음으로써 **정권의 안정성과 주권을 보장**.

▶ 망명자 송환 조항

탈주자 · 망명자에 대해 상호 송환함으로써 조약의 실효성을 높임.

▶ 신적 맹세 조항

각국의 신 앞에서 맹세함으로써 **조약의 신성성과 법적 구속력**을 확보.

이처럼 카데시 조약은 **법적 명료성, 상호성, 구체적 이행 조항**을 갖춘 **고대 국제법적 문서**로 평가된다. 오늘날 국제연합(UN)의 집단 안보 체제, 나토(NATO)의 상호 방위 조항, WTO 협정문의 다국어 병기 원칙 등은 모두 카데시 조약의 원형적 정신을 떠올리게 한다. 무력 대신 외교적 합의, 단일 언어 대신 다국어 병기, 승자의 강요 대신 상호 존중이라는 틀이 이미 3천 년 전 국제 사회에서 시도되었던 것이다. 흥미롭게도, 이집트판 조약문은 **람세스 2세의 일방적 승리를 찬양**하는 내용이 포함되어 있어, 조약이 동시에 **정치 선전의 도구**로도 활용되었음을 보여준다. 반면 히타이트판은 **실용적이고 냉정한 조약 문구**에 충실하여, **양국의 기록 문화와 외교 전략의 차이**를 엿볼 수 있다.

□ 오늘날의 교훈

카데시 조약의 복제본은 현재 유엔 본부(뉴욕)에 전시되어 있다. 이는 단지 고대의 유산을 넘어, **무력 충돌이 아닌 외교적 합의와 상호 인정을 통해 국제 분쟁이 해결될 수 있음을 상징**한다. 카데시 조약은 고대 근동 세계에만 머물지 않고, 오늘날 국제 사회에도 평화의 원형(原型)으로 여전히 유효한 메시지를 전해 준다.

4. 히타이트의 수도 - 하투사

하투사(Hattusa)는 고대 히타이트 제국의 수도로, 오늘날 튀르키예 중북부의 보아즈칼레(Boğazkale) 지역에 위치한 유적지이다. 기원전 17세기경부터 **히타이트 왕국의 중심지**로 성장한 이 도시는, 기원전 13세기경까지 근동에서 가장 강력한 제국 중 하나였던 히타이트의 정치 · 종교 · 군사 · 문화의 중심이었다.

□ 신과 제국이 공존한 도시, 하투사의 유산

하투사는 전략적으로 **유리한 고지대**에 자리 잡고 있었으며, 도시를 둘러싼 거대한 성벽은 도시 방어의 핵심이었다. 특히 '사자 문(Lion Gate)', '왕의 문(King's Gate)', '스핑크스 문(Sphinx Gate)' 같은 상징적인 입구들은 왕국의 권위와 신성성을 과시하는 장치이기도 했다. 도시 중심부에는 거대한 왕궁과 대신전(Great Temple)이 자리 잡고 있었고, 이곳은 태양신과 폭풍의 신에게 제사를 지내는 **종교의식의 중심 무대**였다. 도심 외곽에는 야즈르카야(Yazılıkaya)라는 암각 신전이 있었는데, 이곳에는 히타이트 판테온의 신들이 바위벽에 정교하게 새겨져 있으며, 왕가의 의례와 천문학적 주기를 기록한 신성한 공간으로 사용되었다.

이 도시에서 가장 주목할 만한 유산은 수천 개에 달하는 쐐기문자 점토판들이다. 이 문서들은 행정, 법률, 외교, 종교, 점성술, 의학 등 다양한 분야를 포괄하고 있으며, 대부분 히타이트어와 외교 언어였던 아카드어로 기록되었다. 특히 이 중에는 이집트와 맺은 세계 최초의 평화조약으로 알려진 **'카데시 조약(Kadesh Treaty)'**의 히타이트어 판본도 포함되어 있다. 이를 통해 히타이트가 단지 강력한 전쟁 국가가 아니라 고도로 발전된 외교 체계와 기록 문화를 지닌 문명국가였음이 입증되었다.

히타이트 제국은 **철기 문화를 본격적으로 도입**한 국가로도 잘 알려져 있다. 이들은 철제 사용을 확대했으나, 이 시기 철은 아직 희귀하고 제한적이었다. 이를 이용한 전차부대를 운용하여 근동 지역에서 군사적 우위를 확보하였다. 그 결과 히타이트는 이집트, 바빌로니아, 아시리아와 함께 4대 강국 체계를 형성하며 **국제 정치 질서의 핵심 주체**가 되었다. 그러나 기원전 1200년경, 이 지역을 강타한 해양 민족의 침입과 내부 혼란으로 인해 히타이트는 급격히 쇠퇴하고, 하투사도 폐허로 남게 된다. 이후 수천 년간 이 도시는 역사의 그림자 속에 묻혀 있었고, 히타이트 역시 신화나 성경 속의 이름 정도로만 인식되었다.

□ 하투사의 유적 발굴 과정

오랜 세월, 하투사는 땅 속에 묻혀 있었다. 기원전 13세기 말 히타이트 제국의 몰락 이후, 이 도시는 이름조차 잊혔고, 언덕 아래 흙더미와 돌조각만이 과거의 흔적을 품고 있었다. 그 침묵을 깨운 것은 19세기 유럽 탐험가들의 눈이었다.

1834년, 프랑스의 탐험가 샤를 텍시에(Charles Texier)는 아나톨리아 내륙을 답사하던 중 지금의 **튀르키예 보아즈칼레** 지역에서 고대 성벽과 주춧돌, 그리고 무너진 문지방을 발견했다. 그는 이 유적을 스케치하고 유럽 학계에 보고하면서, 처음으로 하투사의 존재가 알려지게 되었다. 그러나 이 당시까지만 해도, 이곳이 히타이트 제국의 수도였다는 사실은 아무도 알지 못했다.

□ 초기 조사와 독일의 발굴

그로부터 수십 년이 지난 1906년, 독일 고고학자 후고 빈클러(Hugo Winckler)와 오토 푸취(Otto Puchstein)가 독일 동방학회의 지원을 받아 본격적인 발굴에 착수했다. 이들은 왕궁과 신전으로 추정되는 지역을 중심으로 발굴을 진행했고, 마침내 그 땅속 깊은 곳에서 수천 개에 달하는 쐐기문자 점토판을 발견했다.

그 안에는 왕실 문서, 법률 조항, 신전에 바치는 제사 목록, 외교문서들이 보존되어 있었고, 특히 **카데시 조약의 히타이트어 판본**은 세상을 놀라게 했다. 고고학자들은 이제 확신할 수 있었다. 이곳이 바로 히타이트 제국의 수도 하투사라는 사실을. 돌무더기 속에서 되살아난 점토판 문서들은, 사라진 제국의 침묵을 깨운 '기억의 목소리'였다.

"카데시 조약 점토판"
촬영: Osama Shukir Muhammed Amin FRCP (Glasg),
출처: Wikimedia Commons, 라이선스: CC BY-SA 4.0

□ 점토판 문서와 학술적 중요성

점토판은 대부분 당시 국제어였던 **아카드어**(Akkadian)로 기록되어 있었고, 일부는 **히타이트어**(Hittite), 그리고 루위어(Luwian)라는 고대 아나톨리아 방언으로도 쓰여 있었다. 이 다양한 언어의 문서는 히타이트가 단지 군사 강국이 아닌, 복잡한 행정 체계와 고도의 외교 능력, 종교적 깊이를 갖춘 문명국가였음을 보여 준다. 특히 히타이트가 외교문서를 자국어가 아닌 아카드어로 작성했다는 점은, 국제 질서에서의 언어 전략과 외교적 실용주의를 함께 드러내는 중요한 증거였다.

□ 20세기 이후 발굴과 복원

2차 세계대전 이후에는 독일과 터키의 공동 고고학팀이 복원과 연구를 이어 갔다. **사자 문(Lion Gate)**, **왕의 문(King's Gate)**, 스핑크스 문(Sphinx Gate)은 해체되어 있던 석재들을 복원해 원래의 구조를 어느 정도 되살릴 수 있었고, **왕궁 터와 대신전**의 건축 구조도 점차 드러났다. 오늘날 방문객들은 복원된 문과 성벽, 그리고 도심 구조를 통해 **수천 년 전 히타이트의 도시 계획과 방어 전략**을 시각적으로 체험할 수 있다. 이러한 성과 덕분에 하투사는 현재 **유네스코 세계문화유산**으로 지정되어 보호받고 있다.

□ 맺음말

하투사는 히타이트 문명의 정치, 종교, 건축, 예술, 행정의 총체적 중심지였으며, 철저한 방어체계와 상징적 성문, 정교한 도시 계획으로 고대 아나톨리아 도시건축의 정수를 보여준다. 또한 히타이트 제국의 흥망성쇠와 더불어 그 유적 발굴과 연구는 오늘날까지도 고대 근동 문명 연구의 중요한 장으로 남아 있다. 그 발굴은 단순한 고고학 작업이 아니라, **사라졌던 기억을 되살리는 인류 문명의 복원 행위**였다. 그리고 그 기억 속에는 인간의 통치, 신에 대한 경외, 기록의 힘, 그리고 전쟁과 평화가 오롯이 담겨 있다.

5. 기원전의 대표적인 전쟁 요약

기원전 세계 곳곳에서 벌어진 전쟁은 단순한 정복이나 충돌이 아니었다. 그것은 세계 질서를 바꾸는 **역사의 전환점**이었으며, 각 문명의 **정체성과 방향성**을 결정짓는 **결정적 사건**이었다. 전쟁은 정치체제를 바꾸고, 외교 질서를 재편했으며, 기술과 문화까지도 새롭게 구성해 냈다. 아래는 그러한 전쟁 중 대표적인 사례들이다.

전쟁 명칭	연대 (기원전)	주요 국가/세력	특징 및 의의
카데시 전투	BC 1274	이집트 vs. 히타이트	**최초의 국제 조약** 체결 사례 (람세스 2세 - 하투실리 3세), 전차 대결
트로이 전쟁	BC 12~13세기	그리스 연합 vs. 트로이	*일리아드*의 배경. 역사적 실체 여부 논쟁 중이나 트로이 유적 발견됨
이스라엘 왕국 전쟁	BC 1000~586	이스라엘 · 유다 vs. 블레셋, 앗시리아, 바빌론	예루살렘 함락(BC 586)과 바빌론 포로기 발생
마라톤 전투	BC 490	아테네 vs. 페르시아	**그리스-페르시아 전쟁의 상징적 승리**, '마라톤' 유래
테르모필레 전투	BC 480	스파르타 중심 그리스 연합 vs. 페르시아	300명의 스파르타 전사로 유명, **저항의 상징**
살라미스 해전	BC 480	아테네 함대 vs. 페르시아	**해양전의 결정적 승리**, 그리스의 해상 우위 확립
펠로폰네소스 전쟁	BC 431-404	아테네 vs. 스파르타	고대 그리스 세계의 내전, **민주 vs. 군국 체제 충돌**
알렉산더 대왕의 원정	BC 334-323	마케도니아 vs. 페르시아 등	**헬레니즘 세계 형성**, 동서 문화 융합의 시발점
포에니 전쟁 (제1~3차)	BC 264-146	로마 vs. 카르타고	**로마의 지중해 패권 장악**, 한니발의 전략 유명
로마 내전 (카이사르 vs. 폼페이우스)	BC 49-45	로마 공화정 내부	**공화정 → 제정**으로의 전환점, 가이우스 율리우스 카이사르의 부상

6. 기원전 전쟁이 가져온 세계질서의 재편 - 그리스-페르시아 전쟁의 사례

기원전 5세기, 고대 세계의 중심은 **페르시아 대제국**(The Great Persian Empire)이었다. 키루스 2세와 다리우스 1세의 정복 전쟁을 통해 페르시아는 서아시아, 메소포타미아, 이집트, 소아시아까지 지배하며 **초국가적 제국 질서**를 구축했다. 그러나 그리스 도시국가들과의 충돌은 세계 질서에 결정적 균열을 일으켰다. **그리스-페르시아 전쟁**은 단순한 지역 분쟁이 아니라, **패권의 이동과 국제 질서 재편의 시초**였다.

□ 패권의 이동과 국제 질서의 재편

페르시아 제국은 기원전 6세기 중엽 키루스 2세와 다리우스 1세의 정복을 통해 서아시아와 이집트, 메소포타미아, 소아시아를 아우르는 대제국으로 부상했다. 그러나 기원전 5세기 초, 그리스 도시국가들이 중심이 된 그리스-페르시아 전쟁이 발발하면서 이 지역의 패권 경쟁이 본격화되었다.

페르시아의 서진을 저지한 마라톤 전투(기원전 490), 살라미스 해전(기원전 480), 플라타이아이 전투(기원전 479)는 단순한 전투 이상의 의미를 지녔다. 이 승리들로 인해 그리스 도시국가들은 페르시아로부터의 정치적 독립성과 군사적 자율성을 확보했고, 아테네는 델로스 동맹(Delian League, 기원전 478~404년)을 결성해 해상 패권국으로 부상했다. 한편, 스파르타는 육상 방어의 중심으로 자리매김하며 이원적 패권 구조가 형성되었다.

특히, 플라타이아이 전투(기원전 479년)는 **그리스-페르시아 전쟁의 마지막이자 가장 대규모이며 결정적인 육상 결전**이었다. 이 전투는 단순한 승패를 넘어, **서양 문명 전체가** 살아남을 수 있었는지를 **결정한 역사적 분기점**이었다. 살라미스 해전(기원전 480)에서 페르시아 해군이 패배하자, 왕 크세르크세스는 본국으로 돌아갔지만 전쟁을 포기하지는 않았다. 그는 자신의 사촌이자 유능한 장군 마르도니오스(Mardonius)에게 **정예 육군 약 12만~15만 명을 남겨 그리스 본토를 완전히 복속시킬 것**을 명령했다. 이 페르시아군은 단순한 침략군이 아니라, 페르시아 정예 보병, 메디아 기병, 기마 궁수인 사카이 궁수(Saka Archers), 박트리아 부대뿐 아니라 테베 등 **친(親)페르시아 그리스 도시국가의 병력까지 포함한 다민족 대군**이었다. 그들은 이미 아테네를 두 번째로 점령하고 불태우며, 그리스 전체에 심리적 압박을 가하고 있었다.

이에 맞서 그리스는 "이번에 연합하지 않으면 모두 무너진다"는 절박함 속에서 역대 최대 규모의 연합군을 조직했다. **스파르타, 아테네, 고린도, 메가라, 플라타이아이를 포함한 30여 개 도시국가**가 하나로 뭉쳤으며, **총 병력은 약 8만~10만 명**에 달했다. 특히 중장갑 보병인 **호플라이트**(Hoplite)**가 약 4만 명**으로, 그리스 역사상 가장 큰 호플라이트 전력이었다. 나머지는 경보병과 보조병으로 구성되었다. 이처럼 **그리스와 페르시아의 병력 규모는 거의 비슷한 수준**에 근접했으며, 이는 이전 마라톤이나 살라미스와는 다른 **정면 대결의 조건**을 만든 결정적 요소였다.

결전의 장소로 선택된 플라타이아이 평야는 중부 내륙 보이오티아(Boeotia) 지역의 전략적 요충지였다. 그리스군은 언덕과 하천 뒤에 포진하여 방어에 유리한 진지를 구축했고, 페르시아군은 넓은 평야에서 기병과 궁수를 활용하려 했다. 마르도니오스는 기동력을 살리기 위해 **기병을 앞세워 그리스군을 괴롭히고 보급로를 차단**하며, 그들이 진지를 버리고 평지로 내려오도록 유도했다. 그리스군은 보급 문제로 후퇴를 준비했지만, 이 움직임이 페르시아군에게는 '도주'로 보였다. 마르도니오스는 이때가 기회라 판단하고 전군에게 추격을 명령했다.

그러나 이것은 그리스군에게 오히려 유리한 상황을 만들었다. **스파르타의 호플라이트가** 중심을 잡고 **방패벽(팔랑크스,** Phalanx)**을 형성**한 채 **정면 방어에 나섰고,** 테게아와 아테네 부대가 양측을 지탱했다. 페르시아군은 숫적으로는 비슷했지만, 대부분이 가벼운 방어구를 착용한 병사였기에 밀집 돌격전에서 버티지 못했다. 결정적인 순간, **스파르타군이 반격하며 페르시아 전열을 돌파했고,** 이 과정에서 **마르도니오스가 전사**했다. 지도자를 잃은 페르시아군은 전열이 무너지며 혼란에 빠졌고, 그리스군은 즉시 추격전에 돌입해 큰 사상자를 내며 전투를 사실상 종결시켰다.

이 승리는 군사적으로는 **페르시아 지상군의 완전 붕괴**, 정치적으로는 **그리스 도시국가들의 독립 보장**, 문명사적으로는 **서양 세계의 생존 확정**을 의미했다. 플라타이아이 전투는 마라톤 전투("희망")와 살라미스 해전("전세 역전")이 만들어 낸 흐름을 **"최종 확정"시킨 전투**였다. 이 전투 이후 곧이어 벌어진 미카레 해전에서도 그리스가 승리하면서 페르시아 해군마저 궤멸하였고, **페르시아는 다시는 그리스 본토를 침공하려 하지 않았다.** 플라타이아이 전투의 승리로 그리스 도시국가들은 진정한 자유를 되찾았으며, 곧이어 아테네는 델로스 동맹을 조직하여 해상 패권을 장악하고, 민주주의와 철학, 예술과 과학이 폭발적으로 발전하는 **고전 그리스의 황금기**가 시작되었다. 소크라테스, 플라톤, 아리스토텔레스, 파르테논 신전, 그리고 수학 · 논리 · 정치 체계가 모두 이 시기에 탄생했다.

호플라이트가 구사한 팔랑크스(방패벽) 전술 삽화
Public domain, Wikimedia Commons

역사가들은 말한다.

"마라톤은 희망을 주었고,
살라미스는 방향을 바꾸었으며,
플라타이아이는 문명을 구원했다."

만약 이 전투에서 그리스가 패배했다면 아테네의 민주주의도, 그리스 철학도, 서구 문명의 근간도 존재하지 않았을 것이다. 그렇기에 **플라타이아이 전투**는 규모 면에서도, 전략적 의미에서도, 인류 문명의 관점에서도 **'가장 중요한 전투'로 평가**된다.

□ 국제교류와 외교의 발전

페르시아 전쟁은 동서 문명의 충돌을 넘어 문화 · 외교의 발전을 촉진했다. 전쟁 중에 그리스 도시국가들은 상호 협력을 위해 외교사절을 주고받으며 동맹체제를 발전시켰고, 전후에는 스파르타와 아테네, 페르시아 간에 복잡한 외교 협상이 이어졌다. 기원전 449년경 칼리아스 평화조약(Callias Peace Treaty)은 아테네와 페르시아 간의 평화조약으로서, 전쟁 이후 새로운 국제 질서를 조율하는 상징적인 외교문서로 평가된다. 이처럼 전쟁은 단순한 무력 충돌로 끝나지 않고, 외교와 협상의 틀을 마련해 국제관계의 복잡한 질서를 만들어 갔다.

□ 경제와 기술의 발전

전쟁은 경제적 · 기술적 변화를 촉발하는 계기였다. 페르시아 전쟁 동안 **아테네**는 해군력 강화를 위해 **대규모 조선소**와 은광 수익을 동원해 함대를 건조했고, 이는 이후 아테네의 상업력과 민주주의 발전을 동시에 견인했다. 또한 전쟁 중 발전한 **삼단노선**(Trireme: 세줄의 노, 고대 아테네 해군의 고속 · 고기동성 전투 갤리선)은 해상 교역망을 확장시켜 에게해와 지중해 경제질서의 변화를 불러왔다. 반면 페르시아는 왕의 길(Royal Road)과 제국 행정망을 통해 군사 도로와 상업로를 결합시켜 국제교역의 기반을 마련했고, 이는 후일 헬레니즘 시대와 로마 제국의 경제질서로 이어졌다.

□ 정치체제와 법 제도의 변화

전쟁은 각국의 정치체제에도 큰 변화를 주었다. 아테네는 페르시아 전쟁의 승리 이후 민회와 시민권의 확대를 통해 민주정치를 강화했으며, 스파르타는 군사동맹을 공고히 하며 펠로폰네소스 동맹의 중심국이 되었다. 이 과정에서 **조약, 동맹, 망명자 송환, 불가침 합의 등**

이 구체화되며 **초기 국제법적 질서**가 형성되었다.

또한 전쟁을 계기로 그리스 도시국가들은 법제와 외교 규범을 정비하며, 동맹 조약과 상호 방위 협정을 체결하는 국제법의 초기 형태를 발전시켰다. 이는 후대 헬레니즘 세계와 로마 제국의 외교정책에도 영향을 주었다.

□ 문화와 정체성의 융합

전쟁은 문화적으로도 큰 변화를 초래했다. 페르시아와의 전쟁을 통해 그리스 세계는 **'자유 시민'** 의식을 강화하며 **민주주의와 시민적 책임의 가치**를 새롭게 인식했다. 반면 전쟁 중 동방의 문화와 접촉하며 이오니아, 페니키아 문화가 그리스에 유입되었고, 이는 예술·문학·과학 등 다양한 분야에서 융합과 혁신을 촉진했다.

또한 그리스 신전건축과 드라마, 역사서술(헤로도토스의 역사서) 등은 페르시아 전쟁의 경험을 바탕으로 자신들의 승리를 기념하고 정당화하는 문화적 도구로 작동했다. 이러한 문화적 교류와 융합은 후대 헬레니즘 시대의 국제 질서로 이어졌다.

□ 맺음말

페르시아 전쟁은 단순한 동서양의 군사적 충돌을 넘어, **고대 국제 질서를 재편**한 **역사적 분수령**이었다. 전쟁을 통해 패권이 이동하고, 도시국가 체제와 동맹체제가 형성되었으며, 경제·기술·문화가 서로 얽히며 새로운 문명 질서를 만들어 냈다. 전쟁 이후 그리스와 페르시아는 서로 견제와 협력을 반복하며 외교적으로도 복잡한 관계를 맺었으며, 이는 오늘날 국제 정치에서 **'힘의 질서'**와 **'외교의 질서'**가 교차하는 구조의 시초로 평가된다.

결국 기원전의 전쟁은 **단순한 파괴가 아니라 세계질서를 바꿔 놓는 창조적 동력**이기도 하였으며, 페르시아 전쟁은 그 대표적 사례로서 고대 세계의 질서가 어떻게 형성되고 진화했는지를 보여 주는 생생한 교훈을 전해 준다.

제9장

페니키아와 알파벳의 기원 - 항해와 문자의 전파

1. 바다의 잊힌 맹세 - 페니키아와 카르타고의 숨겨진 고리

▶ 제1막. 바다에서 온 자들

바람은 칼날처럼 차가웠고, 파도는 분노한 신처럼 절벽을 내리쳤다.

레피도스는 마지막으로 뒤를 돌아보았다.

타오르는 도시들, 무너지는 궁전, 죽어가는 동지들.

한때 지중해를 지배하던 해양 민족은 이제 사라져가고 있었다.

"남은 자들이여, 이 배를 타라. 우리는 기억될 것이다."

그의 목소리는 고요했지만, 절망 속에서도 믿음을 품고 있었다.

바다의 여신에게 바친 맹세는 단 하나.

언젠가, 후손들이 다시 일어나 강력한 도시를 세우리라.

그 맹세를 새긴 바위 문양 하나가 바다에 잠기며, 전설이 되었다.

▶ 제2막. 티레의 추방자

기원전 814년, 페니키아(Phoenicia)의 도시 티레(Tyre,두로)에서

한 여인이 추방당했다.

디도(Dido), 왕족의 혈통을 가졌으나

오빠 피그말리온의 탐욕에 의해 쫓겨난 비운의 여왕.

그녀는 금과 은, 충성스런 추종자들을 이끌고 서쪽 바다로 나아갔다.

"신이여, 이 망망한 바다의 끝에 내 도시를 허락하소서."

그녀가 도착한 곳은 북아프리카의 외딴 만(灣).

그곳에서 그녀는 낯선 자들과 마주친다.

짙은 눈동자, 해풍에 익은 피부, 낯선 언어.

그들은 바다에서 온 자들의 후예였다.

▶ 제3막. 사라진 혈통의 부름

그들의 우두머리 하미르. 그는 스스로를 레피도스의 후손이라 했다.

디도는 그를 경계했지만,

그의 항해술과 무기 제작 기술은 무시할 수 없었다.

결국, 디도는 그들을 동맹으로 받아들였고,

새로운 도시 카르타고의 기초가 다져지기 시작했다.

하미르가 그녀를 비밀스러운 장소로 이끌었을 때,

그녀는 바위에 새겨진 이상한 문양을 보게 된다.

파도와 창, 그리고 별. 하미르가 속삭였다.

"이것이 바다의 계약입니다. 카르타고는 그 계약의 성취입니다."

▶ 제4막. 예언자 나탄의 기록

히브리 상인 나탄은 예루살렘에서 출발해

지중해 전역을 오가는 무역상이었다.

그는 카르타고에 도착해 흥미로운 이야기를 듣는다.

"바다에서 온 자들이 세운 도시, 불의 신에게 제사를 바치는 곳."

그는 하미르의 눈에서 오래전 기록된 전설을 떠올린다.

여호와께서 심판하신 블레셋과 아스글론의 기억이 되살아났다.

그리고 어느 밤, 그는 어린 소녀 시에라에게 신탁을 받는다.

"불의 도시여, 너의 불은 하늘의 분노를 일으키리라.
바다에서 온 자들의 맹세는, 피로써 이루어질지니."

▶ 제5막. 맹세의 대가

카르타고는 눈부시게 성장했다.
무역의 중심지, 해군력의 요새,
다양한 문화가 융합된 지중해의 보석.
그러나 내부의 균열은 점점 깊어졌다.
디도가 섬기던 신 아스다르트와, 해양 민족이 믿던 바다의 여신.
그리고 몰렉(Molech) — 불의 신에게 드리는 제사는
도시의 어두운 중심에서 공공연히 이루어지고 있었다.
하미르와 디도는 결국 갈등하게 되고,
하미르의 후손은 도시에서 쫓겨난다.
마지막 장면, 디도는 절벽 위에 선다.
그녀는 몸을 던지지 않았다. 대신 그녀는 맹세한다.

"이 도시는 영원히 기억될 것이다. 바다에서 온 자들과 함께."

세월이 흐르고, 로마와의 전쟁 속에서 카르타고는 불에 휩싸인다.
시에라의 예언은 성취되었다.
그러나 지중해 바다 어딘가에는 여전히 그 문양이 남아 있다.
창과 파도, 그리고 별. 바다의 잊힌 맹세는 아직 끝나지 않았다.

2. 해양의 침입자, 해안의 건축자 - 해양 민족과 페니키아인의 차이와 연결

페니키아인과 해양 민족(Sea Peoples)은 고대 지중해 세계의 동일한 무대에 등장했지만,

그 기원과 정체, 활동 방식에 있어 본질적으로 다른 두 집단이었다. 페니키아의 중심 도시는 뷔블로스(Byblos), 시돈(Sidon), 티레(Tyre) 등으로, 일찍부터 이집트나 메소포타미아와 무역을 전개하며 고대 세계와 활발히 교류했다.

반면, **해양 민족**은 기원전 13세기 말부터 12세기 초 사이에 돌연히 등장한 **다민족 무장 이주 집단**으로, 에게해와 아나톨리아, 크레타, 시칠리아, 심지어 이탈리아 중부 등 다양한 지역에서 온 사람들로 구성되어 있었다. 이들은 정체불명의 기원을 지닌 전사 집단으로, 배를 타고 동지중해 연안을 따라 남하하면서 히타이트 제국, 미케네 문명, 시리아의 우가리트, 가나안 지역 도시들까지 연쇄적으로 공격하고 파괴하였다. 당시 이집트까지 침입했으나 람세스 3세에 의해 저지당했으며, 일부는 **가나안 남부에 정착**하여 후에 성경에 등장하는 **블레셋인**(Philistines)으로 알려지게 된다.

이처럼 페니키아인은 **지역에 뿌리를 둔 상인 집단**이었고, 해양 민족은 **기후 변화, 식량 위기, 문명 붕괴 속에서 유입된 무장 이주자 연합체**였다. 두 집단은 직접적인 동질성은 없었지만, 역사적 시공간 속에서 서로 마주쳤고, 특히 해양 민족의 침입이 만들어낸 권력의 공백 속에서 페니키아 도시들은 다시 살아나 지중해 무역을 주도하게 되었다. 결과적으로 해양 민족은 고대 청동기 문명을 무너뜨린 **파괴의 세대**였고, 페니키아인은 그 무너진 자리에 새로운 질서를 세운 **재건과 창조의 세대**였다. 두 집단은 기원과 목적은 달랐지만, 고대 지중해 세계사의 큰 변곡점을 함께 만든 역사적 연결고리로 평가된다. 해양 민족은 파괴의 세대였으나, 페니키아인은 재건의 세대였다.

3. 페니키아인의 등장

'페니키아'라는 이름은 고대 그리스어 'Φοινίκη(Phoiníkē)', 즉 **'자주색'**을 뜻하는 말에서 유래했다. 그 이유는 이들이 뿔고둥에서 추출한 진홍빛 자주색 염료로 유명했기 때문이다. 이 염료는 당시 왕족이나 제사장 등 특권층만이 사용할 수 있었으며, 고대 세계에서 가장 귀한 무역 품목 중 하나였다. 이로 인해 그들은 '자주색 사람들'이라 불렸고, 이 별칭은 곧 그들의 문화적 정체성과도 연결되었다.

□ 초기 문화 형성과 발전

페니키아인은 기원전 2천 년경부터 뷔블로스, 시돈, 티레 등의 도시국가로 성장하며 독립적인 정치체계를 갖췄다. 좁은 해안 평야와 산악지대가 맞닿은 지리적 특성상 대규모 농경보다는 수공업과 해상 무역이 발전했고, 이를 기반으로 자신들만의 정체성을 확립했다. 페니키아인들은 광범위한 무역 네트워크를 유지하기 위해 '기록과 계약'을 빠르게 전달할 수 있는 도구를 필요로 했고, 이 실용적 필요가 문자 혁신의 기반이 되었다.

□ 해양 활동의 시작과 팽창

기원전 1200년경 히타이트 제국의 붕괴와 이집트 신왕국의 약화로 인해 지중해 동부 지역에 권력 공백이 발생했다. 이 혼란기를 틈타 **페니키아 도시국가**들은 해양 활동을 본격화하며 지중해 전역으로 무역망을 확대했다. 파괴와 혼란의 시대 속에서, 그들은 오히려 생존과 기회를 모색하며 북아프리카, 시칠리아, 스페인 해안 등에 식민 도시를 세웠고, 대표적인 사례가 카르타고였다. 티레는 자주색 염료, 시돈은 유리 제품, 뷔블로스는 목재 수출의 중심지로 떠오르며 **지중해 상업의 허브**가 되었다. 이 시기 페니키아인의 활동은 단순한 경제 확장이 아니었다. 그들은 거래를 기록하고 항로 정보를 공유하기 위해 기존의 복잡한 상형문자 대신, 더 간단하고 배우기 쉬운 **'음소 기반 문자'**를 만들기 시작했다. 이 간결한 문자 체계는 상인, 선원, 기술자들도 쉽게 사용할 수 있었고, 이는 기존 제국 문자의 한계를 넘어선 혁신이었다.

□ 고대 해안 민족으로서의 정체성

페니키아인은 군사력을 기반으로 한 제국을 세우지는 않았지만, 바닷길을 이용해 물자와 정보를 교류하며 막강한 영향력을 발휘했다. 그들은 거대한 함대를 보유한 상인 집단이자, 문화적 전파자로 평가된다. **'자주색 사람들'**이라는 이름처럼, 그들의 특산품인 염료와 유리, 정교한 공예품은 귀족문화와 미술사에도 큰 영향을 끼쳤다. 후에 이들이 세운 **카르타고**는 로마 제국과 지중해 패권을 다투며 **해양 강국으로 성장**했다. 페니키아인이 남긴 유산은 상품이나 도시만이 아니었다. 그들이 만들어 낸 22개의 자음 문자 체계는 그리스와 로마, 더 나아가 전 세계 문자 문화의 출발점이 되었다. 즉, 페니키아 문명은 **'무역의 민족'**이자 동시에 **'문자의 민족'**이었다.

□ 세계사적 맥락

페니키아 문명이 번성하던 기원전 1200년~600년 시기는, **한반도에서는 청동기 문화가 발전**하고 **고조선이 국가 체계**를 갖춰가던 **시기**와 겹친다. 두 지역은 직접적인 교류는 없었지만, 하나는 바다를 중심으로, 다른 하나는 대륙 내륙을 중심으로 서로 다른 방식의 고대 국가 발전 경로를 보여 준다. 이 비교는 **문명의 다양성과 보편성**을 동시에 조망할 수 있는 흥미로운 **사례**다.

□ 맺음말

페니키아인은 바다를 통해 세계를 연결한 **고대의 항해자이자 문화의 메신저**였다. 그들은 전쟁보다는 무역과 문화 교류로 지중해 전역에 영향을 주었고, 자신들이 만든 문자를 통해 그 문화를 더 빠르고 넓게 전파했다. 알파벳이라는 문명적 도구는 단순한 기록 수단을 넘어 사람과 사람, 도시와 도시, 문명과 문명을 연결하는 새로운 길을 열었다. 오늘날의 세계화 시대에, 페니키아는 **평화적 교류와 상호 연결성의 상징**으로 기억될 수 있다.

"페니키아는 무너지지 않은 제국이었다.
그들은 바다에 국경을 긋지 않았고,
그 너머에 가능성을 그려 넣었다."

4. 페니키아 알파벳과 영어 알파벳 비교

페니키아 알파벳은 인류 최초의 체계적인 음소 문자(phonetic alphabet)로 평가받는다. 이 문자는 **자음만 표기**하는 방식으로, 모음은 따로 기록하지 않고 문맥을 통해 이해하도록 설계되었다. 총 22개의 문자로 이루어졌으며, **직선과 곡선이 조합된 간결한 형태**였고, **오른쪽에서 왼쪽으로** 쓰는 방식이었다. 이 알파벳은 **지중해 무역망을 통해 전파**되었고, 특히 **고대 그리스인들에 의해 적극적으로 수용**되었다.

그리스인들은 페니키아 문자에 **모음 기호를 도입**하여 문자 체계를 확장했고, 이후 **로마 시대에는 라틴 문자**로 계승되었다. 오늘날 우리가 사용하는 **영어 알파벳은 바로 이 라틴 문자의 후예**이다. 즉, 페니키아 → 그리스 → 로마 → 유럽 → 영어로 이어지는 알파벳의 계보는 단순한 문자 변형이 아니라, '문자가 지배하는 문명'이 확장해 온 길이기도 하다.

□ 구조적 차이와 발전 - 문자 체계의 진화와 세계화의 궤적

현대 영어 알파벳은 총 26자로 구성되어 있으며, 자음과 모음을 모두 표기할 수 있는 체계다. 이는 자음만을 기록했던 초기 페니키아 알파벳과는 분명한 차이를 보인다. 또한 영어 알파벳은 왼쪽에서 오른쪽으로 쓰는 방식으로 표기되며, 대문자와 소문자의 구분, 글자체의 다양한 변형, 그리고 곡선과 직선이 조화를 이루는 시각적 디자인 요소를 포함하고 있다. 이러한 변화는 문자 체계가 단순한 기록 수단을 넘어, 표현과 시각적 전달의 도구로 발전해 왔음을 보여 준다. 페니키아 알파벳과 영어 알파벳은 몇 가지 중요한 공통점을 지니고 있다. 두 문자 모두 음소 문자로서, 단어의 의미가 아니라 소리를 기호로 표기한다는 점에서 복잡한 상형문자 체계보다 훨씬 간결하고 학습이 용이하다. 문자 사용의 접근성과 실용성은 결국 상업과 교류 중심의 문화에서 태어난 이 두 체계가 공유하는 핵심 배경이다.

하지만 차이점 역시 분명하다. 먼저 문자 수에서 페니키아 알파벳은 22자의 자음 중심 체계인 반면, 영어 알파벳은 자음과 모음을 포함한 26자로 구성되어 있다. 표기 방향도 서로

반대이며, 페니키아 문자는 오른쪽에서 왼쪽으로, 영어 문자는 왼쪽에서 오른쪽으로 기록된다. 또, 페니키아 알파벳은 단일한 글자 형태를 사용했지만, 영어 알파벳은 대문자와 소문자의 구분이 있으며, 쓰기 환경과 목적에 따라 다양한 서체와 스타일이 존재한다. 이러한 구조적 차이는 문자 체계가 보다 다양한 사회적 기능과 문화적 요구를 수용하면서 변화해 왔음을 보여 준다.

□ 알파벳의 계보 - 항해와 문화의 유산

페니키아 알파벳(Phoenician alphabet)은 오늘날 영어 알파벳의 직계 조상으로 평가된다. 이 계보는 단순히 문자 구조가 변화한 흐름을 넘어, **해상 교류와 문화 접촉이 문자 전파의 경로가 되었던 역사적 과정**을 의미한다.

페니키아 상인들의 문자는 먼저 그리스 세계로 전파되어 모음이 추가된 그리스 알파벳으로 변형되었고, 다시 로마 제국을 통해 라틴 문자로 계승되었다. 이 라틴 문자가 중세 이후 유럽 전역에서 확산되며, 오늘날의 영어 알파벳으로 발전하게 된 것이다. 이러한 문자 계승의 흐름은 단순한 기술 발전의 문제가 아니다. 그것은 **인류가 어떻게 기록과 소통의 도구를 보편화하고, 지식과 정보를 전파하는 방식을 진화시켜 왔는가**를 보여 주는 문명사적 궤적이다.

□ 페니키아 알파벳 - 라틴어 알파벳 - 현재 영어 알파벳 비교표(일부)

페니키아 알파벳 (기원전 11세기)	라틴 알파벳 (고대)	현재 영어 알파벳
𐤀 (Aleph)	A	A
𐤁 (Beth)	B	B
𐤂 (Gimel)	C/G	C, G
𐤃 (Daleth)	D	D
𐤄 (He)	H	H

𐤅 (Waw)	V/U	V, U, W
𐤆 (Zayin)	Z	Z
𐤇 (Heth)	H (H, Ch, X)	H (Ch/X 음가 포함)
𐤈 (Teth)	T	T

※ 주: 페니키아 문자는 자음 위주이며, 그리스인이 모음을 도입한 이후에야 현대적 발음 구조로 확립되었다.

5. 페니키아인과 카르타고인 - 고대 DNA가 밝힌 정체성의 재해석

카르타고인의 기원과 정체성은 오랫동안 논쟁의 대상이었다. 전통적으로 그들은 레바논 해안의 페니키아 도시(티레 · 시돈)에서 출발한 후예로 여겨졌다. 실제로 언어, 문자, 종교, 건축 등에서 강한 페니키아적 색채가 드러난다.

최근의 고대 DNA 연구는 이들의 정체성을 보다 입체적으로 보여 준다. 카르타고인은 분명 고대 가나안-페니키아인과 일정한 연속성을 지니고 있었으며, 이는 오늘날 레바논인에게 흔히 발견되는 **E1b1b, J, T와 같은 하플로그룹**을 통해 확인된다. 이러한 계통은 고대 레반트인의 뿌리를 증명하는 유전적 지표다. 그러나 동시에 카르타고인의 유전자는 시칠리아, 에게해, 북아프리카, 이베리아반도 등 지중해 전역의 인구와도 유사성을 보여준다. 요약하면, 고대 · 현대 유전자료는 **'레반트 기원 성분'**에 **'서지중해 혼합'**이 더해진 다층 구성을 시사한다. 그리고 **카르타고 정체성**을 실제로 유지 · 재생산한 동력은 혈통적 단일성보다 언어 · 종교 · 문자라는 **문화적 일관성**이었다. 페니키아어(서지에서는 푸니키아어로도 표기) 사용, 바알/타니트 숭배, 페니키아 문자 기록 관습이 그 핵심이었다. 이는 카르타고가 단일 민족의 식민 도시가 아니라, **해상 교역과 이주 속에서 형성된 다민족적 공동체**였음을 의미한다.

카르타고인들은 페니키아어(후대에는 푸니키아어라 불림)를 사용하고, 페니키아 문자를 기록에 활용했으며, 바알과 타니트 같은 신을 숭배했다. 정치제도, 상업 구조, 예술과 건축

또한 페니키아 전통과 깊이 맞닿아 있었다. 이처럼 문화는 혈연을 초월했으며, 페니키아 문명은 언어·신앙·상업 구조를 통해 누구나 수용할 수 있는 '문화 프랜차이즈'처럼 작동했다.

결국 카르타고 문명은 **혈통적 단일성**이 아닌, **문화적 공유와 선택**을 통해 형성된 복합 공동체였다. 이는 고대 지중해 사회가 생각보다 훨씬 더 다층적이고 유동적이었음을 보여 주며, 민족 정체성을 혈연이 아닌 공유된 가치와 상징으로 정의해야 함을 시사한다.

6. 페니키아에서 카르타고로 - 해상제국의 이동과 문화적 연속성

기원전 8~6세기, 본토 페니키아는 아시리아·바빌로니아·페르시아의 압박으로 쇠퇴했지만, 문명이 종말을 맞은 것은 아니었다. 중심은 점차 서지중해, 북아프리카의 **카르타고**로 옮겨졌다. **카르타고**는 원래 티레에서 건너간 **식민 도시**였으나, 본토가 약화되자 정치적 독립을 얻고 **강력한 해상 국가로 성장**했다. 사르데냐·시칠리아·이베리아 등지에 식민지를 세우며 지중해 서부의 패권을 장악했고, 뛰어난 해군력과 정교한 상업 조직은 로마와 경쟁할 정도였다.

정치적으로는 독립했지만, 문화적으로는 여전히 **페니키아의 계승자**였다. 언어·종교·문자·상업 전통을 유지하며, 혈통의 다양성 속에서도 일관된 정체성을 지켜 냈다. 따라서 카르타고는 문화적으로는 페니키아 문명의 연속이면서도, 정치적으로는 독립된 해상제국이라는 이중적 성격을 지닌 문명이었다.

비록 포에니 전쟁에서 로마에 패망했지만, 그들의 해상 기술·문자·무역 조직은 로마로 흡수되어 지중해 전역으로 전파되었다. **바람은 항로를 바꾸었으나, 돛은 여전히 같은 별을 향했다.** 카르타고가 무너진 후에도, 페니키아의 정신은 지중해와 로마 문명의 뿌리 속에 살아남았다.

7. 성경 속의 페니키아인 - 기술자인가, 유혹자인가?

성경에서 가장 긍정적으로 등장하는 페니키아인의 예는 티레(두로)의 히람 왕(Hiram)과 **솔로몬 왕**의 동맹이다. 열왕기상 5장에 따르면, 솔로몬은 **예루살렘 성전 건축**을 위해 히람 왕에게 **레바논의 백향목과 잣나무**, 그리고 **건축 기술자들**을 요청했다. 히람은 이에 흔쾌히 응하여, 목재를 바다로 운반하고 기술자들을 보내는 등 **성전 건축의 실질적인 조력자** 역할을 했다.

"당신이 사람을 보내어 하신 말씀을 내가 들었거니와 내 백향목 재목과 잣나무 재목에 대하여는 당신이 바라시는 대로 할지라" (열왕기상 5:8)

페니키아인의 항해술과 건축 역량은 이스라엘과의 협력에서 큰 유익을 가져왔으며, 성전 건축에도 직접 기여한 존재로 묘사된다.

□ 신앙적 갈등 - 바알 숭배의 통로

그러나 그들의 종교는 바알과 아세라 같은 다신 숭배 체계였고, 이는 이스라엘 신앙을 위협했다. 대표적인 사례는 **시돈** 출신의 **이세벨 여왕**이다. 그녀는 북이스라엘 아합 왕과 혼인하여 바알 신앙을 들여왔고, 결국 엘리야와 바알 선지자 450명의 갈멜산 대결(열왕기상 18장)로 이어졌다.

"이세벨이 여호와의 선지자들을 멸할 때에 …" (열왕기상 18:4)

또한 에스겔서 26~28장은 티레(두로)가 부와 교만으로 인해 하나님의 심판을 받는 모습을 전한다. 이는 물질적 번영이 곧 하나님 앞에서의 의로움을 뜻하지 않음을 경고한다.

"네 마음이 교만하여 말하기를 나는 신이라… 네 마음이 하나님의 마음 같은 체할지라도

너는 사람이요 신이 아니거늘" (에스겔 28:2)

□ 양면성 - 파트너인가, 유혹자인가

성경 속의 **페니키아인은 양면적**으로 그려진다. 한편 그들은 성전 건축과 무역 발전에 기여한 실력 있는 파트너였지만, 동시에 이방 신앙과 교만의 상징으로 경고의 대상이 되었다. 특히 티레와 시돈은 구약 선지서에 자주 언급되며, 하나님을 떠난 물질적 성공이 얼마나 위태로운가를 보여주는 사례로 기록되었다.

□ 맺음말 - 기술과 교류는 중립이지만, 그 정신은 평가받는다.

결국 페니키아인은 이스라엘 역사에서 **경제적 유익과 영적 경계**가 동시에 요구되었던 존재였다. 그들은 바다의 기술자였고, 교역의 전문가였으며, 건축의 장인이었지만 동시에 믿음의 정체성을 흔드는 도전의 상징이기도 했다. 그들의 문화는 실용성과 번영의 상징이었으나, 하나님과의 언약 관계 앞에서는 언제나 시험의 요소가 되었다. 거룩함은 외교적 우정보다 신앙의 순결을 더 중시한다. 성경은 페니키아인을 단죄하거나 이상화하지 않고, 그들과의 만남 속에서 **분별과 경계**를 세워야 함을 가르친다.

8. 시돈, 티레, 블레셋, 그리고 가나안 - 공유된 땅, 엇갈린 정체성

고대 지중해 동부 해안, 곧 오늘날의 **레바논·이스라엘·가자 지역**은 **'가나안'**이라 불렸다. 성경 시대의 지리 개념에서 **가나안**은 레반트 해안과 내륙을 아우르는 넓은 지역을 뜻한다. 이 범위 안에는 오늘날 레바논 해안에 해당하는 시돈·두로(훗날의 페니키아 중심 도시)도 들어간다. 다만 성경의 호칭 방식은 조금 다르다. 구약은 '페니키아'라는 이름을 거의 쓰지 않고, 보통 **"시돈 사람"**, **"두로(티레) 사람"**처럼 **도시 이름으로** 그들을 부른다. 반면 헬라어가 쓰인 신약과 고전 사료에서는 **페니키아(베니게)**라는 지명이 직접 등장한다. **지리적으로는**

'넓은 지역의 가나안' 속에 페니키아 해안이 포함되지만, 성경의 서술에서는 주로 시돈·두로 같은 도시명으로 구분해 부른다.

이곳은 시돈·티레 같은 페니키아 해안 도시와, 남쪽의 블레셋이 공존한 접경지대였다. 반면에 블레셋은 본래 에게해에서 온 해양 민족으로, 가자·아스글론·아스돗 등 남부 해안에 정착해 도시 연합을 이루었다. 철제 무기와 군사력을 바탕으로 이스라엘과 대립했으며, 성경 속 **다윗과 골리앗** 이야기로 잘 알려져 있다. 초기에는 에게해적 유전적 흔적을 보였으나, 후대에는 가나안인과 혼혈되며 셈족 언어와 종교를 수용했다.

'팔레스타인(Palestine)'이라는 지명은 본래 **블레셋**(Philistia)에서 **유래**했으나, 현대 팔레스타인 주민은 아랍·셈족·지중해 계통이 융합된 집단으로, 고대 블레셋인과 직접적인 혈통적 연속성은 확인되지 않는다. 오늘날 그들은 아랍어를 사용하는 혼합 민족으로, 수천 년간 가나안·아람·유대·아랍 계통이 섞여 형성된 집단이다. 결국 시돈과 티레는 오늘날에도 도시 유적으로 남아 고대 문명을 증언하지만, 블레셋은 **이름만 '팔레스타인'**으로 남고 **민족 정체성은 역사 속에 흡수**되었다.

가나안과 블레셋
Created with DALL·E by OpenAI.

"지명은 남지만, 정체성은 변화한다."

9. 그러면 페니키아인의 혈통은 누가 물려받았는가?

유전학적 연구는 역사적 연속성을 과학적으로 뒷받침한다. 2017년 *Nature Communications*

에 발표된 연구에 따르면, **현대 레바논인**의 유전자 구성의 약 93~95%가 **고대 가나안인·페니키아인과 일치**하는 것으로 나타났다. 특히 티레 지역의 고대 무덤에서 추출한 DNA와 현대 레바논인의 유전체는 직계 후손에 가까운 수준의 유사성을 보였다.

문화와 언어, 종교 전통의 측면에서도 이러한 연결 고리는 분명하다. 페니키아어는 북서 셈어 계열로, 현대 히브리어와 아람어(시리아어)와 친연성을 지닌다. 또한 레바논 일부 마론파 기독교 공동체는 지금도 수리아어(고대 아람어 계통)를 예배 언어로 사용한다. 이는 고대 셈족 문화의 지속성을 보여주는 중요한 증거다. 아울러 레바논 국기의 삼나무 문양은 페니키아인의 전통적 수출품인 레바논 삼나무를 상징적으로 계승한 문화유산으로 평가된다.

결국 **페니키아 문명**은 단절된 과거가 아니라, 현대 **레반트 지역 사람들의 정체성** 속에 실질적으로 살아 있는 유산이다. 유전자와 언어, 문화적 기호 속에 스며든 이 흔적은 고대 문명이 단순히 유적에 머무는 것이 아니라, 오늘의 사람들 안에 여전히 살아 있음을 보여 주는 생생한 사례라 할 수 있다.

10. 고대 페니키아인의 언어는 남아 있는가?

페니키아어는 고대 레바논, 시리아 서부, 북이스라엘 해안의 도시국가들—예컨대 티레, 시돈, 뷔블로스—에서 사용된 셈어족 북서방 어군의 하나로, 고대 가나안어의 방언에 속했다. 이 언어는 상업·항해 중심지에서 활발히 쓰였으며, 페니키아 문자는 가나안 문자에서 발전한 체계로서, 후대 히브리어, 아람어, 그리스어, 라틴 문자 체계에 큰 영향을 끼쳤다.

그러나 기원전 1세기 이후, 로마 제국의 팽창과 헬레니즘화가 가속되면서 페니키아어는 점차 아람어와 그리스어에 밀려 쇠퇴했다. 특히 상업과 행정 영역에서 아람어가 중동 지역의 국제어로 자리 잡으면서, 도시국가 중심의 페니키아어 사용은 빠르게 사라졌다.

오늘날 페니키아어는 일상 언어로는 완전히 소멸했으며, 일부 고대 비문과 고고학적 유물에서만 그 흔적을 확인할 수 있다. 대표적 사례로는 아히람 석관(뷔블로스), 노라 비문(사르데냐), 카라테페 비문(아다나 일대), 에슈무나자르 석관(시돈) 등이 있다. 이 자료들은 페니키아인의 상업 활동, 종교, 언어 구조를 이해하는 중요한 단서를 제공한다.

□ 히브리어 - 민족과 신앙의 언어

히브리어는 구약 성경 대부분이 기록된 언어로, 초창기에는 페니키아 문자와 거의 동일한 형태를 사용했다. 그러나 바빌론 포로기 이후 아람어의 영향을 받아 현재의 사각형 문자체(아람 문자 계열)로 변화했다. 이후 히브리어는 종교의 언어로만 유지되다가, 19세기 말 시오니즘 운동과 함께 모던 히브리어로 부활하여 현대 이스라엘의 공용어가 되었다. 이것은 세계적으로 유일하게 고대 언어가 다시 일상 언어로 되살아난 사례다.

□ 아람어 - 고대의 국제어, 지금도 살아있는 언어

아람어는 시리아 및 메소포타미아 지역을 중심으로 발전한 고대 셈어족 언어로, 기원전 9세기경부터 아시리아, 바빌로니아, 페르시아 제국의 공용 행정 언어이자 국제 교역 언어로 광범위하게 사용되었다. 히브리어보다 간결한 문법과 **표현상의 유연성** 덕분에, 예수 시대에는 팔레스타인과 유대 지역의 일상어로 널리 쓰였고, 예수와 제자들 또한 아람어를 주된 언어로 구사했다.

기원전 900~700년의 근동 왕국 분포
Wikimedia Commons contributor Richardprins, licensed under CC BY-SA 3.0.

오늘날 **아람어**는 **수리아어(Syriac)**라는 명칭으로 일부 중동 기독교 공동체들—시리아,

이라크, 레바논, 튀르키예 동남부의 마론파와 아시리아 동방교회, 칼데아 가톨릭교회 등—에서 예배 언어와 문화 전통어로 여전히 사용되고 있다. 대표적인 아람어 생존 지역으로는 시리아의 마알룰라(Maaloula), 튀르키예의 미디얏(Midyat), 이라크 니네베 평야가 있다. 이 지역의 일부 주민들은 현대화된 방언 형태의 아람어를 일상 대화에서도 사용하는 드문 언어 공동체다.

한편, 멜 깁슨 감독의 영화《패션 오브 크라이스트(The Passion of the Christ, 2004)》는 예수의 마지막 12시간을 사실적으로 묘사하면서, 극 중 대사를 당시 실제 사용되었을 언어인 고대 아람어, 라틴어, 고대 히브리어로 구성했다. 이 영화는 아람어의 음성과 정서를 현대 관객에게 생생히 전달하며, 언어의 역사적 생명력과 감정을 보여 준 대표적 사례다.

□ 언어의 교차점 - "엘리 엘리 라마 사박다니"

셈어족 언어들의 관계는 예수의 십자가 위 외침에서도 드러난다.

"엘리 엘리 라마 사박다니?" (마태복음 27:46)
"나의 하나님, 나의 하나님, 어찌하여 나를 버리셨나이까?"

이 구절은 히브리어 시편 22편을 아람어로 인용한 형태다.

"엘리 엘리"는 히브리어와 아람어 모두에서 "나의 하나님"을 뜻한다.
"라마"는 "어찌하여"라는 의미다.
"사박다니"는 아람어 과거형 동사로, 히브리어 "아자브타니"(버리다)와 동일하다.

이 한 문장은 히브리어 성경의 신학, 아람어의 생활 언어, 그리고 페니키아 문자에서 발전한 알파벳 체계가 교차하는 지점이다. 인간의 절규와 신앙의 뿌리가 만나는 역사적 언어의 상징으로, 오늘날까지 강렬한 울림을 남기고 있다.

제10장

사르곤의 운하와 히스기야의 터널 - 물을 다스린 기술자들

1. 두 명의 기술자, 에리두무스와 아미엘

기원전 8세기, 두 개의 문명이 각각의 운명을 향해 물길을 팠다. 하나는 제국의 위엄을 위해, 다른 하나는 생존과 신의 뜻을 위해. 이야기는 두 명의 기술자, 아시리아의 에리두무스와 유다 왕국 아미엘의 손끝에서 시작된다.

□ 제국의 흐름을 설계하는 자

에리두무스는 두르-샤루킨(Dur-Šarrukin)의 붉은 흙을 발밑에 느꼈다. 신아시리아의 왕 사르곤 2세가 세운 이 신도시는, 이름 그대로 '샤루킨의 요새'를 뜻했다. 티그리스 강에서 수십 리 떨어진 이 땅 위에 왕은 새로운 수도를 건설하고자 했고, 그 중심에는 반드시 물이 흐르기를 바랐다.

"**강은 신의 선물**이다.
그러나 **그 흐름을 인간의 도시로 돌리는 것**, 그것이 **왕의 권한**이다."
"사르곤 왕은 운하 설계 책임자 에리두무스를 바라보며 그렇게 말했다."

에리두무스는 조용히 고개를 끄덕였다. 그는 신권을 따르며 성장했지만, 스스로의 판단으로는 물은 결코 정치의 도구가 되어서는 안 된다고 믿었다. 어린 시절, 어머니가 홍수에 휩쓸려 사망했던 기억은 아직도 그를 괴롭혔다.

그럼에도 그는 아들 **나부르**를 위해, 그리고 제국의 백성을 위해 물길을 닦았다. 측량선과 눈금줄, 청동 망치를 들고 그는 암반을 쪼며 **운하의 경사**를 조정했다. 몰래, 하층민 거주지로 연결되는 **분기 수로**를 설계했다. 누구도 눈치채지 못한 그 작은 물길은 훗날, 그 지역의 **기근을 막는 생명줄**이 되었다. 그는 제국의 운하를 만들면서도, 신의 정의를 따르고자 했다. 운하가 거의 완성될 무렵, 그는 처음으로 사르곤의 아들, 산헤립을 만났다. 젊은 왕자는 전사라기보다 학자처럼 보였다. 그는 벽에 새겨진 수로 도면을 한참이나 바라보았다.

"이 물은 백성의 것이기도 합니까, 기술자?"
에리두무스는 망설였다.
"그것은 왕의 뜻에 달렸습니다."
왕자는 조용히 웃었다.
"나는 언젠가, 저 니네베 언덕에 더 큰 수로를 만들 겁니다.
사르곤의 물길은 시작에 불과하지요."

그 말은 훗날, 니네베에 거대한 궁전과
수로 시스템을 건설한 **산헤립의 예언 같은 서문**이 되었다.

□ 돌 속에서 신의 길을 찾는 자

예루살렘의 밤은 깊고 조용했다.
아미엘은 동쪽 경계의 바위 아래 무릎을 꿇고 있었다.
그의 귓가에는 여전히 **망치 소리**가 맴돌고 있었다.

히스기야 왕은 그에게 명했다.
"성 밖의 물은 적이 먼저 차지할 것이다.
산을 뚫고 물을 성안으로 끌어라."

아미엘은 제사장 가문의 후예였다. 그러나 그는 신의 음성을 듣는 것만큼이나, **돌 속의 물길을 읽는 데** 능한 자였다. 이 일을 단순한 생존의 공사로 여기지 않았다. 그것은 신의 사명, "길을 만드는 일"이었다. 암반을 따라 휘어지는 터널 속에서, 양쪽에서 출발한 두 조는 **서로의 존재를 소리로 느끼며** 전진했다. 그는 어둠 속에서 기도했고, 때때로 노래를 불렀다. 그 소리가 **동료 레카즈**의 귀에 닿기를 바랐다. 마침내 두 망치 소리가 만나고, **찬물이 터져 나왔다**. 아미엘은 **실로암에 무릎을 꿇고**, 감사의 기도를 드렸다. 그리고 바위 위에 글을 새겼다.

"이곳은 주의 손이 인도하신 곳이라."
(비문에서 영감을 받은 가상의 각인 표현)
그 물로 그의 딸 **마라**는 세례를 받았고,
도시는 살아났다.

□ 물이 흐른 뒤

에리두무스는 운하의 마지막 곡선을 완성하고 조용히 쓰러졌다. 제국의 공식 기록에는 그의 이름이 없었다. 그러나 하층민들의 기념비에는 이렇게 적혀 있었다. "우리에게 물을 가져온 조용한 자, 에리두무스." **아미엘**은 백발이 된 후에도 매일 **실로암 연못**에서 아이들에게 물을 떠 주었다. 그는 말하곤 했다.

"돌을 쪼는 손은 인간의 것이었지만,
물을 흐르게 한 이는 주님이셨다."

그 무렵, 북쪽에서 흉흉한 소문이 들려왔다. **니네베의 왕 산헤립**이라 불리는 자가 **대군을**

이끌고 유다를 향하고 있다는 소식이었다. 그의 수로는 제국의 영광이자, 이제 **전쟁의 길**이 되고 있었다.

□ 포위된 도시, 흘러내린 기도

산헤립의 군대는 유다의 여러 성읍을 함락하고 마침내 예루살렘을 포위했다. 아시리아의 사신 랍사게는 성벽 아래에서 외쳤다.

"히스기야를 믿지 말라!
아시리아 왕이 이 모든 나라들을 어찌 무너뜨렸는지를 보라!
너희 하나님도 너희를 내 손에서 구하지 못할 것이다!"

성안에는 침묵이 흘렀다.
히스기야 왕은 이사야 선지자에게 기도하러 나아갔다.

"여호와여 귀를 기울여 들으소서
여호와여 눈을 떠서 보시옵소서
산헤립이 살아 계신 하나님을
비방하러 보낸 말을 들으시옵소서."
(열왕기하 19: 16)

그날 밤, 여호와의 사자가 아시리아 진영에 나가 18만 5천 명을 치니, 아침이 되자 진영은 **시체로 가득**했다. 산헤립은 수치심 속에 니네베로 돌아갔다. 이후 그는 자기 신전에서 **자신의 아들들에게 암살**당했다.

아미엘은 실로암 곁에서 그 소식을 들었다.
그는 하늘을 우러러 말했다.

"그분의 손이 흘려보낸 물은,
성을 살리고 적을 무너뜨리셨도다."

두 사람의 삶은 하나의 진실을 말하고 있었다. **물길은 힘의 상징이 될 수도, 믿음의 증거가 될 수도 있다. 그러나 그 길을 여는 이는 언제나 묵묵한 기술자들이다.**

□ 에필로그

사르곤의 운하도, **히스기야의 터널**도
오늘날 그 흔적을 남기고 있다.
그러나 그 돌 속에 숨겨진 **진짜 이야기**는
기록되지 않은 손들,
곧 **믿음과 수고의 기술자들**이다.
그들은 신을 두려워했고, 백성을 사랑했으며,
역사의 음지에서 물처럼 흘러간 자들이었다.

2. 터널의 어둠 속에 잠든 고대 히브리어 - 실로암 비문 발굴의 순간

1880년 어느 여름날, 예루살렘 구시가지 남동쪽 다윗성 아래의 히스기야 터널 안. 한 무리의 소년들이 시원한 물속에서 장난을 치며 더위를 식히고 있었다. 그중 16세 소년 야곱 엘리야후(Jacob Eliahu)는 수면에 손을 담근 채 장난을 치던 중, **바위벽에 이상한 흔적**을 발견했다. 햇살이 물결을 타고 터널 안으로 비스듬히 들어오면서, 암벽 위에 얇은 선들이 반사되어 반짝였다. 그 선은 단순한 긁힌 자국이 아니라, 누군가가 **정성껏 새겨놓은 글씨**처럼 보였다.

소년은 흥분된 목소리로 친구들을 불렀고, 며칠 후 그는 자신이 알고 지내던 독일계 선교사이자 건축가, 콘라드 쉬크(Conrad Schick)를 찾아갔다. 쉬크는 예루살렘의 고대 건축과 유적에 깊은 관심을 가진 인물이었고, 성경의 역사성을 진지하게 받아들이는 학자 중 하나였다. 소년의 말을 들은 그는 지체하지 않고 히스기야 터널로 향했다.

□ 19세기 고고학계의 분위기 - "성경은 신화다."

당시 **유럽의 고고학계**는 **성경의 역사성을 의심**하는 시각이 지배적이었다. 성경은 과장된 신화에 불과하다는 견해, 이스라엘 왕국은 실재하지 않았다는 주장, 특히 히스기야 터널 같은 고대 토목 기술은 허구라는 회의론이 널리 퍼져 있었다. 성경 속 유다 왕국은 전설일 뿐이며, 고대 히브리 문자는 현실에서 발견된 적이 없다는 것이 당시 **'학문적 정설'**처럼 받아들여졌다.

그런 상황에서 예루살렘 발굴은 거의 이루어지지 않았고, 고대 히브리어로 된 비문이 존재할 것이라는 생각은 조롱거리였다. 바로 이 시기에, 야곱 소년과 쉬크가 들어선 그 어두운 터널은, 세상의 의심을 흔들 '빛'의 문을 열고 있었다.

□ 진흙과 물, 그리고 고대 히브리어

쉬크는 등불을 들고 허리까지 차오르는 물속을 조심스레 지나갔다. 암벽은 오랜 세월의 습기와 이끼, 진흙으로 덮여 있었지만, 손으로 더듬어가며 벽면을 훑던 중 마침내 뚜렷한 문자의 윤곽이 드러났다. 그것은 현대 히브리어와는 다른 **'팔레오 히브리어(Paleo-Hebrew)'**였다. 문자는 오른쪽에서 왼쪽으로 새겨져 있었고, 전체 여섯 줄로 구성되어 있었다. 글자들은 바위 위를 따라 마치 물결처럼 흐르며, 손으로 직접 쪼은 듯한 깊이와 질감을 지니고 있었다. 쉬크는 숨을 삼키며 탄식했다.

"이것은 단순한 낙서가 아니라, 역사의 문장이다."

□ 역사적 발견 - 실로암 비문

이 발견은 곧 학계에 보고되었고, '실로암 비문(Siloam Inscription)'이라 명명되었다. 비문은 다음과 같은 내용을 담고 있었다.

"… 이것은 터널이다. 터널은 이와 같이 파였다
인부들이 서로를 향해 파고들어가며 도끼 소리를 들었다.
그리고 서로 만났을 때, 물이 흘러나왔다…"

이는 구약 성경 열왕기하와 역대하에 언급된 히스기야의 수로 건설을 문자 그대로 증명하는 사료였다.

"이 히스기야가 또 기혼의 윗샘물을 막아
그 아래로부터 다윗성 서쪽으로 곧게 끌어들였으니…"
(역대하 32:30)

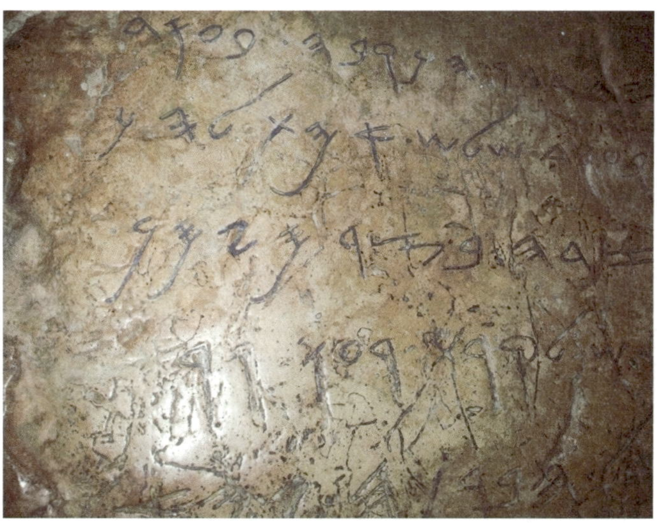

실로암 비문 현장 복사, 사진: 구민성

그토록 의심받던 **성경의 사건**이 **고대 히브리 문자의 비문으로 확인**된 것이다. 고고학이 역사적 정당성을 증명해 내는 순간, 성경은 더 이상 신화가 아니게 되었다. 단순한 문학작품으로 치부되던 성경이 실제 고대 역사를 담고 있다는 사실이 명백히 드러났기 때문이다.

3. 히스기야 터널과 실로암 연못 - 위기 속에 세워진 생명의 길

물 없는 예루살렘에 생명을 공급하기 위해 히스기야 왕은 기혼 샘의 물을 성안으로 끌어들이는 지하 터널을 건설했다. 이 터널은 고대 토목기술의 정수이자, 성경과 고고학이 맞닿은 살아 있는 증거다.

□ 고대 예루살렘의 생명줄 - 기혼 샘

예루살렘은 해발 약 800미터의 고지대에 위치한 도시로, 유입되는 강이 없어 강우량이 곧 생존을 좌우하는 곳이다. 연평균 강수량은 500mm 내외이며, 특히 4월부터 10월까지는 비 한 방울 없는 건기가 이어진다. 이런 환경에서 예루살렘의 유일하고 지속적인 수원은 기드론 골짜기에 솟는 **기혼 샘**(Gihon Spring)이었다. 기드론 골짜기에 자리한 이 샘물은 여부스 족속 시대부터 도시의 생명선 역할을 해왔다.

□ 다윗의 정복과 예루살렘의 성역화

기원전 1003년경, 다윗 왕은 여부스 족속이 지배하던 시온 산성을 정복해 예루살렘을 이스라엘의 수도로 삼았다. 이후 다윗은 언약궤를 이곳으로 옮겨 도시의 신성한 중심으로 삼으며, 예루살렘은 종교적·정치적 요충지가 되었다.

□ 아시리아의 위협과 히스기야의 결단

기원전 701년경, 아시리아 제국의 **산헤립 왕**이 **유다를 침공**했다. 예루살렘은 포위당할 위기에 놓였고, 도시 외부에 위치한 기혼 샘은 적에게 물을 공급하는 약점이 되었다. 이에 히스기야 왕은 중대한 결정을 내렸다. 성 외부의 물길을 차단하고, 지하 터널을 통해 성 내부로 물을 끌어들이는 **대규모 공사를 명령**한 것이다. 이 전략은 단순한 치수 사업이 아니라, 국가의 생존을 건 믿음과 기술의 결합이었다.

□ 놀라운 고대 토목기술 - 히스기야 터널

히스기야 터널(Hezekiah's Tunnel)은 약 533미터에 달하는 암반 속 지하 수로로, 경사도는 정밀하게 0.6%로 설계되어 자연 유입 흐름이 가능하도록 조성되었다. 너비는 평균 60~80cm, 높이는 약 1.8m에 이르며, 특이하게도 양쪽에서 동시에 파고들어가 터널 중앙에서 만나는 방식으로 완성되었다.

이러한 시공법은 정교한 측량과 소리의 반향만으로 이루어진 고대 기술의 극치를 보여준다. 터널 완공 후, 그 감격의 순간은 실로암 비문(Siloam Inscription)에 기록되었다. 1880년, 한 소년이 터널 벽에서 발견한 이 비문은 당시의 굴착 작업과 인부들의 만남의 장면을 고대 히브리어로 생생히 전한다.

□ 실로암 연못 - 물과 믿음의 만남

히스기야 터널의 종착점인 **실로암 연못**(Pool of Siloam)은 도시 내부에서 물을 공급하는 시설이었다. 제2 성전 시대에는 유대인 순례자들이 정결례를 행하던 장소로 사용되었으며, 요한복음 9장에서는 예수께서 시각장애인을 고치신 기적의 현장으로도 언급된다. 2004년 발굴 결과, 실로암 연못은 웅장한 계단식 구조로 이루어져 있었음이 밝혀졌고, **현재도 고고학 발굴과 보존이 진행 중이다. 한 줄기 물은 도시를 살렸고, 한 말씀은 눈먼 자의 영혼**을 열었다. **실로암은 물과 말씀의 교차로**였다.

제11장

그리스 철학자들
- 지성의 뿌리와 유산

1. 피타고라스의 길, 그리고 무리수의 그림자

별빛이 내려앉은 사모스의 밤하늘 아래
한 사내가 태어났다.
그의 이름, 피타고라스.
그는 말했도다 —
"만물은 수(數)이다."
그 한마디가 사상의 기둥이 되었고,
세계는 수로 이루어진 조화의 구조라 여겼다.
1에서 10까지,
그는 이 숫자들을 신성한 계시처럼 여겨
삼각형의 점 10개로 구성된 '테트락티스(Tetraktys)'를 그렸으며,
제자들은 그 앞에서 충성을 맹세했도다.
그는 믿었다.
그 속에 우주의 원리가 담겨 있다고.
보이지 않는 질서가 수로서 세상을 지배한다고.
그의 여정 속에서

그는 음악의 비밀까지도 깨달았으니,
대장간에서 들려오는 망치 소리의 차이가
수의 비율로 설명될 수 있음을 보았도다.
현의 길이와 음의 높이,
그 관계마저 수의 질서로 이루어져 있었으니,
그는 수학과 예술, 과학과 신비의 경계를 넘나드는 자였다.
그러나,
그 학파에 한 제자가 있었으니,
히파수스(Hippasus)라 불리는 이여.
그는 말했도다.

"스승이여, 정사각형의 대각선은
어떠한 유리수로도 정확히 표현되지 않나이다."

그 말은 마치
고요한 호수에 던진 돌처럼,
피타고라스 학파의 신념에 거센 파문을 일으켰다.
그 수, $\sqrt{2}$
그것은 무리수(無理數)라 불리는 영역,
즉 유한한 정수의 비율로는 설명될 수 없는 수였도다.
피타고라스는 이를 받아들이지 못했다.
그들의 철학은 조화의 수,
비례의 질서 위에 세워졌기 때문이다.
히파수스는 이 '혼돈의 수'를 세상에 알렸고,
어떤 전승은 말한다.
그는 그 죄로 인해 바다에 던져졌다고.
그 진실은 물결 속에 잠겨

지금도 전설로만 남아 있도다.

그러나,
이 사건은 학파 내부에
수의 세계에 대한 새로운 인식을 남겼으며,
세상은 그제야
유한한 질서 너머 무한한 수의 바다를 바라보게 되었노라.

피타고라스는 여전히
수를 우주의 언어라 믿었고,
그의 이름은 철학과 수학의 길 위에
불멸처럼 새겨졌도다.
그는 단순한 수학자가 아니었다.
그는 신비주의자였고, 음악가였으며,
수로써 세계를 해석하고자 했던 **우주적 순례자**였다.
히파수스의 무리수는
그 여정에 드리워진 **그림자**였으나,
그 그림자 아래에서 인류는
더 넓은 지식의 지평을 발견하였도다.

그의 외침은 훗날 르네상스에서
다빈치의 인체 비례도와 브루넬레스키의
원근법 도면 속에 다시 울려 퍼졌다.
고대의 수학은 단절된 것이 아니라,
시대를 넘어 미술과 건축 속에 화음으로 되살아났다.

2. 그리스 철학의 발전 배경

고대 그리스 철학은 결코 한 사람의 사색이나 천재성만으로 탄생한 것이 아니었다. 그것은 문자, 지리적 조건, 정치체제, 문화적 흐름, 사회구조, 그리고 역사적 격동이 어우러져 만들어낸 **문명사적 산물**이었다. 왜 하필 그리스에서, 특히 기원전 6세기경부터 철학이 집중적으로 발전했는지를 이해하기 위해서는 당시의 전반적인 배경을 살펴볼 필요가 있다.

□ 그리스 문자의 탄생과 발전 배경

그리스 철학이 꽃피우기 전, 먼저 변화한 것은 **말을 기록하는 방식**, 즉 문자였다. 고대 그리스는 처음부터 고유한 문자를 가지고 있었던 것이 아니라, 기원전 8세기경 **페니키아인들의 자음 중심 문자**를 받아들였다. 그러나 그리스인들은 이 문자를 단순히 흉내 내지 않고 **근본적으로 재해석**했다. 그들은 사용 빈도가 낮은 몇몇 자음 기호를 **'모음'을 나타내는 기호로 전환**하였다. 이 작은 변화는 인류 문자사에서 거의 혁명에 가까운 사건이었다. 이전까지 대부분의 문자는 자음만을 적고, 모음은 화자의 직관과 맥락에 의존해 해석해야 했다. 그러나 그리스 문자는 자음과 모음을 모두 표기하는 최초의 **'완전한 알파벳'**이 되었고, 이는 **소리의 정확한 재현**뿐 아니라 **사유의 세밀한 기록**을 가능하게 했다.

초기에는 오른쪽에서 왼쪽으로 쓰거나, '부스토로페돈(소가 밭을 갈듯 줄마다 방향을 바꾸는 방식)'으로 쓰는 등 다양한 방식이 혼재했으나, 점차 **왼쪽에서 오른쪽으로 통일**되었다. 이러한 표기 방향의 정착은 글 읽기와 기록의 효율을 높였고, 공적 문서, 법률, 비문, 연설문, 철학 대화록이 **정확하게 복제되고 전파될 수 있는 길**을 열었다.

문자는 단순한 기록 수단을 넘어 **사유의 그릇**이 되었다. 생각은 말로 흘러가면 사라지지만, 문자로 고정되면 **비교, 분석, 축적**이 가능해진다. 그리스 문자는 논증의 흐름을 시각적으로 표현할 수 있었고, 개념의 정의, 전제와 결론, 질문과 반박의 구조를 **텍스트 형태로 남길 수 있는 도구**였다. 이 문자 체계 위에서 소피스트의 논변술이 펼쳐졌고, 소크라테스의 대화가 기록되었으며, 플라톤의 철학이 형식화되었고, 아리스토텔레스의 논리학이 완성될 수 있었다.

즉, **그리스 철학**은 단지 언어 위에서만 형성된 것이 아니라, **"문자 위에서 구조화된 사유" 였다.** 문자가 없다면 철학은 존재할 수 없었다. **그리스 알파벳의 탄생**은 철학의 탄생과 나란히 출발한 **문명사적 전환점**이었다.

□ 지리적 조건 - 폴리스와 사유의 자유

고대 그리스는 산악 지형과 수많은 섬, 복잡한 해안선으로 이루어진 지역이었다. 이러한 자연환경은 대규모 중앙집권 국가의 형성을 어렵게 했고, 대신 수많은 도시국가(폴리스, polis)들이 독립적으로 성장하며 서로 경쟁하고 교류하는 구조를 만들었다. 이러한 **분권적 구조**는 권위로부터의 해방과 사상의 다양성을 허용했고, 특히 **이오니아 지역**(소아시아 해안)은 페니키아, 바빌로니아, 이집트와 활발히 교류하며 동서 문명의 접점이자 새로운 사상의 통로 역할을 했다.

□ 정치체제 - 민주정과 논변의 중요성

아테네를 중심으로 한 일부 폴리스에서는 **직접 민주정**이 등장하였다. 이는 시민 누구나 공적 토론과 의사결정에 참여할 수 있는 체제였으며, **언변, 설득, 논리**가 사회적 영향력을 좌우하는 주요 수단이 되었다. 이처럼 **이성적 설득과 공적 토론이 존중되는 정치 문화**는 철학의 형성과 확산에 결정적 기반이 되었고, 특히 **수사학과 변증법**의 발전을 견인하였다.

□ 문화적 전환 - 신화에서 이성으로

초기 그리스인들은 **호메로스와 헤시오도스**의 신화를 통해 세계와 인간을 이해했다. 그러나 점차 **신화만으로는 세상의 원리를 설명하기 어렵다는 인식**이 확산되었다. 게다가 **알파벳**

문자의 도입은 구술 중심의 전통을 기록 중심의 문화로 전환시켜, 사상의 축적과 비교, 성찰을 가능하게 했다.

그 결과 사람들은 세상을 향해 **"왜?"라는 근본적인 질문**을 던지기 시작했고, 이 질문은 곧 **철학의 출발점**이 되었다.

□ 사회적 다양성 - 상대주의와 윤리 철학의 씨앗

각 도시국가는 **서로 다른 법과 관습**을 가졌기에, 한 도시에서 정의롭다고 여겨지는 것이 다른 도시에서는 불의로 간주되기도 했다. 이러한 **상대주의적 현실**은 사람들로 하여금 "절대적인 진리는 존재하는가?"라는 물음을 품게 했고, 이는 소피스트(sophist)들의 상대주의 사상으로 이어졌다.

그들은 인간의 인식, 언어, 설득의 기술을 강조했으며, 이후 **소크라테스, 플라톤**을 거치며 인간의 윤리와 본성에 대한 철학적 탐구로 발전했다.

□ 역사적 충격 - 전쟁과 철학의 성찰

기원전 5세기에서 4세기에 걸쳐 **페르시아 전쟁과 펠로폰네소스 전쟁**이 연이어 발생하며, 그리스 사회는 큰 충격을 받았다. 특히 아테네의 패망과 민주정의 실패는 지식인들에게 깊은 성찰을 안겨 주었다.

"정의로운 국가란 무엇인가?", "인간은 어떻게 살아야 하는가?"라는 질문은 플라톤의 《국가》와 아리스토텔레스의 《정치학》으로 이어졌고, 철학은 단지 세계를 이해하는 것을 넘어, **더 나은 삶과 공동체를 설계하는 실천적 지혜**로 자리 잡게 되었다.

□ 맺음말 - 철학의 토양 위에 피어난 사유의 전통

결국 그리스 철학은 다음과 같은 요소들이 복합적으로 작용하여 탄생하였다.

- 개방된 지리적 환경과 도시국가의 분산 구조
- 직접 민주정이 낳은 공적 토론 문화
- 신화에서 이성으로의 인식 전환
- 문자 문화의 도입으로 가능해진 사상의 축적
- 사회적 상대주의가 낳은 진리 탐구
- 역사적 위기가 불러온 인간과 국가에 대한 성찰

소크라테스는 말했다.
"성찰하지 않는 삶은 살 가치가 없다."
그리스 철학은
인간과 세계, 신과 사회를 향해
"왜?", "어떻게?", "무엇을 위해?"를 묻는 질문으로부터 시작되었고,
오늘날까지도 그 질문은 여전히
우리의 삶을 흔들며 새로운 사유를 요구하고 있다.

소피스트의 상대주의, 소크라테스의 질문, 플라톤의 이데아,
아리스토텔레스의 경험주의는 서로 대립하면서도 이어졌고,
이 사유의 층위가 르네상스 학문과 근대 철학의 기초로 전승되었다.

3. 그리스 문명과 르네상스

고대 그리스 문명과 르네상스 사이에는 **1,800여 년의 시간적 간극**이 존재한다. 그러나 이

들은 단순한 시대의 나열이 아니라, **'인간 중심 사유의 맥락'** 안에서 깊은 연결고리를 이루고 있다. 그리스 문명은 인간의 이성과 논리, 감성과 조화를 중시하며 철학, 정치, 예술, 과학 등 다방면에서 문명의 정수(精髓)를 꽃피웠다. **소크라테스, 플라톤, 아리스토텔레스**로 이어지는 철학의 흐름은 인간 존재의 본질과 세계의 구조에 대한 질문을 던졌으며, 이는 **서양 사유의 근간**이 되었다.

□ 고대의 사유, 중세의 침묵

그러나 로마 제국의 몰락 이후, 고대의 찬란한 유산은 점차 역사 속으로 묻혀갔다. 중세 유럽은 **신 중심의 세계관** 아래 인간의 이성과 감성을 경시했고, 철학과 예술은 **신학의 도구**로 한정되었다. 사람들은 천상의 질서를 추구했고, 인간은 그 안에서 **죄 많은 존재이자 구원의 대상**으로만 이해되었다. 고대 그리스의 "인간은 만물의 척도"라는 외침은 오랜 시간 침묵 속에 잠겨 있었던 것이다.

□ 르네상스 - 고대의 귀환

14세기 말, 이탈리아 피렌체에서 시작된 르네상스(Renaissance, 재탄생)는 문자 그대로 고대 문명의 **정신적 부활**이었다. 인문주의자들은 사라졌던 고대 그리스와 로마의 문헌을 발굴하고, 그 속에서 **인간 본연의 존엄과 이성**을 재발견했다.

플라톤의 **이데아 사상**은 신플라톤주의와 결합해 르네상스 철학자들에게 **이상과 현실의 경계를 넘나드는 사유의 깊이**를 열어 주었고, 아리스토텔레스의 **논리학과 자연철학**은 학문적 체계의 기초로 다시 채택되었다. 그리스의 수학과 비례 개념은 **브루넬레스키의 원근법, 레오나르도 다빈치의 해부학, 미켈란젤로의 이상적 인체 조형** 속에서 다시 살아났다. 그리스 조각이 추구한 이상미(ideal beauty)와 균형의 철학은 르네상스 예술의 미학적 기준이 되었다.

□ 인간 중심의 세계관 - 그리스에서 르네상스로

르네상스는 단순한 미술사의 전환점이 아니었다. 그것은 고대 그리스가 남긴 철학적, 예술적, 과학적 전통이 **새로운 시대의 정신을 깨우는 도화선**이었다. 그리스가 "왜?"라고 물었다면, 르네상스는 그 질문에 **다시 귀를 기울인 시대**였다. 고대가 인간을 신의 형상으로 보았다면, 르네상스는 그 형상 안에서 **자유롭고 창조적인 존재**를 발견하고자 했다. 고대가 비례와 질서를 미(美)로 풀었다면, 르네상스는 그것을 **화폭과 설계도 속에서 실현**했다.

□ 고전의 해석과 재창조 - 문명의 순환

결국 르네상스는 그리스 문명의 **재현**이 아니라 **재해석**이었다. 인류는 고전의 언어와 조형을 **자신의 시대 안에서 새롭게 번역**하며, 전통을 단순히 반복하는 것이 아닌 **창조적 계승의 길**을 걸었다. 이처럼 그리스에서 시작된 사유는, 중세의 암흑을 지나 르네상스에서 다시 빛을 찾았고, 그 정신은 근대 과학과 계몽주의, 현대 인문학에 이르기까지 **문명의 숨결로 이어지고 있다.**

4. 그리스 철학과 공화정- 상호작용과 역사적 의미

그리스 철학과 공화정은 서로 깊은 영향을 주고받으며 **발전한 두 축**이었다. 철학은 공화정에 기반한 정치 문화를 태동시켰고, 공화정은 철학이 현실 정치와 윤리, 공동체의 문제를 성찰하도록 자극했다. 특히 고대 아테네의 민주정과 로마의 공화정, 그리고 이에 대한 소크라테스, 플라톤, 아리스토텔레스의 철학적 응답은 인류 정치사에 결정적인 전환점을 마련했다.

□ 정의로운 공동체란 무엇인가

기원전 5세기 **아테네**에서는 시민이 직접 정치에 참여하는 **민주정 체제**가 운영되었다. 이는 단순한 다수결의 정치가 아니라, 시민의 공동 통치와 공적 책임을 강조한 체제였다. 오늘날의 개념으로 보면 **'공화정(共和政)'**에 해당하며, 정치적 자유와 책임을 동시에 요구하는 이 체제는 철학자들에게 "어떻게 정의로운 사회를 실현할 수 있는가"라는 근본적인 질문을 제기했다.

소크라테스는 이 아테네 민주정 안에서 활동한 **대표적 철학자**였다. 그는 대중의 여론과 무지에 의해 정치가 좌우될 위험성을 지적하며, **"아는 자가 다스려야 한다"**고 강조했다. 그러나 그의 이러한 주장은 결국 민주정의 틀 안에서 사형 선고를 받게 되는 비극으로 이어졌다. 소크라테스의 죽음은 철학과 대중정치의 첫 충돌이었으며, 지식과 권력의 관계에 대한 오랜 철학적 과제를 남겼다.

플라톤은 스승의 죽음을 통해 민주정과 공화정의 한계를 절감하게 되었다. 그는 자신의 저서 《국가》에서 철학자가 통치하는 국가, 즉 '철인정치'를 제안하며, 정의로운 국가는 욕망(민중), 기개(군인), 이성(철학자)이라는 세 계층이 조화를 이루는 구조라고 보았다. 플라톤에게 국가는 단순한 다수의 지배가 아니라, **이성에 기초한 통치**를 통해 **정의가 실현되는 공동체**였다. 그러나 그의 '이데아 국가'는 현실적인 공화정보다는 이상적 국가로, 다수의 지배가 타락해 폭정으로 변질되는 위험, 즉 **오클로크라시(ochlocracy)를 경계하는 철학적 경고**이기도 했다. 오늘날 오클로크라시는 **포퓰리즘**(대중영합주의)이나 **여론 정치**와도 연결된다. 즉, 정치 지도자가 책임 있는 결정보다 군중의 즉각적 감정과 압력에 따라 움직이는 정치 상황을 가리킬 때 사용된다. SNS 시대에는 군중 심리가 더 빨리 증폭되므로, 오클로크라시적 위험이 커졌다고 보는 시각도 있다.

"정의란, 각자가 자기 일을 하는 것이다."
- 플라톤, 《국가》

플라톤의 제자 아리스토텔레스는 보다 현실 정치의 다양성과 실제 정체(政體)를 분석하는 데 주목했다. 그는 《정치학》에서 여섯 가지 정치체제를 비교하면서, 그중 **'다수의 이익을 위**

한 다수의 지배'를 공화정(politeia)으로 규정하였다. 그가 말한 '폴리테이아(Politeia)'는 오늘날 '공화정'으로 번역되지만, 단순히 민주정만을 뜻하는 것이 아니라 시민 다수가 공공선을 추구하는 혼합적 체제를 의미한다. 그는 공화정을 가장 안정적이고 지속 가능한 체제로 평가하며, 특히 중산층이 주도하는 체제가 빈부 격차와 계층 갈등을 완충할 수 있다고 보았다. 이는 플라톤의 이상 국가와는 달리, 현실 정치의 복합성을 인정한 분석이었다.

"국가는 단순한 생활을 위한 결합이 아니라, 좋은 삶을 위한 결합이다."
- 아리스토텔레스, 《정치학》.

□ 공화정의 철학이 남긴 유산

그리스 철학자들의 공화정 사상은 단지 이론에 머무르지 않고, 로마 공화국(기원전 509~27년)의 정치철학에 실질적인 영향을 주었다. 키케로(Cicero)와 같은 로마 철학자들은 이 전통을 이어받아 법과 윤리, 공동체 정신을 강조하였으며, 이후 이 사상은 **르네상스와 계몽주의 시대**를 거쳐 몽테스키외, 루소, 미국의 헌법 제정자들에게까지 이어졌다. 플라톤과 아리스토텔레스의 공화정론은 **오늘날**에도 **시민의 책임, 정의로운 권력 분배, 법치주의의 이상**이라는 주제로 여전히 논의되고 있다.

결국, 그리스 철학은 공화정의 이상과 한계를 동시에 드러냈다. 철학자들은 단순한 사유에 머물지 않고, 현실 정치와 윤리에 대한 비판과 대안을 제시했다. 이들의 논의는 오늘날에도 정치철학의 출발점이 되며, **"정의로운 공동체란 무엇인가?"**라는 질문을 계속 던지게 만든다. 아테네와 로마의 정치철학은 르네상스 인문주의자들의 손에서 다시 해석되었고, 이는 근대 헌정주의와 시민 사회의 이상으로 이어졌다. 철학과 공화정의 상호작용은 인간이 공동체를 어떻게 다스릴 것인가에 대한 가장 근본적인 고민의 산물이자, 인류 정치 문명의 유산으로서 지금도 생생히 살아 있는 담론이다.

5. 아리스토텔레스와 수사학

아리스토텔레스는 마케도니아의 도시 스타기라에서 태어나, 젊은 시절 플라톤의 제자로서 아테네의 아카데메이아에서 철학을 공부했다. 그러나 스승의 이데아 중심 이상주의와는 달리, 그는 현실을 중시하는 경험주의적 철학을 발전시켰고, 윤리학, 정치학, 생물학, 수사학 등 다양한 분야에서 서양 학문의 기초를 세웠다.

□ 아리스토텔레스와 알렉산더 대왕

고대 세계에서 가장 상징적인 스승과 제자 관계로 손꼽히는 인물이 바로 아리스토텔레스와 알렉산더 대왕이다. 이들의 만남은 단순한 개인적 인연을 넘어, **철학과 권력**, **지성과 제국**의 접점을 보여 주는 역사적 상징이 되었다. 기원전 343년경, 마케도니아의 왕 필리포스 2세는 아들 알렉산더의 교육을 위해 아리스토텔레스를 초빙했다. 당시 알렉산더는 13세였으며, 아리스토텔레스는 미에자 근처 정원에서 그를 가르쳤다. 교육 내용은 철학에 국한되지 않고, **호메로스의 서사시**, **정치와 윤리**, **자연과학**, **지리학**, **역사** 등 광범위하고 통합적인 영역에 걸쳐 있었다.

아리스토텔레스는 알렉산더가 단지 군주가 아니라 **사유하는 지배자**, 즉 '철학 군주'가 되기를 바랐고, 인간과 국가, 정의, 목적에 대한 깊은 사유를 강조했다. 알렉산더는 스승을 깊이 존경했고, 동방 원정 중에도 철학 서적을 항상 휴대했다. 그는 스승의 관심사였던 생물학과 지리학에도 높은 관심을 보였다. 그러나 정복 이후 알렉산더가 **페르시아 문화를 수용**하고, **동서 융합 정책**과 **자신의 신격화**를 추진하자, 스승과 제자의 철학적 방향은 점차 갈라지기 시작했다.

아리스토텔레스는 **그리스 중심의 질서와 시민 공동체**를 중시했지만, 알렉산더는 초국가적 제국을 꿈꾸었다. 결국 아리스토텔레스는 알렉산더의 제국주의적 행보에서 물러나 아테네로 돌아가 리케이온(Lyceum)을 설립했고, **알렉산더**는 헬레니즘 세계를 개척하며 기원전

323년, **32세에 생을 마감**했다.

리케이온은 단순한 학원의 성격을 넘어, 인류 역사상 최초로 **연구 중심의 학문 기관**으로 자리매김한 곳이었다. 플라톤의 아카데미아가 형이상학적 사유와 이데아를 중심으로 철학적 탐구를 이어 갔다면, 리케이온은 훨씬 더 경험적이고 체계적인 방법을 강조했다. 아리스토텔레스와 그의 제자들은 자연을 관찰하고, 사물과 생물을 분류하며, 정치 제도와 문화를 조사하여 방대한 지식을 축적했다. 이러한 과정은 학문을 단순한 사색의 영역에서 벗어나 경험과 관찰, 분석과 체계화에 기초한 지식 탐구로 전환시켰다. 이 때문에 리케이온은 오늘날 대학 부설 연구소나 과학 아카데미와 같은 제도적 학문 기관의 원형으로 자주 언급된다. 결국 리케이온은 철학의 지평을 넓히고, 학문이 사회 속에서 어떻게 뿌리내릴 수 있는지를 보여 준 역사적 이정표라 할 수 있다.

결국, 이들의 관계는 **사유와 실천**, **이상과 현실**, **철학과 정치**가 만나는 지점에서 벌어진 실험이었다. 한 사람에게는 철학이 제국의 이상을 설계하는 기초가 되었고, 다른 한 사람에게는 세계 정복의 정신적 토대가 되었다. 그리고 이들은 지금까지도 **"교육이 얼마나 역사를 바꿀 수 있는가?"**라는 질문의 상징으로 남아 있다.

□ 아리스토텔레스의 수사학

아리스토텔레스의 《수사학》은 단순한 웅변 기술서가 아니라, **인간이 타인을 설득하는 과정을 철학적으로 해부한 고전**이다. 그는 수사학을 "**가능한 모든 설득 수단을 발견하는 능력**"이라 정의하면서, 단순한 진술이 아니라 **청중이 납득하게 만드는 기술**로 파악했다. 이 점에서 수사학은 인간의 **이성, 감정, 신뢰**를 모두 아우르는 **심리적 · 논리적 기술**이다.

그는 설득을 구성하는 세 가지 핵심 요소를 다음과 같이 정리했다.

▶ **에토스(Ethos)**

화자의 인격과 신뢰성에서 비롯되는 설득력. 청중은 '누가 말하는가'를 보고 판단한다. 도덕성, 지혜, 선의가 이에 포함되며, 아리스토텔레스는 이를 가장 강력한 수단으로 보았다.

▶ **파토스(Pathos)**

청중의 감정에 호소하는 전략. 설득자는 상대의 분노, 연민, 두려움, 자긍심 등을 이해하고, 그에 맞는 언어로 말해야 한다.

▶ **로고스(Logos)**

논리와 증거에 기반한 설득. 그는 삼단 논법과 예증의 구조를 통해 청중이 자연스럽게 결론에 도달하도록 유도해야 한다고 강조했다.

또한, 아리스토텔레스는 수사의 목적에 따라 연설을 **세 가지 유형**으로 구분했다.

- **법정적 수사(Judicial)**: 과거의 사건을 판단 (예: 법정에서의 변론)
- **정치적 수사(Deliberative)**: 미래의 행동에 대한 조언 (예: 정책 토론)
- **의례적 수사(Epideictic)**: 현재의 가치를 칭송하거나 비난 (예: 기념사, 추도사)

각 연설은 시간적 초점과 감정 유도 방식, 논거 제시 방식이 다르며, 연설자는 이를 고려해 설득 전략을 조절해야 한다고 그는 강조했다. 아리스토텔레스는 또한 수사학과 논리학(변증법)을 비교하며, **수사학은 대중을 위한 실천적 기술**이며, **논리라는 동일한 기반 위에서 철학과 긴밀히 연결**된 학문이라 보았다. 따라서 수사학은 단순한 말재주가 아닌, **윤리와 철학적 통찰에 뿌리를 둔 공동체적 지혜**로 자리매김한다.

아리스토텔레스의 수사학은 이후 로마의 키케로, 퀸틸리아누스를 비롯해, 중세의 토마스 아퀴나스, 현대의 정치 담론, 광고, 교육, 법률 커뮤니케이션 등 모든 설득의 영역에 영향을 미쳤다. 결국 **《수사학》**은 단순히 "어떻게 말할 것인가?"를 넘어서, "어떻게 인간을 이해하고 변화시킬 것인가?"를 묻는, **가장 인간적인 철학서**라 할 수 있다. 르네상스의 인문주의 교육에서 《수사학》은 다시 교본으로 채택되었고, 오늘날 정치 담론 · 법률 · 교육 · 광고에 이르기까지 여전히 살아 있는 설득의 철학으로 기능하고 있다.

아리스토텔레스(BC384~322)
Bust of Aristotle, Wikimedia Commons, Public Domain.

제12장

지식과 신전
- 아시리아, 바빌로니아, 페르시아

1. "하늘에 닿은 정원" - 네부카드네자르 2세의 서사시

나는 네부카드네자르(느브갓네살, Nebuchadnezzar II),
바빌론의 왕이다.
불타는 태양이 내려앉은 메소포타미아 평원 위에,
나는 나의 도시 바빌론을 세웠다.
유프라테스 강이 유장하게 흐르는 이 땅에 성문을 세우고,
마르둑의 신전을 높이며 제국의 영광을 드러냈다.
세계가 나를 주목했지만, 내 마음속에서 가장 빛나던 것은
오직 한 사람을 향한 그리움이었다.

그녀의 이름은 **아미티스.**
메디아의 공주이자 나의 왕비가 된 그녀는,
꽃과 숲이 사계절을 수놓던 고향을 떠나 이곳으로 왔다.
그러나 바빌론의 황갈색 흙먼지와 뜨거운 사막 바람은
그녀의 눈동자에서 미소를 앗아 갔다.
나는 그녀의 그리움을 달래고자 결심했다.

그녀가 사랑한 자연을, 그녀의 고향 풍경을
이 도성 위에 되살리고자 했다.

나는 명령했다. **"하늘에 닿은 정원을 지으라."**
이 정원은 단순한 화단이 아니었다.
돌로 층층이 쌓은 테라스 위에 숲을 조성하고,
꽃밭을 드리웠다. 문제는 물이었다.
"하늘 위의 정원에 어떻게 물을 줄 것인가?"
기술자들은 머리를 맞대었고, 마침내 유프라테스 강에서
물을 퍼 올리는 나선형 장치를 고안해 냈다.

이 물은 층마다 관개되어 정원을 적셨고,
한낮에는 수분이 증발하여
도시의 열기를 식히는 구름이 되었다.
사람들은 말했다.
"이곳은 신들이 내려와 사는 낙원임이 틀림없다."
그러나 나는 알았다.
그 정원은 오직 한 사람, 아미티스를 위한 것이었다.
나는 바랐다.
그녀의 웃음이 그곳에 피어나고, 고향 바람이 그곳에 스며들기를.

나는 그들에게 말했다.
"너희의 손길이 곧 정원의 숨결이다."
이 정원은 제국의 영광이자,
나의 사랑을 지탱하는 마지막 공간이었다.

그러나 세월은 잔혹하다. 제국은 무너지고,

강은 흐름을 바꾸었으며,
모래바람이 내 정원을 삼켜 버렸다.
고고학자들이 바빌론을 파헤치지만,
그 정원의 흔적은 아직도 발견되지 않았다.
어쩌면 그 정원은 내 마음속에만 존재했던 꿈일지도 모른다.
그러나 나는 믿는다. 그곳에서 아미티스가 여전히 웃으며
나의 사랑을 기억하고 있을 것을.

나는 네부카드네자르. 내 정원은 하늘에 닿았으나,
결국 사람의 손으로 세운 꿈이었다.
그러나 그 꿈이 바빌론의 돌벽 너머 세상에 전해져
영원히 살아 숨쉬기를, 나는 기도한다.

□ 바빌로니아의 공중정원

바빌로니아의 공중정원(Hanging Gardens of Babylon)은 고대 세계 7대 불가사의 중 하나로 손꼽히는 전설적 건축물이다. 전해지는 바에 따르면 기원전 6세기경, 신바빌로니아의 왕 네부카드네자르 2세가 메디아 출신의 왕비 아미티스를 위해 이 정원을 조성했다. 그녀가 고향 메디아의 산림과 계곡을 그리워하자, 왕은 황량한 바빌론 평야에 고향의 자연을 되살리고자 한 것이다.

'공중정원'이라는 이름은 실제로 하늘에 매달린 정원이 아니라, **계단식 테라스**의 시각적 효과가 하늘로 솟아오른 듯 보였기 때문에 붙여진 명칭이다. 고대 그리스어에서 '공중(hanging)'은 '돌출(overhanging)'의 의미로도 쓰였다. 공중정원은 고대 문헌과 후대 연구를 통해 그 모습을 유추할 수 있다. 진흙 벽돌과 아스팔트로 방수 처리된 구조물은 유프라테스강 인근에 위치했으며, 물을 끌어 올리기 위한 나선형 펌프나 물레방아 같은 관개 장치가 작동했을 것으로 보인다. 야자수, 포도나무, 무화과, 각종 꽃과 관목 등이 층마다 심어졌고, 여

름철 강한 열기를 식히는 효과도 기대되었다.

그러나 이 정원의 **실존 여부**는 여전히 미스터리다. 현재까지 바빌론 유적에서 공중정원에 대한 직접적인 언급은 발견되지 않았으며, 관련 기록은 주로 스트라본(Strabo), 디오도로스 시켈루스(Diodorus Siculus) 등 후대 그리스-로마 사가(史家)들을 통해 전해진다. 실제로 아시리아 왕 산헤립(Sennacherib)의 궁전에는 계단식 구조와 관개 시설의 흔적이 남아 있다.

기술적으로, 공중정원은 **고대의 생태 공학**(Ecological Engineering)을 상징하는 건축물이었다. 유프라테스 강의 수직 수송 기술은 오늘날의 펌프 시스템과 유사하며, 벽면 방수와 배수 시스템, 하중 분산 기술 등은 고대 기술력의 정점을 보여 준다. 정원은 단순한 장식이 아닌 **기술·예술·사랑이 결합된 복합적 구조물**이었다. 이러한 공중정원의 개념은 현대 도시에서 구현되는 수직 정원(Vertical Garden)과도 연결된다. 고층 빌딩 벽면에 조성되는 초록 공간은 공기 정화, 온열 차단, 습도 조절 등 생태적 기능을 수행한다. 공중정원은 고대의 기술, 예술, 인간의 사랑이 결합된 건축적 상징물로서, 인류가 자연과 기술의 조화를 이루려 했던 노력을 잘 보여 주는 유산이다. 공중정원에 얽힌 전설과 논쟁은 오늘날에도 여전히 학문적 탐구심을 자극하며, 고대 세계가 남긴 수수께끼로 남아 있다.

2. 아시리아 - 철권통치와 군사제국의 효시

아시리아 제국은 기원전 9세기부터 7세기까지 근동 전역을 제패했던 군사 강국이었다. 철제 무기와 전차, 공성 병기 등 뛰어난 군사 기술을 바탕으로 신속한 정복과 행정적 통치를 이뤄 냈으며, 강제 이주 정책과 철저한 지방 행정은 후대 제국 운영의 원형으로 작용했다. 왕권은 신적 권위 아래 절대적이었고, 그 **통치는 자비보다 공포**에 가까웠다. 그러나 지나친 폭정과 피지배 민족들의 반발은 제국의 몰락을 재촉했다. 결국 기원전 612년, 바빌로니아와 메디아의 연합군에 의해 수도 니네베가 함락되면서 아시리아 제국은 역사 속으로 사라졌다.

□ 니네베 - 철권 제국의 심장

니네베(히브리어: 니느웨)는 고대 아시리아 제국의 수도로, 정치·군사·문화·종교의 중심지로 기능했다. 오늘날 **이라크 북부 모술**(Mosul) 동쪽, 티그리스 강변에 위치한 이 도시는 기원전 8~7세기 신아시리아 제국의 전성기에 최대 번영을 누렸다. 니네베는 산헤립(재위 기원전 705-681) 때 공식 수도로 격상되며 성벽·수로·궁전이 대대적으로 조성되었다. 그는 니네베를 제국의 공식 수도로 정하고, 약 12km에 달하는 거대한 성벽과 궁전, 정원, 운하를 건설했다. 도시 곳곳에는 15개 이상의 성문이 있었으며, 수로·배수 시스템은 도시의 통합과 위생을 동시에 고려한 고대 도시 계획의 걸작이었다. 산헤립은 단순한 행정 수도가 아니라, 제국의 위엄과 질서를 상징하는 '왕도(王都)'를 만들고자 했다.

그 뒤를 이은 **아슈르바니팔 왕**(재위: 기원전 669~627년)은 니네베를 **문화의 중심지**로 격상시켰다. 그는 '니네베 도서관'이라 불리는 세계 최초의 제도적 학문 보관소를 건립하여, 수만 점에 달하는 점토판 문헌을 수집하였다. 이 **도서관**에는 메소포타미아의 신화, 과학, 의학, 역사, 점성술 등 방대한 문헌이 포함되어 있으며, 오늘날 **'길가메시 서사시'**를 포함한 고대 근동 문명의 복원에 결정적 기여를 한 자료들이 이곳에서 출토되었다. 니네베는 정치·군사뿐 아니라 **학문과 종교, 예술의 중심지**로도 기능하면서, 고대 바빌론이나 알렉산드리아에 비견되는 찬란한 도시 문명을 이룩했다. 신전과 도서관은 단순한 종교 공간이 아니라, 지식을 저장하고 전수하는 고대의 대학(大學)이었다.

□ 성경 속 니네베 - 회개와 심판의 도시

니네베는 그 위엄만큼이나 **성경적 상징성**이 깊은 도시이다. 《요나서》에 따르면, 하나님은 선지자 요나에게 니네베로 가서 회개를 선포하라고 명하셨다. 요나는 아시리아의 악명과 잔혹함을 두려워해 이를 거부하고 도망치지만, 결국 하나님의 인도 아래 니네베에 도달하여 하나님의 심판을 선포하게 된다. 놀랍게도 니네베 사람들은 진심으로 회개했고, 하나님은 멸망을 거두셨다. 이 사건은 이방 민족에게도 하나님의 자비가 확장된다는 점에서 신학적으로 중요한 의미를 가진다. 니네베는 하나님의 공의와 자비, 심판과 구원이 교차하는 **구속사적 무대**였다.

그러나 약 한 세기가 흐른 뒤, 니네베는 다시 교만과 폭력으로 가득 찼다. 《나훔서》는 니네베의 탐욕과 우상숭배, 피 흘림을 지적하며 "네 상처는 고칠 수 없도다"(나훔 3:19)라고 선언한다. 그리고 이 예언은 역사 속에서 성취되었다. 기원전 612년, 바빌로니아와 메디아의 연합군이 니네베를 철저히 파괴했고, 도시는 완전히 무너졌다.

□ 폐허 위의 교훈

니네베는 단순한 고대 도시가 아니었다. 그것은 인간 문명이 도달할 수 있는 **정점과 그 한계**, **기술과 군사력**, **지식과 교만**, **회개와 멸망**이 공존한 역사적 상징이었다. 도시는 **약 2,500년 동안 폐허로 남았고**, 세월 속에 그 존재마저 잊혀졌다가, 19세기 고고학자 오스틴 헨리 레이야드(Austen Henry Layard)에 의해 다시 세상의 주목을 받게 되었다.

아시리아 궁전 복원도
"Image: Reconstruction of Assyrian palace, 19th century. Public Domain via Wikimedia Commons."

오늘날 우리는 이 도시에 대해 두 가지 기억을 간직하고 있다. 하나는 **철권으로 제국을 다스렸던** 무자비한 힘의 수도로서의 **니네베**, 또 하나는 **하나님 앞에 무릎 꿇고 회개**했던 잠깐의 겸손한 공동체로서의 **니네베**이다.

니네베는 지금도 묻는다.
"당신의 문명은 어떤 자세로 서 있는가?"

3. 바빌로니아 - 문명의 황금기와 법의 지배

바빌로니아는 **두 차례**에 걸쳐 번영기를 누렸다. 첫 번째는 기원전 18세기경, **함무라비 왕**이 이끌었던 고대 바빌로니아로, 이 시기의 '함무라비 법전'은 세계 최초로 성문화된 법체계로 잘 알려져 있다. 두 번째는 **신바빌로니아 제국**(기원전 7세기 말~6세기 중반) 시기로, **느부갓네살 2세**의 통치 아래 바빌론은 건축, 천문학, 문학 등에서 찬란한 문화의 절정을 이루었다. 이 시기 구약 성경에 등장하는 **바빌론 포로 사건**도 발생했다. 그러나 기원전 539년, 바빌로니아는 동방의 신흥 강국 **페르시아**에 의해 정복당한다.

□ 바빌론 - 문명과 교만이 교차한 도시

바빌론은 고대 바빌로니아의 수도로, 메소포타미아 문명의 정수이자 인류 문명의 상징적 도시 중 하나였다. 오늘날 이라크 바그다드 남쪽, 유프라테스 강 중류에 자리했던 이 도시는, 이름 그대로 아카드어 '바빌리(Bāb-ili)'—'신의 문'이라는 의미를 지녔다. 처음에는 작은 도시국가에 불과했으나, 점차 세력을 확장해 근동 문명의 중심지로 성장했다. 특히 **기원전 7세기 말~6세기 중반**, 신바빌로니아 제국 시기에 전성기를 맞았다.

바빌론이 역사에 찬란한 도시로 각인된 것은 **느부갓네살 2세**(재위: 기원전 605~562년) 때였다. 그는 바빌론을 제국의 중심으로 재건하고, 성벽과 궁전, 마르둑 신전과 이슈타르 문을 중심으로 한 **대도시 건축 프로젝트**를 추진했다. 특히 전설적 건축물인 **공중정원**은 세계 7대 불가사의로 기록되며, 바빌론은 단순한 도시를 넘어 기술과 예술, 권력과 상징의 결합체가 되었다. 이 시기 바빌론은 천문학, 수학, 법률, 문학에서 높은 수준의 학문을 꽃피웠고, 수많은 점토판과 기록이 이를 증명한다.

□ 성경의 바빌론 - 인간 교만의 상징

하지만 성경 속 바빌론은 문명 그 자체보다는, **하나님의 질서에 대한 인간의 반역**과 **심판의 대상**으로 더욱 두드러지게 등장한다. **창세기 11장 바벨탑 이야기**는 인간이 스스로 하늘에 닿고자 했던 시도로서, **집단 교만의 상징**으로 묘사된다. 그 결과 언어는 혼잡하게 되고, 인류는 흩어지게 된다.

이후 바빌론은 예언서와 역사서에서 **유다의 멸망과 포로기의 무대**로 다시 등장한다. 기원전 586년, 느부갓네살 2세는 **예루살렘을 함락**하고, **솔로몬 성전을 파괴한 후** 유다 백성을 포로로 끌고 간다. 이 사건은 '**바빌론 포로기**'로 불리며, 예레미야 · 에스겔 · 다니엘 등 많은 예언자들의 사역 배경이 된다. 바빌론은 이스라엘의 죄를 심판하는 하나님의 도구이자, **자신의 교만과 우상숭배로 인해 결국 스스로 멸망하는 제국의 아이러니**를 보여 준다.

□ 바빌론의 멸망 - 서사적 재현

기원전 539년 늦가을 밤, 바빌론 왕 **벨사살**[1]의 궁전은 등불과 음악, 술잔의 향연으로 가득했다. 그는 조상 느부갓네살의 위업을 자랑하며, 예루살렘 성전에서 가져온 금잔과 은잔으로 술을 마시며 신하들과 축배를 들었다.

---

1) 19세기까지만 해도 "벨사살"이라는 인물은 허구로 여겨졌으나, 이후 바빌론 점토 문서와 나보니두스(신 바빌로니아의 마지막 왕) 비문에서 실존이 확인되면서 성경 기록의 역사성이 더욱 인정받게 되었다. 실제로는 나보니두스의 아들로 공동 통치자 역할을 했다.

"이 술잔으로 마시라! 예루살렘의 신 따위가 어쩌겠느냐?
바빌론의 영광이 영원하리라!"

그 순간, 왕궁 석회벽 위에 **보이지 않는 손가락**이 나타나 글자를 새기기 시작했다.
모두가 숨을 죽였고, 벽에는 이 문장이 또렷이 떠올랐다.

**"그때에 사람의 손가락들이 나타나서 왕궁 촛대 맞은편 석회벽에
글자를 쓰는데 왕이 그 글자 쓰는 손가락을 본지라" (다니엘 5:5)**

"메네 메네 데겔 우바르신"

왕은 떨며 외쳤다.
"이 글을 해석하는 자는 금사슬을 목에 걸고 나라의 셋째 치리자로 삼겠다!"

그러나 어떤 지혜자도 그 뜻을 풀 수 없었다.
그때 왕비(또는, 벨사살의 어머니)가 말했다.

"왕이시여, 다니엘을 부르소서.
그가 당신의 부친 느부갓네살 시대에 모든 신비를 해석하던 자입니다."
백발이 성성한 80대의 **다니엘**이 왕 앞에 섰다.

"왕이여, 상급은 다른 이에게 주시옵소서. 그러나 이 글의 뜻은 다음과 같습니다."

메네 - 하나님께서 왕의 나라의 날을 세시고, 그 끝을 정하셨나이다.
메네 - 두 번 반복된 것은, 심판이 반드시 임할 것임을 뜻하나이다.
데겔 - 왕을 저울에 달아 보니, 부족함이 보였나이다.
우바르신 - 왕의 나라가 나뉘어, 메대와 바사 사람에게 주어질 것이옵니다.

그 밤, 페르시아 군대는 **도시의 수로를 따라 침입**했고, 벨사살 왕은 궁중에서 살해되었다. 바빌론 제국은 그렇게 허무하게 종말을 맞았다.

□ 교만의 끝에서 배우는 겸손

19세기 고고학자들에 의해 발굴된 바빌론의 유적들—이슈타르 문, 점토판, 벽화, 신전의 잔해—은 바빌론 문명의 화려함을 증명해 준다. 그러나 성경은 이 도시를 단지 찬란한 문명의 상징이 아니라, **교만이 불러온 심판의 전형**으로 기억하게 한다.

바빌론은 오늘날에도 묻는다.

“문명은 어디까지 높아질 수 있는가?”

“그리고 누구의 주권 아래 있어야 하는가?”

이 도시는 **역사와 신앙이 교차하는 상징적 무대**였다. 인류가 도달한 찬란함의 절정 속에서, 창조자의 주권을 거스른 교만이 어떻게 몰락으로 이어졌는지를 가장 극적으로 보여 준 도시. 그 이름은 오늘날까지도 **문명과 신앙, 권력과 겸손의 균형을 되묻게 하는 거울**로 남아 있다.

4. 페르시아- 관용의 제국과 대 로망의 건설

페르시아 제국, 즉 아케메네스 왕조는 기원전 6세기 중엽 고레스 2세(키루스 대왕)에 의해 건국되었고, 다리우스 1세 시기에 이르러 제국은 최대 영토를 자랑하게 된다. 이 제국은 중앙아시아에서 인도 북부, 소아시아와 그리스에 이르기까지 광대한 지역을 아우르며, 단일 민족 중심이 아닌 **다양한 민족과 문화를 포용**하는 통치 철학을 실현한 국가였다. 각 지역은 자치권을 어느 정도 보장받았으며, 다리우스는 이를 정교한 행정 체계와 도로망으로 묶어냄으로써 제국 전체를 효율적으로 통치했다.

페르시아의 대표적인 인프라 중 하나는 '**왕의 길**(Royal Road)'이라 불리는 제국 간선 도로였다. 이 도로는 수사에서 소아시아의 서머나(현 이즈미르)까지 연결되며, 국가 명령과 군사, 정보가 빠르게 전달되는 구조를 가능케 했다. 당시 왕의 길을 따라 말을 바꿔가며 달리는 전령은 2,600km에 달하는 거리를 7일 만에 주파했다고 전해지며, 이는 중앙집권적 통치를 현실화한 물리적 기반이었다.

페르시아 제국의 통치 이념은 단순한 행정 기술을 넘어 정신적 기반까지 포함하고 있었다. **조로아스터교**는 이 시기의 국교에 가까운 역할을 하며, 선(善)과 악(惡), 빛과 어둠, 아후라 마즈다(창조신)와 앙그라 마이뉴(파괴의 힘)의 이원론적 세계관을 중심으로 윤리적 질서를 강조했다. 이러한 사상은 이후 유대교, 기독교, 이슬람에도 일정 부분 영향을 주며, 인류사상사 속에서 중요한 흐름으로 자리 잡는다.

또한, 페르시아 제국은 단일 수도 체계가 아닌, 각기 다른 목적과 계절적 특성에 따라 여러 수도를 병행 운영했다. 대표적으로 **수사(Susa)**, **페르세폴리스(Persepolis)**, **엑바타나(Ecbatana)**, **바빌론(Babylon)** 등이 있으며, 이들은 정치적, 의례적, 기후적, 지역적 목적에 따라 제각기 기능을 분담하였다.

□ 고레스 2세(키루스 대왕) - 포로를 해방한 왕

페르시아 제국의 기틀을 세운 고레스 2세(Cyrus II, 기원전 559~530년)는 인류사에서 '정복자'이면서도 동시에 '**해방자**'로 기록된 특이한 군주였다. 그는 기원전 539년 바빌론을 정복한 뒤, 정복지의 종교와 문화를 강제하지 않고 오히려 보호하였다.

가장 대표적인 사례가 '고레스 원통(Cyrus Cylinder)'이다. 점토 원통에 설형문자로 새겨진 이 명문에는 정복민의 신전 복원과 포로 귀환을 허락한 왕의 칙령이 기록되어 있으며, 오늘날 유엔은 이를 **세계 최초의 인권 선언문** 중 하나로 평가한다.

성경에서도 고레스는 특별한 인물로 등장한다. 〈이사야서〉에서 하나님은 "나의 목자, 나의 기름 부음을 받은 자"라 부르며, 그를 통해 유대인들이 예루살렘으로 귀환하도록 명하신다. 실제로 고레스의 칙령은 바빌론 포로로 잡혀 있던 유대인들의 귀환과 성전 재건을 가능하게 하였다.

그의 관용 정책은 단지 종교적 너그러움이 아니라, **다민족 제국을 안정적으로 유지하기 위한 정치적 지혜**였다. 폭력이 아니라 포용으로 제국을 통합한 그의 통치 철학은 이후 다리우스 1세의 행정 체계로 제도화되었다.

□ 수사(Susa) - 정치와 신앙이 만난 제국의 심장부

수사(Susa)는 아케메네스 페르시아 제국의 핵심 행정 수도로, 정치와 신앙, 제국과 구속사가 교차한 특별한 도시였다. 본래 엘람 문명의 중심지였던 수사는 기원전 6세기경 고레스 대왕과 다리우스 1세에 의해 재건되었고, 이후 제국의 실질적인 행정과 정치의 중심지로 기능하였다.

도시는 사계절 거주가 가능해 왕과 고관들이 상주하며 국정을 운영하였으며, 다민족 제국의 복잡한 현실을 **효율적으로 통제**하는 중심지 역할을 수행했다. 수산 궁전의 핵심 공간인 아파다나 대연회장은 36개의 거대한 석주와 쌍을 이룬 황소 기둥머리, 유약 벽돌로 꾸며진 벽화로 장식되어 제국의 위엄과 통합된 문화를 상징적으로 표현했다. 이 궁전은 레바논의 삼나무, 인도의 목재, 이집트의 금과 은 등 제국 각지의 자재를 모아 건축되었으며, 페르시아가 지배한 광범위한 세계의 축소판이었다.

무엇보다 수사는 성경에서 반복적으로 등장하는 중요한 도시였다. 에스더서는 수산 궁을 배경으로 에스더와 모르드개의 구원의 서사를 담고 있고, 느헤미야는 이곳에서 술 맡은 관원으로 섬기며 예루살렘 성벽 재건을 위한 결단을 내린다. 다니엘도 이 궁전에서 환상을 보며 하나님의 비전을 전했다. 수사는 단순한 수도를 넘어, 이방 제국의 중심에서 하나님의 뜻이 실현된 장소, 정치와 신앙의 운명이 교차하는 구속사의 무대였다.

□ 페르세폴리스(Persepolis) - 제례와 권위의 상징

페르세폴리스(고대명 Parsa)는 아케메네스 페르시아 제국의 상징적 수도로, 다리우스 1세에 의해 기획·건설된 도시였다. 이곳은 실질적인 행정보다는 **의례와 제국의 권위 과시**를 위한 수도로 기능했으며, 제국의 이상을 시각적으로 구현한 공간이었다.

오늘날 이란 파르스 지방에 위치한 이 도시는 주로 **봄철에 열리는 노루즈(Nowruz, 페르시아 신년)** 축제와 같은 제국적 행사들을 위한 의례 중심지였으며, 각 속주의 사절단들이 공물을 바치는 장면이 새겨진 **계단 부조**가 도시 곳곳에 남아 있다. 이 부조들은 다양한 민족이 질서 안에서 공존하는 제국의 이상을 표현했으며, 페르시아가 지배한 광대한 영토와 그 정당성을 시각적으로 선전하는 역할을 했다.

페르세폴리스의 건축은 광활한 **석조 테라스** 위에 세워진 궁전군을 중심으로 구성되어 있으며, 섬세한 조각과 기하학적 배치, 상징적인 동물 형상의 기둥머리들이 조화를 이루었다. 이 웅장한 도시에는 페르시아 제국의 미학과 권위, 다문화적 정체성이 응축되어 있었다. 그러나 거대한 페르시아 제국도 결국은 마케도니아의 알렉산더 대왕의 동방 원정으로 몰락의 길에 들어섰다. 기원전 331년 가우가멜라 전투에서 다리우스 3세가 결정적으로 패배하며 제국의 중심이 붕괴되었고, 그는 도주하던 중 부하에게 암살당한다. 결국 기원전 330년, **알렉산더**가 페르세폴리스를 포함한 **제국 전역을 장악**하면서 아케메네스 왕조는 역사 속으로 사라지게 되었다. 페르세폴리스의 폐허는 인간 문명이 아무리 찬란할지라도 교만과 권력의 끝은 허무하다는 **역사적 교훈**을 지금까지도 전하고 있다.

□ 엑바타나(Ecbatana) - 여름 수도와 고원의 전략적 요충지

엑바타나(Ecbatana)는 메디아 왕국의 옛 수도이자, 아케메네스 왕조의 **여름 수도**로 기능했다. 해발 1,800m에 위치한 이 도시는 오늘날 이란 하마단 지역으로, 기후가 시원하고 방어에 유리해 왕실과 고관들이 여름에 머물렀던 피서와 피난의 공간이었다. 전략적 요충지였던 엑바타나는 계절적 이동 수도로만이 아니라, **보물창고와 문서 보관소**로도 중요했다. 실

제로 다리우스 시대, 느헤미야의 칙령 확인 때 보관 문서가 이곳에서 발견되었으며(에스라 6:2), 페르시아의 정치가 단일한 중심이 아니라 다중의 수도를 통합해 효율을 도모한 구조였음을 보여 준다.

□ 바빌론(Babylon) - 서방 통치의 중심 거점

바빌론(Babylon)은 고대 바빌로니아 제국의 심장으로, 느부갓네살이 다스릴 때 세계 최고의 문명 도시로 번영했으나, 기원전 539년 고레스 대왕의 침공으로 정복되었다. 이후 페르시아 제국은 이 도시를 **서방 통치의 전략적 거점**으로 활용했고, 때때로 왕들이 머무르며 중요한 명령을 내리는 장소로 사용되었다.

고대 문명과 고급 문화, 찬란한 건축으로 찬양받던 바빌론은 성경에서 인간 교만의 상징이기도 하다. 그러나 페르시아 시대, 이 도시는 하나님의 섭리를 전환시키는 출발점이 되었다. 고레스의 칙령으로 유대인이 귀환하게 된 사건은, '이방 제국의 왕이 하나님의 계획을 수행하는 도구가 될 수 있음'을 선포하는 역사적 전환점이었다.

□ 수산궁 vs. 페르세폴리스 비교

항목	수산궁 (Susa)	페르세폴리스 (Persepolis)
기능	행정과 실질 정치의 중심	제례와 상징의 수도
계절 사용	사계절 거주	주로 봄철 의례에 사용
건축재	벽돌과 석재 혼합	대부분 석조 구조
장식	유약 벽돌, 동물 기둥머리	석조 부조, 계단과 대형 석주
성경 언급	에스더서, 느헤미야서 등	직접 언급 없음
고대 명칭	수산(Susa, Shushan)	파르사(Parsa)
현대 유산	일부 기초 · 기둥 복원 /루브르 소장	세계유산 지정, 유적 비교적 보존

□ '페르시아'에서 '이란(Iran)'으로 - 이름 속에 담긴 정체성의 변천

'페르시아(Persia)'라는 명칭은 본래 남서부 지역의 **파르스(Parsa)** 지방, 즉 페르세폴리스가 있던 지역에서 유래했다. 그러나 이 명칭은 서방 세계에서 주로 사용하던 외칭이었다. 1935년, 팔라비 왕조의 레자 샤(Rezā Shāh Pahlavi)는 국제 사회에 자국의 공식 명칭을 **'이란(Iran)'**으로 변경해 줄 것을 요청했다. 이는 '아리안(Aryan, 고대 인도-유럽계 민족)'에서 유래한 자칭으로, 자국의 역사적 뿌리와 문화적 자긍심을 회복하려는 의도였다.

즉, '페르시아'가 외부로부터 불린 문명 제국의 이름이라면, **'이란'**은 내부에서 자기를 규정한 **민족적 정체성의 이름**이었다. 오늘날 이란은 여전히 아케메네스 왕조의 후손임을 자처하며, 페르세폴리스를 국가 정체성의 근원으로 삼고 있다.

5. 세 제국의 역사적 연결과 메디아 - 지식과 통합의 유산

아시리아, 바빌로니아, 페르시아 제국은 단순히 군사 정복을 통해 영토를 확장한 국가들이 아니었다. 이들은 각기 다른 방식으로 **'문명의 축'**을 형성하며, 고대 오리엔트 세계를 지탱한 지식의 제국들이었다.

아시리아는 철권 통치와 군사 전략의 선도자였고, 바빌로니아는 문화와 학문의 꽃을 피웠으며, 페르시아는 효율적 통치와 관용의 정치철학을 완성했다. 이 세 제국은 모두 메소포타미아 문명의 유산 위에 서 있었으며, 그들의 사상과 제도는 오늘날 중동 정치와 문화의 뿌리로 남아 있다. 아시리아의 철권, 바빌로니아의 법과 예술, 페르시아의 관용과 통합은 인류 문명의 발전에 각기 독자적인 기여를 하였고, '힘, 지혜, 포용'이라는 상반된 가치들이 역사 속에서 어떻게 문명을 형성해 왔는지를 보여 준다.

□ 아시리아 - 조직화된 군사력과 기록의 제국

아시리아 제국은 강력한 군사력과 철기 기술, 전차 운용, 공성 무기 등 고도화된 무기 체계를 바탕으로 주변 세계를 정복했다. 그러나 이들의 힘은 단지 무기에만 있지 않았다. 니네베에 위치한 아슈르바니팔 도서관은 수만 점의 설형문자 문서를 보관한 세계 최초의 **국립 도서관 수준의 시설**이었다.

이 도서관에는 법률, 문학, 의학, 점성술, 토목 기술 문서까지 포괄되어 있었으며, 지식을 조직화하고 표준화한 선구적인 시도였다. 군사력 뒤에는 그를 뒷받침하는 치밀한 정보 관리와 기록 문화가 있었던 것이다. 아시리아의 **행정, 군사, 기술 체계**는 이후 바빌로니아와 페르시아가 계승하며 제국 통치의 기초가 되었다.

□ 바빌로니아 - 수와 별로 문명을 측정한 학문의 중심지

바빌로니아는 천문학과 수학, 법률, 건축 등 다양한 분야에서 학문과 기술을 발전시킨 **고대 문명의 중심**지였다. 60진법을 바탕으로 한 수 체계는 시간(60분, 360도) 단위와 각도 계산의 기초가 되었고, 천체 관측은 농사, 제사, 행정 운영에 적용되었다. 바빌론에서 발견된 점토판들은 오늘날에도 과학적 자료로 활용되며, 고대인의 체계적 사고를 보여 준다.

특히 바빌로니아의 물 관리 기술과 관개 시설은 유프라테스 강 유역의 비옥함을 극대화해 제국의 경제적 기반을 형성했다. 이 기술은 후대 페르시아나 그리스에까지 영향을 주었으며, 공중정원 전설은 이 실용 기술이 문화적 상징으로 승화된 대표적 예다.

□ 메디아(메데) - 바빌론과 페르시아 사이, 제국의 전환을 잇다

아시리아가 기세를 떨치던 기원전 8~7세기, 오늘날 이란 서북부의 산악지대에서 **이란계 아리안 민족**인 메디아(Media)가 부상했다. 그들은 엑바타나(Ecbatana, 현 하마단)를 중심으

로 산악의 천연 요새와 기병 전력을 토대로 세력을 확장했고, 마침내 **바빌로니아와 연합하여 기원전 612년 니네베를 함락**시키며 신아시리아 제국을 무너뜨렸다. 이로써 고대 근동의 패권은 **메디아-바빌로니아의 양강 구도**로 재편된다.

메디아는 강력한 중앙집권만을 추구하기보다, **유력 씨족과 지방 귀족을 포섭**하는 다핵 구조를 운영했다. 왕권은 데이오케스(Deioces)-프라오르티스(Phraortes)-키악사레스(Cyaxares)-아스티아게스(Astyages)로 이어졌고, 이 과정에서 **산악 기병·복합궁(複合弓)·포위전 운용** 등 실전적 전술이 정교해졌다. 메디아가 정립한 **귀족 동맹 + 왕권 조정 모델**은 이후 페르시아가 보다 세련된 **사트라피(지방총독) 체계**로 제도화하는 데 밑그림이 된다.

메디아의 **의복·의장(衣裝)**, 즉 뾰족 모자(티아라), 바지형 전투복, 장식 허리띠, 기병 장구(裝具)는 **아케메네스 페르시아가 그대로 흡수**한 상징 체계였다. 페르세폴리스의 계단 부조에 보이는 다양한 민족사절 가운데, **메디아 사절의 복식은 '제국 엘리트'의 표준 미감**으로 자리 잡아, "페르시아의 권위는 메디아의 품격을 덧입었다"고 할 만큼 문화적 연속성을 보여준다.

종교적으로 메디아는 후대의 조로아스터교 정립과 직접 이어진 것은 아니지만, **불 제단·정결 의례·선악** 인식의 윤리적 강조 같은 **이란 고유의 종교 문화 토양**을 제공했다. 이러한 정신적 기반 위에, 페르시아는 조로아스터교의 최고신인 **아후라 마즈다**(Ahura Mazda) **중심의 윤리적 통치 이념**을 표방하며 '관용의 제국'을 제도화할 수 있었다.

그러나 메디아의 마지막 왕이 된 **아스티아게스와 외손자인 고레스(키루스) 2세** 사이의 권력 투쟁에서 패배한 **메디아는 기원전 550년경 페르시아에 병합**된다. 흥미롭게도 이 흡수는 단절이 아니라 **승계와 통합**에 가까웠다. 페르시아는 메디아의 **귀족·장교·서기관 집단**을 넓게 등용했고, **엑바타나**를 여름 수도(避暑·군략 거점)로 활용했다. 결과적으로 메디아는 '바빌로니아의 동맹자'에서 '페르시아의 토대'로 역할을 바꾸며, 근동 질서의 대전환을 매개한 **가교(架橋) 제국**이 되었다.

여기서 매우 흥미로운 점은 아스티아게스와 고레스 2세의 관계이다. 아스티아게스(Astyages)는 메디아의 마지막 왕이자, 페르시아 왕 고레스 2세(Cyrus II)의 외조부였다. 그는 어느 날 꿈에서 외손자가 자신을 멸망시킬 것이라는 불길한 예언을 듣고 두려움에 사로잡혔다. 아스티아게스는 손자가 태어나자 곧바로 죽이라는 명령을 내렸지만, 신하 하르파고스(Harpagus)는 차마 그 명령을 따르지 못하고 아이를 목동에게 맡겨 살려두었다. 그렇게 살아남은 고레스는 들판에서 자라며 강인한 지도력과 지혜를 키워 갔고, 마침내 자신의 출생의 비밀을 알게 되었다.

기원전 550년경, 그는 페르시아 귀족들과 메디아 내 반대 세력을 규합해 반란을 일으켰다. 전쟁 초반에는 메디아가 우세했으나, 장군 하르파고스의 배신으로 전세가 뒤집히며 수도 엑바타나(Ecbatana)가 함락되었다. 패배한 아스티아게스는 포로로 잡혔지만, 고레스는 외조부를 살려두고 오히려 예우했다. 그는 **복수 대신 관용**을 택하며 메디아의 제도와 행정을 그대로 계승했고, 두 제국의 문화를 하나로 통합했다.

이 결단은 단순한 혈연적 자비가 아니라 **제국 통치 철학의 혁명**이었다. 고레스의 관용과 포용의 정신은 훗날 《고레스 원통(Cyrus Cylinder) 기록》에 담긴 포로 귀환과 종교 자유의 칙령으로 이어졌으며, 폭력이 아닌 관용과 해방 위에 세워진 제국, 즉 인류 최초의 **'관용의 정치'**의 기원이 되었다.

"나는 복수를 택하지 않겠다.
메디아의 피는 나의 피이며, 그들의 법은 나의 기초다."
《고레스 원통(Cyrus Cylinder) 기록》에 담긴 정신

□ 페르시아 - 통합과 관용의 글로벌 제국

페르시아 제국은 광대한 영토를 효율적으로 통치하기 위해 고도로 체계화된 관료 조직과 도로망, 수자원 관리 기술을 활용한 **'관료제 제국'**이었다. 왕의 길(Royal Road)은 2,500km에

달하는 제국의 정보 고속도로였고, 이 길을 따라 지식, 기술, 언어, 문화가 흐르며 제국의 통합성을 유지했다. 또 하나의 핵심은 '카나트(qanat; 지하 갤러리 · 수갱을 연결한 중력식 집수 · 관개 시스템)'라 불리는 지하 관개 시스템이었다. 이 기술은 건조한 고원 지대에 물을 안정적으로 공급하며 생태 기반을 유지했고, 오늘날에도 이란과 중앙아시아 일부 지역에서 사용된다.

페르시아는 다양한 민족과 언어를 포용하며, 지역의 기술자, 학자들을 등용해 제국 내 문화와 지식을 융합시켰다. 이것은 오늘날 **'글로벌 협업'** 또는 **'테크노크라시'**와도 연결되는 구조였다.

□ 지식의 제국이 남긴 유산

아시리아, 바빌로니아, 페르시아는 단순한 정복자의 제국이 아니었다. 이들은 지식과 기록, 제도와 문화의 정교한 체계를 구축하며 인류 문명의 방향을 결정지은 중심축이었다.

아시리아는 기록과 분류, 체계화를 통해 정보의 힘을 보여 주었고, 바빌로니아는 수학과 천문학, 건축을 통해 인간 이성이 자연을 이해하려 한 흔적을 남겼다. 페르시아는 관용과 융합, 표준화된 행정 체계를 통해 다양한 민족과 문화를 하나의 틀 안에 묶는 **'통합의 정치'**를 실현했다. 이러한 유산은 단지 고대의 유물로 머무르지 않는다. **지식의 조직화, 문화의 융합, 공동체의 조화로운 통치라는 핵심 원칙**은 오늘날에도 여전히 유효한 사회적 가치이다. 고대 제국들은 정복 이후에도 지배와 통합, 문화 교류를 위한 시스템을 발전시켰고, 이는 오늘날 다문화 사회와 국제 질서 형성의 선구적 사례로 해석될 수 있다.

따라서 이 세 제국이 남긴 유산은 물리적 건축물이나 법전만이 아니라, **'인간이 어떻게 질서를 만들고, 다름을 수용하며, 지식을 통해 공동체를 구축할 수 있는가'**에 대한 심오한 역사적 통찰이었다. 이것이 오늘날까지도 우리가 아시리아, 바빌로니아, 페르시아를 돌아보는 이유이다. 신전은 곧 도서관이었고, 도서관은 곧 문명의 심장이었다. 이 연결고리가 고대 제국을 살리고, 오늘날 우리의 학문과 문화의 뿌리가 되었다. 고대 오리엔트의 지식은 아시리아-바빌로니아의 기록 체계, 페르시아의 역참·도로·공용어(아람어) 네트워크를 타고 표준화·확산되었다.

페르세폴리스 (이란 Shiraz 북동쪽 약 60km)
© engelbachm, via Pixabay. Free for commercial use

제13장

기원 전후 세계 질서의 변화
- 로마와 동서 문명의 재편

1. 칼에서 구유로 - 제국의 종말과 인류 구원의 시작

로마, 기원전 44년 이른 봄.
하늘은 청명했지만,
원로원 회당 안의 공기는 무겁고 축축했다.
가이우스 율리우스 카이사르(Gaius Julius Caesar).
그는 공화정의 영광을 딛고,
독재관의 관을 쓴 남자였다.

군단은 그의 칼끝을 따라 유럽을 재편했고,
시민은 그의 이름을 칭송했다.
그는 스스로를 권력의 정점으로 여겼다.
그날 아침, 그의 아내 칼푸르니아(Calpurnia)는 피와 칼,
비명이 가득한 불길한 꿈에서 깨어났다.
그러나 카이사르는 웃으며 말했다.
"죽음은 모든 이에게 오지만,
나 같은 자에게는 선택된 날에만 오는 법이오."

원로원으로 향하는 그의 발걸음은 당당했고,

그의 토가(toga)는 눈부시게 희었다.

그러나, 그 순백은 곧 피로 물들었다.

브루투스, 카시우스,

그리고 동료들이 순식간에 그를 둘러싸고 단검을 꽂았다.

그 순간, 그는 눈을 부릅뜨고 마지막으로 말했다.

"Et tu, Brute? (브루투스, 너마저…)"[2)]

그것이 그의 마지막 말이었다.

카이사르는 바닥에 쓰러졌고,

그와 함께 로마 공화정의 마지막 자존심도 피를 흘리며 무너졌다.

그의 피는 '제국'이라는 이름의 괴물을 깨우는 제물이 되었다.

그리고, 약 40년이 지난 어느 추운 겨울날.

칼로 닦인 길 위에 제국의 질서가 굳어지고,

아우구스투스는 '평화의 황제'로 불리며 세상의 중심에 앉아 있었다.

그가 내린 호적령 하나가

유다 땅 변방의 한 젊은 부부를

조용히 고향으로 이끌고 있었다.

사람들은 황제의 명령에 따라 고향으로 돌아와 이름을 올렸고,

병사들은 차가운 눈빛으로 그 행렬을 지켜보았다.

로마는 건재했고,

신전은 높았으며,

황제는 신으로 불렸다.

---

2) 셰익스피어의 희곡 《줄리어스 카이사르》에서 유명해진 표현. 고대 역사 기록에는 (Kai su, teknon?) '너도냐, 아이야?'라고 했다는 전승도 있다.

그러나 아무도 알지 못했다.
제국의 눈에 보이지 않는 곳,
다윗의 뿌리가 묻힌 베들레헴이라는 작은 마을에서
하늘의 왕이 땅으로 내려오고 있었다.
마구간의 짐승들이 조용히 숨을 고르고 있었고,
밤하늘의 별 하나가
언덕 위에서 멈춰 서 있었다.
그리고 그 밤,
말씀이 육신이 되어,
구유 위에 탄생하셨다.

2. 기원전, 후의 세계 - 문명이 뒤섞인 시간의 물결

기원전이 저물고, 기원후라는
새로운 시대가 막 열리던 시기.
세상은 거대한 숨을 고르며,
서로 다른 문명들이 조용히 부딪히고 있었다.

어떤 제국은 절정에 올랐고,
어떤 민족은 새롭게 땅을 일구기 시작했으며,
어떤 이들은 신의 목소리를 들었다고 믿으며
새로운 길을 향해 나아갔다.
우리가 지금은 당연하게 사용하는
'기원전'과 '기원후'의 경계는
당시 사람들에게
그리 중요한 개념이 아니었을지도 모른다.

그러나 역사는 그 시기를 **재편의 시대**라 부른다.
전쟁보다 더 큰 변화는,
언제나 조용히, 그러나 뚜렷하게 다가오는 법이었다.

팍스 로마나의 질서가 강요된 땅들 위로
문화와 종교, 사상과 언어가 얽혀 들며
새로운 문명이 싹트기 시작했다.

그리고 그 시대는, 스스로도 알지 못한 채
오늘날 우리가 '새로운 역사'를 시작하는 **기준점**이 되었다.

□ 로마 - 제국의 탄생과 질서의 이름

율리우스 카이사르의 죽음 이후 혼란에 빠진 로마는 옥타비아누스(아우구스투스)의 손에서 새로운 질서를 맞이했다. **기원전 27년**, 그는 제정(帝政)을 선포하며 공화정의 막을 내리고 '팍스 로마나(Pax Romana)'라 불리는 평화의 시대를 열었다. 도로와 수도, 법과 군단은 제국의 경계를 명확히 하였고, **라틴어와 로마법**은 문명의 표준이 되었다. 로마의 평화는 단순한 안정보다 '질서의 통합'을 의미했다. 시민들은 공공목욕탕에서 토론을 벌였고, 원형극장에서 황제의 연설을 들으며 자신이 거대한 제국의 일부임을 느꼈다. 그러나 그 평화는 피로 지켜진 것이었고, 그늘 아래에서는 언제나 반란과 저항의 불씨가 숨어 있었다. 제국은 질서를 세웠지만, 동시에 자유를 묶었다. 그리고 그 틈에서 새로운 세계의 신앙이 태동하고 있었다.

□ 유대 - 제국의 그늘 아래 신의 때를 기다리다

로마의 통치 아래 있던 **유대 땅**은 외형상 평화로웠지만 내면은 긴장과 갈등으로 가득했다. **헤롯 대왕**은 로마의 승인 아래 왕위를 유지했으나, 백성들은 그를 진정한 **다윗의 후손**으로 인정하지 않았다. **예루살렘 성전**은 웅장하게 재건되었지만, 그 안의 기도는 억눌린 백성의 한으로 채워졌다. **바리새파 · 사두개파 · 젤롯당**이 서로 다른 길을 주장하며 메시아를 기다렸고, 백성들은 "**언제 구원자가 오시는가?**"를 물었다. 그때 **베들레헴의 마구간**에서 **예수**라는 아기가 태어났다. 그는 자라서 "**하나님의 나라가 가까웠다**"고 선포하며 권력의 중심이 아닌 변두리에서 복음을 전했다. **그의 죽음과 부활**을 믿는 자들이 로마의 길을 따라 복음을 퍼뜨리자, 인류의 시간은 **칼이 아닌 십자가**로 새롭게 나뉘었다.

□ 그리스 - 정복당했으나 정복한 자의 스승

기원전 146년, 로마가 **코린토스**를 함락하며 그리스는 정치적 독립을 잃었으나, **정신의 주도권**은 여전히 그들 손에 있었다. 로마 귀족 자제들은 **아테네**로 유학을 떠나 **플라톤과 아리스토텔레스**, **스토아학파**와 **에피쿠로스학파**의 사상을 배우며 제국의 이념을 세웠다. **헬라어**는 지중해의 공용어가 되었고, 학문과 신앙의 언어로 자리 잡았다. **신약성경**이 기록된 언어 역시 헬라어였으며, 이는 복음이 제국 전역으로 확산될 수 있었던 결정적 이유였다. 그리스는 **무력으로 정복당했지만 사유로 제국을 지배**했다. 예술과 철학, 과학과 신학의 기초가 모두 그리스에서 비롯되었고, 로마는 그 유산 위에 문명의 제국을 세웠다. 정복당한 땅이 정복자의 정신을 가르친 역설, 그것이 바로 기원전후의 그리스였다.

□ 이집트 - 신비의 종말과 지식의 불꽃

클레오파트라가 자결하며 파라오의 시대가 막을 내리자, 이집트는 로마의 직할 속주가 되었다. 그러나 알렉산드리아는 여전히 지중해 세계의 지식의 중심지였다. 수학자 에우클레이데스, 천문학자 프톨레마이오스, 의사 갈레노스와 같은 학자들이 이곳에서 연구를 이어갔으며, 도서관과 세라피움 신전은 학문의 성전으로 남았다. 이곳에서는 이집트의 신비와 헬레니즘의 합리성이 만났고, 동방의 신앙과 서방의 과학이 대화를 나누었다. 이시스 여신 숭배는 로마 전역으로 퍼져나가 사후세계에 대한 믿음을 전했고, 그 관념은 훗날 기독교의 부활 신앙에도 영향을 끼쳤다. 나일강의 문명은 정복되었지만, 그 지식의 불꽃은 끊어지지 않았다. 알렉산드리아의 학문은 제국의 정신을 이끌었고, 이집트의 신비는 신앙의 형태로 살아남았다.

□ 서유럽과 갈리아 - 제국의 서쪽 날개

카이사르는 **기원전 58년부터 51년까지 갈리아 원정**을 수행하며 로마의 영토를 대서양까지 확장시켰다. 갈리아는 **라틴어와 로마법, 도로와 도시계획**이 도입되며 문명의 서쪽 거점으로 변모했다. 루테티아(오늘날의 파리)는 상업 중심지로, **리옹**은 행정 수도로 성장했다. 로마의 **원형극장과 공공목욕탕**이 세워지고, **로마 시민권**이 부여되며 갈리아인은 점차 로마 시민으로 흡수되었다. 그러나 농촌에는 **켈트의 전통과 드루이드 사제**가 남아 있었고, **로마의 신과 토착 신앙이 공존**했다. 제국의 질서는 강력했지만, 그 속에서도 **자유의 정신은** 완전히 **사라지지 않았다.** 갈리아는 로마 문명의 거울이자, **훗날 서유럽 문명의 토양**이 되었다.

□ 히스파니아와 게르마니아 - 경계의 문명

히스파니아는 로마의 서부 속주로 편입되며 금, 은, 철을 생산하는 **제국의 경제 중심지**가 되었다. **타라고나, 코르도바, 세비야** 같은 도시들이 세워지고, **로마의 문화와 법**이 빠르게 자리 잡았다. 시간이 지나면서 이 땅에서는 **트라야누스와 하드리아누스** 같은 로마 황제가 태어났다.

그러나 **라인강 너머의 게르마니아**는 달랐다. 숲과 강으로 둘러싸인 이 땅은 로마가 끝내 지배하지 못한 경계였다. **기원후 9년 투토부르크 숲의 전투**에서 게르만족이 로마군 세 개 군단을 전멸시키며 로마의 북진은 멈추었다. 그날 이후 **라인강은 제국의 한계선**이 되었고, **게르마니아는** 정복되지 않은 **자유의 상징**으로 남았다. 히스파니아는 **로마화된 문명 중심**, 게르마니아는 **독립의 정신**을 지킨 대조적 땅이었다. 이 두 세계는 훗날 유럽의 질서와 자유, **통합과 저항의 양면성**을 이루게 된다.

□ 아나톨리아 - 동과 서가 만난 길목

기원전 133년, 페르가몬 왕국이 로마에 병합되며 **아나톨리아는 제국의 속주**가 되었다. **에베소, 페르게, 아스펜도스, 시데** 같은 도시들은 **로마의 행정과 헬레니즘 문화가 공존하는 중심지**로 발전했다. 이곳은 **로마의 도로**가 지나고 **상인과 철학자**, 선교자가 오가는 **교차로**였다.

사도 바울은 이 땅을 걸으며 복음을 전했고, 신전의 돌기둥 사이로 **교회의 종소리**가 울려 퍼졌다. 로마의 법과 공공 건축, **그리스의 사유와 언어**, 동방의 신앙과 예술이 한데 엮이며 **문명의 모자이크**가 되었다. 아나톨리아는 **제국의 길이자 신앙의 길**, 동과 서의 사상이 처음으로 **대화한 땅**이었다. 그 길 위에서 **헬레니즘의 이성과 기독교의 믿음**이 조용히 만났다.

□ 중국 · 한반도 · 일본 - 동방의 새벽

중국 대륙이 진과 한의 통일 제국을 거치며 동서 문명의 중심으로 부상하던 시기, 한반도 또한 그 여파 속에서 새로운 질서를 형성하고 있었다. 기원전 108년 한무제가 설치한 한사군(낙랑, 임둔, 진번, 현도)은 한반도 북부와 만주 남부 지역에 직접적인 행정 통제를 시도하며 중국 문명의 제도와 기술을 확산시켰다. 이후 **기원후 204년 대방군이 낙랑 남부에서 분리**되어 설치되었고, 4세기 초 **고구려의 남하로 한사군 체제는 소멸**하였다.

이 시기 **고조선의 전통을 이은 부여와 고구려**는 점차 강력한 자주 세력으로 성장하며 중국과의 대립과 교류를 반복하였다. 고구려(기원전 37년 건국)는 요동 일대를 무대로 군사력과 외교력을 발휘하며 한의 영향에서 벗어났고, 만주 일대의 주요 세력으로 자리 잡았다. 옥저와 예 또한 각기 독립된 정치체를 유지하며 북방문화의 일익을 담당하였다.

남쪽의 **삼한(마한, 진한, 변한)** 지역은 독자적인 농경 사회를 이루고 있었다. 이들은 청동기와 철기를 함께 사용하며, 해상 교역을 통해 중국과 일본, 그리고 동남아시아 지역과도 교류하였다. 변한은 철 생산으로 유명하여 **가야 연맹**으로 발전했고, 진한은 훗날 **신라의 모태**,

마한은 **백제의 근원**으로 이어졌다. 이러한 지역 연맹체의 발전은 중앙집권적 고대국가의 기초가 되었다.

한편, 일본 열도에서는 야요이 문화(기원전 3세기~기원후 3세기)가 형성되었다. 한반도를 통해 전래된 **벼농사와 금속 제련 기술**, 도자와 토기 제작법이 일본 사회를 근본적으로 변화시켰다. 야요이인들은 규슈와 혼슈 지역에 정착하여 공동체 중심의 농경 사회를 이루었고, 한반도에서 건너간 이주민과 기술자들이 초기 일본 국가 형성에 깊이 관여하였다.

이처럼 동방의 세 나라는 단절된 고립지가 아니라, **중국 제국에서 한반도를 거쳐 일본으로 이어지는 문명의 연속선** 위에 놓여 있었다. 한반도는 중국 문명을 단순히 모방하는 변방이 아니라, 이를 걸러내고 융합하여 **동아시아 문화의 새로운 중심축**으로 성장해 나갔다. 그리고 그 문화의 파도는 바다를 건너 일본 열도에 닿으며 '동방의 새벽'을 열었다.

3. 헬레니즘 제국의 분열과 디아도코이

알렉산드로스 대왕(Alexander the Great)이 기원전 323년 바빌론(Babylon)에서 갑작스럽게 세상을 떠났을 때, 그의 나이는 불과 32세였다. 세계를 하나로 묶었던 그의 제국은 즉시 균열을 드러냈고, 장군들은 각자 권력을 나누어 차지하기 위해 격렬한 다툼을 벌였다. 이 계승자들은 '**디아도코이**(Diadochoi)'라 불렸으며, 수차례 전쟁 끝에 기원전 301년 이프수스 전투(Battle of Ipsus) 이후 세 개의 주요 왕조가 모습을 드러냈다.

셀레우코스 왕국(Seleucid Empire)은 바빌론(Babylon)과 메소포타미아(Mesopotamia), 시리아(Syria), 그리고 이란 고원(Iranian Plateau)까지 광대한 영토를 차지하였다. 이 왕조의 **수도 안티오키아**(Antioch)는 그리스식 도시 계획에 따라 건설되었고, 동서 문명이 교차하는 중심지로 발전했다. 그러나 지나치게 넓은 영토는 통치의 약점을 드러냈고, 동방에서는 새로운 세력들이 독립하면서 왕국의 힘을 약화시켰다.

프톨레마이오스 왕조(Ptolemaic Dynasty)는 이집트(Egypt)를 기반으로 나일강의 풍요와 지중해 무역망을 장악하며 번영했다. **알렉산드리아**(Alexandria)는 곧바로 **학문과 상업의 중심지**로 성장했고, 도서관(Library of Alexandria)과 무세이온(Museum of Alexandria)은 온 세계에서 모여든 지식을 보존하는 보고가 되었다. 그리스 문화와 이집트 전통은 이곳에서 융합되며 독특한 헬레니즘 문명을 만들어냈다. 그러나 왕실 내부의 권력 다툼은 점점 더 격렬해졌고, 로마의 개입은 갈수록 깊어졌다. 결국 왕조는 스스로의 힘만으로는 존속을 보장할 수 없는 상태로 기울어갔다.

안티고노스 왕조(Antigonid Dynasty)는 마케도니아(Macedonia)와 그리스 본토를 거점으로 삼았다. 이들은 헬라스(Hellas)의 전통을 이어가려 했으나, 강력하게 부상하는 로마의 압력을 피할 수 없었다. 비록 일정 기간 독립을 유지했지만 점차 주변 환경에 휘둘리며 쇠약해졌다.

헬레니즘의 세 왕조(Hellenistic Kingdoms)는 정치적 세력으로는 결국 쇠퇴했으나, 그들이 남긴 문화적 자산은 이후 세계에 지대한 영향을 끼쳤다. 알렉산드리아(Alexandria)와 안티오키아(Antioch)는 초기 기독교의 거점으로 자리 잡았고, 그리스 철학과 수사학은 로마 엘리트들의 교양이 되었다. 도시 계획, 행정 운영, 학문적 전통은 모두 로마에 흡수되어 새로운 세계 질서의 기초가 되었다. 비록 왕조들은 역사의 무대에서 퇴장했지만, 그 문화적 흔적은 로마 제국을 거쳐 오늘날까지 이어지는 문명의 밑바탕을 형성하였다.

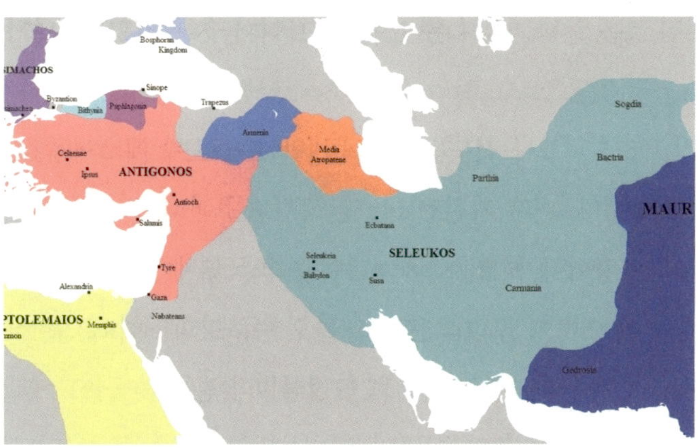

셀레우코스(짙은 하늘색), 프톨레마이오스(노란색) 왕조의 영토
Original image by Javierfv1212 Uploaded by Jan van der Crabben, Wikipedia Public Domain.

4. 헬레니즘 제국의 로마화 - 알렉산드로스의 제국에서 로마의 속주로

로마가 헬레니즘 세계를 차례로 흡수해 나간 과정은 단순한 군사적 정복으로 끝나지 않았다. 그것은 행정, 제도, 언어, 경제, 문화 전반을 아우르는 거대한 전환 과정이었다. 속주 제도는 정복지의 질서를 새롭게 재편하는 기초가 되었고, 지방 엘리트는 로마 행정 체계 안으로 포섭되었다. 도로, 수도, 극장, 포럼과 같은 인프라는 속주 곳곳에 건설되어 로마적 생활 양식을 정착시켰다. 라틴어와 그리스어는 병용되며 제국의 공용 언어로 기능했고, 로마법은 피정복민에게 점차 확대 적용되었다.

이집트의 곡물은 제국의 생명줄이 되었고, 시리아와 소아시아의 상업망은 로마 경제의 중요한 동맥이 되었다. 알렉산드리아와 안티오키아 같은 도시는 단순한 지역 수도가 아니라, 제국 전체의 지적 · 종교적 · 경제적 중심지로 발전했다.

로마화는 단순한 동화가 아니었다. 헬레니즘 도시와 문화가 로마의 행정과 제도와 결합하면서 새로운 질서가 창조되었다. 이로써 **'그리스-로마 문명'**이라 불리는 세계가 형성되었으며, 이 문화적 · 제도적 기반 위에서 초기 기독교 또한 빠르게 확산될 수 있었다.

□ 마케도니아와 그리스 지역 - 기원전 2세기 초 로마의 직접 지배

가장 먼저 무너진 것은 알렉산더의 본국인 마케도니아였다. **기원전 2세기 초**, 로마는 마케도니아 왕국(안티고노스 왕조, Antigonid Dynasty, 기원전 306~168)과 세 차례에 걸쳐 전쟁을 벌였고, **기원전 168년 피드나 전투**(Battle of Pydna)에서 왕 페르세우스를 무찌르며 마케도니아의 독립을 끝장냈다. 이후 **기원전 146년**, 고린도를 파괴하며 남부 그리스 도시국가들마저 무력화시켰고, **아카이아 동맹**(Achaean League)을 해체하고 아카이아 지방 전체를 로마의 속주로 편입했다. 이로써 그리스 본토는 완전히 로마화되었고, 로마 문화의 고전주의 이상은 이 헬레니즘 세계를 계승하는 형태로 발전하였다.

□ 셀레우코스 왕국 - 쇠퇴와 속주의 운명

셀레우코스 왕국(Seleucid Empire, 기원전 312~63)은 메소포타미아와 시리아를 포함한 광대한 동방 지역을 통치했지만, **기원전 3세기 후반부터 동부 지역(박트리아, 파르티아)의 이탈과 반란으로 크게 약화**되었다. 이 틈을 타서 **로마는 기원전 190년 마그네시아 전투**에서 셀레우코스 왕 안티오코 3세를 격파하고 소아시아 지역을 소속국 페르가몬에 넘겼다. 셀레우코스 왕조는 이후 **시리아 지역의 안티오키아**를 중심으로 명맥만 유지하다가, **기원전 64년**, 로마의 폼페이우스(Pompeius)가 시리아로 진격해 셀레우코스 최후의 왕 안티오코 13세를 폐위시키고 **시리아를 로마의 속주로 만들었다.** 이로써 셀레우코스 왕조는 **기원전 312년~기원전 63년**, 약 180년 만에 역사에서 사라졌다.

□ 프톨레마이오스 왕조 - 클레오파트라의 최후와 속주화

이집트를 다스린 프톨레마이오스 왕조(Ptolemaic Egypt, 기원전 305~30)는 가장 오래 살아남은 헬레니즘 왕조였다. 알렉산드리아를 중심으로 학문과 해상 무역, 농업 생산으로 번영했지만, **기원전 2세기 후반부터 왕위 계승 다툼과 로마 내정 간섭이 심화**되었다. 마지막 여왕 **클레오파트라 7세**(Cleopatra VII)는 로마의 율리우스 카이사르, 마르쿠스 안토니우스와 연합하여 권력 유지를 시도했으나, **기원전 31년 악티움 해전**에서 로마의 **옥타비아누스**(후일 아우구스투스)에게 **패배**했다.

기원전 3,000년경부터 시작된 고대 이집트 왕조는 기원전 343년, 마지막 토착 파라오 네크타네보 2세(Nectanebo II)가 페르시아의 침공을 막지 못하고 누비아로 퇴각함으로써 사실상 종말을 맞았다. 이후 이집트는 알렉산더 대왕, 프톨레마이오스 왕조, 로마 제국, 이슬람 제국 등 끊임없이 외세의 통치 아래 놓이게 되었다. 그 가운데 **프톨레마이오스 왕조**(기원전 305~30년)는 겉으로는 파라오의 형식을 취했지만, 본질적으로는 **그리스계 마케도니아 왕조**였다. 다만 클레오파트라 7세는 다른 왕들과 달리 이집트어를 능숙히 구사한 유일한 통치자였으며, 민심을 얻기 위해 스스로를 이시스(Isis) 여신의 화신으로 묘사하였다.

□ 헬레니즘 소왕국들 - 트라키아, 박트리아, 소아시아

알렉산드로스 제국의 분열 이후, 대형 왕조 외에도 여러 소규모 헬레니즘 계승국들이 유럽과 아시아 전역에 세워졌다. 이 국가들은 초기에는 독립적인 정치체제를 유지하며 헬레니즘 문화를 전파했지만, 시간이 흐르면서 내부 분열과 외세의 침공, 로마의 영향력 확대 속에 하나둘씩 역사 속으로 사라져 갔다.

그중 **트라키아 왕국**(Thracian Kingdom, 기원전 306년 ~ 기원전 46년)은 오늘날 **불가리아와 그리스 북부** 지역에 자리 잡았다. 알렉산드로스 사후, 리시마코스(Lysimachus)가 마케도니아 · 트라키아 일대를 장악하여 왕국을 세웠으나, 그의 사망 이후 왕위 계승 분쟁과 주변 세력의 압박으로 쇠퇴하였다. 이후 트라키아는 점차 로마의 영향력 아래 들어갔으며, 기원전 46년 아우구스투스 시대에 공식적으로 로마 속주로 편입되었다. 트라키아는 군사적으로 발칸 반도의 전략적 요충지였고, 로마가 동방 원정을 준비하는 중요한 보급 거점이 되었다.

페르가몬 왕국(Pergamon Kingdom, 기원전 282년 ~ 기원전 133년)은 대표적인 헬레니즘 도시국가로, 소아시아 서부(오늘날 튀르키예 이즈미르 북쪽의 **베르가마** 지역)에서 강력한 해상 세력과 학문 중심지를 구축했다. 이 왕국의 마지막 군주였던 아탈로스 3세는 후계자 없이 사망하면서, 기원전 133년 유언을 통해 로마에 왕국 전역을 양도하였다. 로마는 이를 계기로 소아시아 서부를 속주 '아시아(Asia)'로 편입하고, 이후 동방 진출의 교두보로 삼았다. **페르가몬 도서관**과 도시 문화는 로마에 흡수되었고, 그리스-로마 학문의 융합을 이끄는 중요한 기반이 되었다.

한편, 카파도키아(현 카이세리 일대), 갈라티아(앙카라 일대), 비티니아(이스탄불 동쪽 이즈밋과 부르사 지역)와 같은 **소아시아 내륙의 헬레니즘 왕국들**은 왕위 계승 문제와 귀족 간 내분으로 정치적 불안정에 시달렸다. 이러한 상황 속에서 이들은 로마와 군사적 · 외교적 동맹을 맺거나 보호를 요청하면서 점차 로마의 간섭을 받아들이게 되었다. 로마는 이를 기회로 이용하여, 이 지역들을 속주로 차례차례 흡수했다. 예컨대 **갈라티아는 기원전 25년경**, 로

마의 아우구스투스 황제에 의해 공식적인 속주로 편입되었다.

또 다른 중요한 헬레니즘 소왕국은 **박트리아 왕국**(Greek Kingdom of Bactria, 기원전 256년~기원전 125년경)이었다. 이 국가는 알렉산드로스의 동방 정복 이후 중앙아시아 지역에서 형성된 헬레니즘 문화권의 핵심 중 하나였다. **현재의 아프가니스탄 북부, 타지키스탄, 우즈베키스탄 지역**에 걸친 박트리아는 그리스식 도시와 극장, 불상 등을 남기며 헬레니즘 문화가 중앙아시아를 넘어 인도 북부와 간다라 지역(현 파키스탄 북부)까지 퍼지는 데 기여했다. 그러나 기원전 2세기 후반부터 **파르티아와 스키타이계 유목민, 인도계 왕조들의 침입**이 겹치며 급속히 쇠퇴하였고, 결국 자취를 감추었다. 이 지역은 로마의 직접 통치는 받지 않았지만, 동방으로 향하는 헬레니즘 문화의 **확산로이자 교류의 통로**로 기능하며 유산을 이어갔다.

이처럼 대형 헬레니즘 왕국의 붕괴뿐 아니라 **소규모 계승국들의 몰락 또한**, 로마 제국의 동방 지배를 더욱 공고히 만드는 계기가 되었다. 로마는 단지 군사적 정복자에 머무르지 않고, **헬레니즘의 유산을 수용하고 재구성**함으로써 '그리스-로마 문명'이라는 새로운 고전 세계의 기틀을 마련하였다.

5. 파르티아- 로마의 동방 확장을 저지한 세력

기원전 247년, 셀레우코스 제국의 붕괴 속에서 등장한 **파르티아 제국**(Parthian Empire)은 유목 기마 민족인 파르니 부족의 아르사케스 1세가 세운 국가로, 약 470년 동안 **이란 고원을 지배**했다. 파르티아는 유목과 정착 문화를 혼합한 독특한 사회구조를 지녔으며, 실크로드의 중심 국가로서 동서 문명을 이어 주는 무역 중개 제국으로 부상했다. 로마 제국과의 수차례 국경 전쟁에서도 독립을 유지하며, 로마의 동방 확장을 저지한 핵심 세력으로 역사에 기록되었다.

그러나 파르티아의 뿌리는 단순한 신흥 세력이 아니었다. 그들은 스스로를 아케메네스 왕조 페르시아의 계승자라 인식하며, 고레스 2세와 다리우스 1세가 세운 제국의 유산을 이어받았다고 여겼다. 직접적인 혈통은 아니었으나, 언어·문화·종교적으로 같은 이란계 민족이었으며, 조로아스터교 전통과 **'관용의 통치'**라는 **정신적 유산**을 계승했다. 즉, 파르티아는 알렉산더의 정복 이후 분열되었던 이란 고원을 다시 통합하며, 사실상 '제2의 페르시아 제국'으로 자리매김한 셈이었다.

그러나 3세기 초, 파르티아 내부의 봉건적 체제가 느슨해지면서 왕권이 약화되었고, 지방 귀족들의 자율성이 과도하게 팽창하면서 중앙 통제가 붕괴되기 시작했다. 이 틈을 타 파르스 지역(페르시아)의 유력 가문 출신이자 조로아스터교 사제 계열이었던 아르다시르 1세(Ardashir I)가 반란을 일으켰고, 결국 **서기 224년 파르티아를 멸망시키며 사산 왕조**를 세웠다.

파르티아 제국을 무너뜨리고 등장한 **사산 왕조**(Sasanian Empire)는 이란 고원에서 태어난 새로운 페르시아 제국이었다. 건국자인 아르다시르 1세(Ardashir I)는 조로아스터교 사제 출신 귀족으로, 아케메네스 제국의 후계자임을 자처하며 고대 페르시아 문명을 재건하기 시작했다. 사산조는 **중앙집권 체제**와 **정교일치 통치 구조**를 갖추었고, **조로아스터교를 국교로 채택**하며 이란 고원의 전통을 부활시켰다. 동시에 수도를 크테시폰(Ctesiphon: 바그다드 남동쪽 35Km)으로 삼아, 메소포타미아의 중심지이자 구(舊) 바빌로니아 지역에까지 영향력을 확대하였다. 사산조의 영토는 전성기 기준으로 현재의 **이란 전역**을 포괄했을 뿐 아니라, 이라크 지역 대부분(특히 바그다드 일대와 남부 메소포타미아)도 안정적으로 지배하였다. 따라서 사산 왕조는 단지 이란 고원에 국한된 왕조가 아닌, **이란과 이라크 전역을 아우른 제국**이었으며, 동방에서는 인도 북서부까지, 서방에서는 아르메니아와 카프카스, 때로는 시리아 동부까지 세력을 미치기도 했다.

특히 로마 제국(후기에는 비잔틴 제국)과는 **이라크-시리아 접경 지역**을 둘러싸고 수 세기에 걸친 격렬한 전쟁을 벌였으며, 그 과정에서 동방 그리스도교, 네스토리우스파, 유대교, 조로아스터교 등 다양한 종교가 공존하는 문화적 용광로를 형성했다.사산조는 약 400년 가까이 존속하며, 고대 이란 문명과 행정, 예술, 종교 체계의 절정을 이룬 마지막 제국으로 평가된다. 그러나 7세기 중반, 무함마드 사후 일어난 이슬람 정복군(라시둔 칼리파국)의 침입에 의해 붕괴되었고, 최후의 왕 **야즈데게르드 3세**는 중앙아시아로 도피 중 살해되었다. 이로써 고대 페르시아의 마지막 장이 막을 내리고, **이란과 이라크는 아랍-이슬람 문명권**에 편입되었다.

파르티아는 단지 로마와 맞선 군사 제국이 아니라, 페르시아의 정신과 제도를 이어받은 **'이란 문명의 다리'**였다. 그들이 남긴 정치·종교·문화적 전통은 이후 사산조의 국가 이념으로 정착되어, 고대 이란의 마지막 황금기를 여는 토대가 되었다.

6. 진과 한나라, 실크로드의 탄생과 한반도 문명의 성장

중국 대륙은 오랜 세월 분열과 혼란의 시대를 겪으며 하나의 통일된 제국을 잉태했다. 주나라 말기부터 제후들이 독립적인 세력을 형성하면서 춘추전국시대(春秋戰國時代)가 열렸고, 이 격동의 시대는 각국의 군사·행정 제도의 진화를 촉진하는 실험장이 되었다. 이 가운데 **진나라**는 **법가(法家) 사상**에 기반한 중앙집권적 체제를 강화하고, 전차·보병 중심의 군제 개혁을 통해 점차 패권을 장악해 나갔다. 법가 사상은 전국시대의 혼란을 극복하기 위해 등장한 정치 철학으로, 법(法)을 최고의 통치 원리로 삼고, 권력의 위세(勢)와 군주의 통치술(術)을 결합하여 국가 질서를 확립하려는 사상 체계였다. 진은 이를 제국 운영의 근본 원리로 삼아 군사·행정 개혁을 단행하였던 것이다.

□ 진의 통일과 한나라의 탄생

기원전 221년, **진시황**(秦始皇)은 마침내 **중국을 최초로 통일**하였다. 그는 자신을 '황제'라 칭하고, 군현제를 도입해 전국을 직접 지배하였으며, 문자, 도량형, 화폐를 통일하여 경제와 행정의 기초를 확립했다. 도로와 운하, 만리장성, 아방궁 건설 등 거대한 토목 사업은 제국의 위용을 보여 주었지만, 동시에 강압적인 통치는 민중의 반발을 불러일으켰다. 진시황 사후 혼란이 가중되었고, 불과 15년 만에 진나라는 멸망하고 만다.

그 뒤를 이은 **한나라**는 초한전쟁(楚漢戰爭)을 거쳐 유방이 세운 국가로, 초기에는 제후 왕들이 분권적으로 통치하였다. 그러나 한무제는 **유교를 이념**으로 삼아 중앙집권을 강화하고, 북방의 흉노를 견제하며 **서방으로의 진출**을 꾀했다. 이 과정에서 서역 개척의 길을 연 인물이 장건(張騫)이었다. 그는 월지와의 동맹을 추진하기 위해 파견되었으나, 흉노에게 포로로 잡혀 오랜 세월을 보낸 끝에 돌아와 서역 세계의 정보를 전했다.

장건의 여정은 단순한 외교 시도가 아니라, 동서 교류의 문을 여는 결정적 사건이었다. 그의 보고는 중앙아시아의 오아시스 국가들과의 교역으로 이어졌고, 비단과 도자기, 철기, 약초 등이 서역으로 수출되었으며, 반대로 유리 제품, 향신료, 준마, 로마산 제품 등이 중국으로 유입되었다. 이 경로는 훗날 **'실크로드'**라 불리게 되며, 물자뿐만 아니라 종교, 과학, 문화가 이동하는 **거대한 문명의 길**이 되었다. 불교는 이 실크로드를 따라 중국에 전해졌고, 종이와 비단 기술은 서방에까지 퍼져 나갔다. 실크로드는 단순한 상업 통로를 넘어, 동서 문명이 만나는 접점이자 인류 역사의 대동맥이 되었다.

□ 동서 문명의 연결과 한반도의 변화

한편, 이러한 중국 중심 제국의 부상과 동서 교역로의 발전은 한반도에도 큰 영향을 미쳤다. 요동과 산둥반도를 거치는 해상 및 육로를 통해, **진나라와 한나라**의 금속 공예 기술, 청동기와 철기 문화, 문자, 직물과 도자기 기술 등이 **고조선과 삼한** 지역으로 전파되었다. 고조선은 이미 기원전 수 세기부터 독자적 국가 체계를 갖추고 있었으며, 진·한 교류를 통해 문화적 성장을 가속화했다.

특히 한사군(漢四郡) 설치 이후, 한반도의 북부와 만주 일대에는 중국 문명의 영향이 직접적으로 작용했고, 이에 따라 토착 문화와 외래문화가 융합되기 시작했다. 남부 지역은 삼한

(마한, 진한, 변한)으로 나뉘어 다양한 소국 연맹체를 이루었으며, 농경과 철기, 해상 교역을 중심으로 성장해 나갔다. 이들 지역은 후에 백제, 신라, 가야 등 삼국으로 발전하게 된다.

중국의 통일과 제국화, 실크로드의 개척은 한반도에 외부 문명의 유입 통로를 제공하였고, 이에 따라 **한반도**는 단순한 변방이 아닌, 동북아시아 문명의 일원으로서 **독자적 정체성**을 **형성**하기 시작하였다. 진나라의 단일 통치 실험, 한무제의 세계화 전략, 그리고 **실크로드**를 통한 동서 교류는 모두 **고조선의 재편과 삼한의 성장**이라는 한반도사의 큰 흐름을 자극한 것이었다.

이처럼 중앙아시아 교역로의 개척과 중국 제국의 부상은 단지 하나의 국가 내부 문제에 그치지 않았다. 그것은 동아시아 전체에 새로운 물결을 일으킨 문명의 전환점이었으며, 한반도의 역사를 움직인 거대한 동력이기도 했다.

7. 히스파니아 · 갈리아 정복 - 로마화 시작

로마 공화정 말기, 지중해 세계에서 패권을 장악한 로마는 이제 유럽 내륙으로 세력을 확장하려 했다. 이 시기 **로마의 주요 정복 대상**은 **히스파니아**(오늘날의 스페인과 포르투갈)와 **갈리아**(오늘날의 프랑스, 벨기에, 스위스 일부)였다. 이 두 지역은 지중해 연안과 북유럽, 대서양을 연결하는 전략적 요충지였으며, 로마 경제와 군사 전략에 있어 핵심적인 가치를 지닌 지역이었다.

□ 히스파니아 - 광산과 게릴라의 땅

히스파니아(Hispania)는 본래 카르타고의 영향권 아래 있었다. 로마가 이 지역에 관심을 갖기 시작한 것은 제2차 포에니 전쟁(기원전 218~201)에서 카르타고와의 전쟁을 벌이면서부터였다. 스키피오 아프리카누스는 히스파니아 동부 해안의 카르타고 도시들을 공략하며 로마 세력을 확대하였고, 이를 계기로 로마는 히스파니아에 군사적 발판을 마련하였다. 하지만 내륙으로 들어서자 켈트-이베리아족(과 루시타니아족 등)의 강력한 부족 연합이 로마에 맞서 끈질긴 게릴라전을 펼쳤다. 이 저항은 몇십 년에 걸쳐 지속되었으며, 로마는 많은 희생과 비용을 감수하며 서서히 이 지역을 정복해 나갔다. 기원전 133년, 누만티아(현재 스페인 북부) 함락을 기점으로 로마는 히스파니아 대부분을 속주로 편입하는 데 성공했다.

이후 로마는 **히스파니아**의 은, 구리, 금 등 풍부한 광물 자원을 적극적으로 채굴하였고, 도로망과 군사 기지를 건설하여 **전략적 거점**으로 활용하였다. 로마법, 도시 제도, 라틴어 등이 점차 이식되었으며, 토착 엘리트들이 로마 귀족 사회로 편입되기 시작했다. 훗날 이 지역은 로마 황제 **트라야누스, 하드리아누스** 등의 **출신지**로 기록되며, **'로마화'의 대표적 성공 사례**로 평가받게 된다.

▶ 에보라 - 문명이 겹겹이 쌓인 거대한 역사의 단면

에보라(Évora)는 로마 제국 이전부터 켈트계 루시타니아 부족의 요새가 있었고, 기원전 2~1세기경 로마가 이 지역을 정복하면서 도시의 운명이 바뀌기 시작했다. 아우구스투스 시대에는 **정식 식민도시**(Colonia Liberalitas Julia Ebora)로 승격되며 행정 · 군사 중심지가 되었고, 로마의 도시 설계 철학(격자 도로, 포룸, 신전, 수로, 성벽)이 그대로 이식되었다. 그중 가장 상징적인 건축이 바로 로마 신전(일명 다이아나 신전)으로, 오늘날에도 14개의 코린트식 기둥과 포디움(Podium, 돌로 된 높은 받침대)이 거의 완벽하게 남아 있다.

그러나 에보라의 특별함은 **로마 이후에도** 도시가 버려지지 않고 **계속 살아 있었다는 점**이다. 서고트족, 이슬람, 중세 포르투갈 왕국까지 이어지며 도시의 핵심 기능을 유지했고, 그 결과 **로마-중세-르네상스-현대가 한 공간**에 포개어진 독특한 **도시 구조**가 형성되었다. 신전 왼편에는 17~18세기 바로크 교회, 오른편 뒤에는 12~13세기 에보라 고딕 대성당이 서 있고, 그 앞을 현대인이 걸어 다닌다. **한 장의 사진 속에 2,000년의 문명이 동시에 존재하는 도시**, 이것이 에보라만의 힘이다.

포르투갈 에보라 로마 신전, 사진: 구민성

▶ 콘임브리가 - 가장 완전하게 남아있는 로마 도시의 모습

콘임브리가는 기원전 2세기 후반부터 로마의 지배를 받기 시작하여 기원전 1세기에 완전히 로마 속주로 편입된, **포르투갈 최대 규모**의 **로마 도시**이며, 도시 전체 구조가 가장 잘 보존된 로마 도시 유적 중 하나이다. 아래 사진은 콘임브리가(Conímbriga)의 가장 유명한 장소, '**분수의 집**(Casa dos Repuxos)'을 보여 준다. **로마 상류층 주택**의 중심 공간이 **2,000년이 지난 지금도 거의 완벽한 구조**로 드러나 있는 장면이다. 먼저 눈에 들어오는 것은 **집 한가운데 자리한 정원과 물길**이다. 이는 단순한 화단이 아니라, 로마인들이 수도 기술을 이용하여 물을 끌어와 **분수**가 솟아오르도록 설계한 **고급 수리 시스템**이다. 지금도 물길의 형태가 그대로 남아 있고, 일부 구간은 실제로 물이 흐르도록 복원되어 있어 당시의 모습을 생생하게 상상할 수 있다.

정원을 둘러싼 **원형의 벽돌 기둥들**은 지붕이 있는 회랑(Peristyle, 주랑)을 지탱하던 구조물의 흔적이다. 즉, 이 공간은 단순한 마당이 아니라 **햇빛과 바람이 드나드는 고급 실내 정원**이었다. 로마 귀족은 이곳에서 손님을 맞이하고, 휴식을 취하며, 문학과 철학을 이야기했다. 이처럼 로마의 주거는 편의성과 기능을 넘어 '생활을 예술처럼 설계'했다는 것을 보여 준다. 바닥을 자세히 보면, **정교한 모자이크가 집 전체를 덮고 있다.** 단지 한 방만이 아니라 복도, 방, 회랑 바닥까지 모두 모자이크로 꾸며졌고, 패턴에서부터 신화적 장면, 동물, 상징 문양까지 놀라운 수준의 예술성이 담겨 있다. 유럽 전체를 통틀어 이 정도 규모와 상태의 **모자이크**가 남아 있는 **로마 주택은 거의 없다.**

또한 콘임브리가에서는 **하이포코스트(바닥 난방)**, **하수도와 급수 시스템**, **두 겹의 성벽**, **공공 목욕탕**, **도로망** 등이 일체형으로 남아 있다. 즉, 건물 '한 채'가 아니라 **도시 전체의 설계**를 볼 수 있다. 그리스 로마 건축, 수로기술, 사회 구조, 미적 감각, 그리고 제국의 행정 체계가 어떻게 일상 속에 녹아 있었는지 "실제 현장"에서 확인할 수 있다. 많은 로마 도시는 중세와 근대에 의해 덮이고 변형되었지만, 콘임브리가는 **도시가 버려진 덕분에** 오히려 가장 순수한 형태를 유지했다. 그래서 콘임브리가는 **"로마가 어떻게 살았는가?"**라는 질문에 가장 정확하게 답할 수 있는 **살아 있는 교과서**이다.

콘임브리가 로마 유적(분수의 집), 사진: 구민성

□ 갈리아 - 카이사르의 정복 전쟁

갈리아(Gallia)는 알프스 북쪽의 켈트족(갈리아인)이 지배하는 독자적 문화권이었다. 로마는 이 지역의 상업로 확보와 북방 방어선을 강화하기 위해 갈리아 정복을 본격화했다. 기원전 58년, 율리우스 카이사르는 프로콘술(총독)의 권한을 이용해 갈리아 원정을 시작하였고, 약 8년에 걸쳐 전 지역을 정복하였다.

카이사르는 **전쟁을 정치적으로도 활용**하였다. 그는 자신의 정복 활동을 기록한 《갈리아 전기》를 통해 로마 시민에게 정복의 정당성과 자신의 영웅적 면모를 부각시켰고, 이는 후일 루비콘강을 건너는 **쿠데타의 정당성 확보**에도 중요한 명분이 되었다. 갈리아 전역이 로마에 통합되자, 루테티아(Lutetia, 현 파리), 리옹, 보르도 등 전략적 거점 도시들이 로마식으로 재편되었고, 속주 체제가 확립되었다.

갈리아 엘리트들은 로마군에 복무하거나 원로원에 진출하며 로마 제도에 통합되었으나, 농촌 지역에서는 여전히 켈트 문화와 드루이드교의 전통이 오랫동안 유지되었다. 그러나 라틴어의 확산, **로마법 도입**, 도로망의 구축, 상업의 발달은 전 지역에 **'로마화'**를 진행시켰고, 이는 후일 **프랑스어와 프랑스 법 제도의 기원**이 되었다.

□ 로마화의 시작과 유산

히스파니아와 갈리아 정복은 단지 군사적 점령에 그치지 않고, 로마 문명의 제도적·문화적 확장을 의미했다. 로마는 속주 지역에 도로와 도시를 건설하고, 군영과 행정 시스템을 통해 질서를 유지했다. 라틴어는 공적 언어로 자리 잡았고, 로마 시민권은 점진적으로 확대되었다. 특히 아우구스투스 이후, **속주민들의 시민권 취득**이 제도화되면서 **'로마 제국의 일체화'**가 본격화되었다.

이러한 로마화는 단기적 정복을 넘어서 수 세기 동안 지속될 문명적 기반을 마련하였다. 도시의 구조, 상하수도와 원형극장, 시장과 포럼, 로마법과 교육제도는 서유럽의 기본 토대를 형성하였다. 히스파니아와 갈리아는 정복의 상흔을 안고 있었지만, 동시에 로마 문명의 핵심 지역으로 발전하며 **유럽 문명사의 중심축**으로 자리매김하였다.

8. 게르마니아와의 접경지대 형성 -팍스 로마나 전야

로마 제국이 지중해 세계를 하나의 질서로 통합해 가던 시기, 북방에는 아직 로마의 손이 닿지 않은 광대한 땅이 남아 있었다. 라인강과 다뉴브강 너머, 오늘날의 독일과 동유럽 일대에 해당하는 지역은 로마인들에게 **게르마니아**(Germania)라 불렸고, 그곳은 '문명 세계'와 **'야만 세계'**의 경계선으로 인식되었다.

□ 라인강을 넘은 제국 - 게르마니아 정복의 꿈과 좌절

로마는 카이사르의 갈리아 정복(기원전 58~51년)을 계기로 북방의 게르만 부족들에 대한 경계를 높였고, 이후 아우구스투스 치세에 이르러 그 지역을 속주화하려는 본격적인 시도가 시작되었다. 라인강을 건너 엘베강까지 진출한 로마군은 도로와 군영을 건설하고, 케루스키족, 마르코만니족 등 여러 게르만 부족과 외교 또는 무력 충돌을 이어갔다.

하지만 게르마니아는 알프스 이북의 험준한 산림과 습지, 이동형 부족 연맹 체계로 인해 로마식 지배에 쉽게 길들여지지 않았다. 로마가 직면한 최대의 시련은 **기원후 9년**, **투토부르크 숲 전투**(Battle of the Teutoburg Forest)에서 찾아왔다. 로마 총독 바루스가 이끄는 세 개 군단, **약 2만여 병력**이 **게르만족 연합군의 기습**에 **전멸**한 사건은 로마 제국 전체에 충격을 안겼고, 아우구스투스는 "바루스여, 나의 군단을 돌려다오!"라는 탄식을 남겼다.

□ 팍스 로마나의 전야 - 경계 위의 평화와 긴장

이 참패 이후 로마는 더 이상의 북방 진출을 포기하고, 라인강과 다뉴브강을 제국의 확정된 북방 경계선으로 삼는 방어 전략을 수립했다. 이후 게르마니아와의 경계선은 요새와 성채, 군사 도로로 촘촘히 구축되었고, 국경의 안정은 로마 제국의 내정 강화와 경제 회복을 가능케 했다. 이 시기는 곧 '팍스 로마나(Pax Romana)'라 불리는 200여 년간의 평화 시대의 서막이었다.

그럼에도 불구하고, 라인강 국경선 너머의 게르만족과 로마는 완전히 단절되지 않았다. 일부 게르만 귀족들은 로마군에 복무하거나 상업 활동을 통해 로마 문화에 노출되었고, 국경 지대에서는 제한적인 문화 교류와 통상이 이루어졌다. 하지만 로마화는 갈리아나 히스파니아에서처럼 성공적으로 정착되지 못했고, 게르만 세계는 여전히 독립적인 자율성을 유지했다.

결국 이 접경지대는 수 세기 후 로마 제국의 북방 붕괴를 촉진하는 중심 무대로 떠오르게 된다. **게르만족의 대이동**과 **서고트, 반달, 훈족** 등의 **유입**은 로마의 **군사적 압박을 가중**시키며 제국의 기반을 흔들었다. 팍스 로마나의 시작은 곧 장기적인 경계 방어 체제의 시작이었고, 이는 로마가 외부로 확장하는 시대에서 내부의 질서를 지키는 시대로의 전환을 의미했다. 라인강 국경은 단순한 지정학적 경계를 넘어서, **문명과 야만, 안정과 위기의 대치선**이었다. 이곳은 훗날 로마의 쇠퇴와 중세 유럽의 형성을 잉태하는 역사적 공간으로 자리 잡으며, 유럽사의 전환점을 상징하는 지대가 되었다.

9. 아나톨리아 - 동서 문명이 만난 제국의 교차로

아나톨리아는 지중해와 흑해, 에게와 메소포타미아를 잇는 거대한 회랑(corridor)이었다. 히타이트의 돌길 위에 프리기아의 전설이, 리디아의 금빛 강 위에 헬레니즘의 도시가 자랐고, 그 위에 로마의 도로와 행정이 촘촘히 내려앉았다. 항만과 극장, 목욕탕과 법정이 사람들의 일상을 질서 지었으며, **그리스어가 시장과 회당과 회랑을 따라 울렸다.** 아나톨리아는 변방이 아니라 제국의 심장이었다. **행정의 길이 지나가고, 상인의 바퀴가 구르고, 사도의 발걸음이 머물던 자리**, 그곳은 동과 서가 만나는 문명의 문턱이자, 새로운 사상이 태동한 경계였다.

□ 아나톨리아 행정의 지도 - 제국의 얼굴

로마의 손이 닿은 아나톨리아는 하나의 그림처럼 정교하게 나뉘어 있었다. 서쪽의 속주

‘아시아(Asia)’는 에베소(Ephesus)를 중심으로 이오니아 · 카리아 · 리디아 · 미시아의 도시들을 품었고, 그 법정과 재판소, 원형극장이 제국의 질서를 상징했다. 북쪽의 비티니아-폰투스(Bithynia et Pontus)는 흑해로 열린 문을 지키며 북서부 지방의 니코메디아(Nicomedia)에서 상업과 군사 행정을 통제했다. 중앙 고원의 갈라티아(Galatia)는 앙키라(Ancyra, 오늘의 앙카라)를 중심으로 켈트계 정착민들의 흔적을 남겼고, 동쪽의 카파도키아(Cappadocia)는 카이사레이아(Caesarea Mazaca)에서 광물과 곡물, 말을 관리했다.

남쪽 해안의 길리키아(Cilicia)는 다르수스(Tarsus)를 중심으로 교역과 항만 행정을 맡았으며, 그 옆의 리키아-팜필리아(Lycia et Pamphylia)는 페르게(Perge)와 아탈레이아(Attaleia, 오늘의 안탈리아)를 잇는 해로로 제국의 남쪽 경계를 지켰다. 이 속주들을 묶은 것은 비아 로마나(Via Romana)라 불린 돌의 길이었다. 그 길 위로 라틴어 명령과 그리스어 대화가 함께 흐르며, 행정과 인간의 이야기가 얽혔다.

□ 사람과 언어의 풍경

아나톨리아의 거리는 언어의 바다였다. 상인의 말은 그리스어였고, 관리의 문서는 라틴어로 작성되었다. 그러나 돌비문에는 여전히 **프리기아어 · 리디아어 · 리키아어**의 흔적이 남아 있었고, 산간의 마을에서는 토착어가 세대를 넘어 넘쳐났다. **갈라티아에서는 켈트인의 억양이, 카파도키아**에서는 **동방의 말투가**, 그리고 항구 도시에서는 이오니아 상인의 빠른 발음이 들려왔다. 이곳의 언어는 제국의 명령이 아니라 **사람의 삶이 남긴 음성의 지층**이었다. 그 다양한 목소리 속에, 로마의 문서와 그리스의 시, 그리고 고향을 떠나온 이들의 기도가 함께 울려 퍼졌다.

□ 신들의 도시와 다신의 하늘

아나톨리아의 도시는 신의 이름으로 가득했다. 에베소에는 거대한 **아르테미스 신전**이, 페르가몬에는 **제우스 제단**이 서 있었고, 길리키아와 프리기아의 산악에는 **키벨레**(Cybele)**와**

미트라스(Mithras), 그리고 이집트 신 **이시스**(Isis)**의 제단**이 자리했다. 군인들은 미트라스의 동굴에서 맹세했고, 상인들은 이시스에게 항해의 평안을 빌었다.

신들은 도시의 중심에 있었지만, **사람들의 마음**은 언제나 **경계에 서 있었다.** 전통과 철학, 신비와 이성이 공존한 그 땅에서, 인간은 신을 향해 손을 들었고, 동시에 자신을 돌아보는 눈을 떴다. 헬레니즘의 합리성과 동방의 신비, 로마의 질서와 토착 신앙이 섞이던 이곳에서 새로운 믿음의 씨앗이 자라기 시작했다.

□ 팜필리아 순례자의 기억 - 페르게 · 아스펜도스 · 시데

▶ 페르게 - 아침 햇살과 문명의 교차로

아침 햇살이 팜필리아의 평야 위로
부드럽게 번져 간다.
먼저 **넓은 벌판에 세월이 묻어나는 돌들이**
여행자를 맞이한다.
1만 2천 명을 수용하던 거대한 경기장은
한때 함성과 제전의 음악으로 가득했지만,
이제는 **부서진 돌계단과 바닥의 먼지만이**
오래된 함성의 그림자를 품고 있을 뿐이다.

카르도 막시무스(Cardo Maximus)의 돌길을 따라
시장과 목욕탕, 신전이 정연하게 늘어서 있다.
오렌지 향과 올리브 잎 냄새가 섞인 바람이 회랑을 스치며,
사람들이 남긴 문명의 흔적을 부드럽게 어루만진다.

이곳은 팜필리아의 주도였고,
여러 신들과 인간이 함께 숨 쉬던 도시였다.

로마식 도시건설이 분주하게 진행되던 어느 날,

한 이방인이 이곳을 방문하였다.

그는 페르게 사람들이 이해하지 못했던 **다른 이름**을 전했다.

신전의 제단과 황금 신상들 사이에서 그는 조용히 말했다.

"하늘과 땅과 바다, 그리고 그 안의 모든 것을

지으신 분이 계시다."

사람들은 그 말을 이해하지 못했지만,

그 음성은 돌기둥 사이에 남아 세월을 건너 메아리쳤다.

지금도 페르게의 도시는,

넓은 평야 한가운데 **조용히 우뚝 서 있다.**

바람이 스칠 때마다,

그 옛날의 소리가 돌과 햇살 사이로 다시 깨어난다.

페르게 카르도 막시무스(도시 중앙 도로), 사진: 구민성

▶ 아스펜도스 - 소리가 잠든 극장

정오의 햇살이 산등성이를 넘어 들판에 내려앉을 때,
멀리서 바라본 극장은 마치 반쯤 접힌 조개껍질 같았다.
돌로 빚은 반원형의 좌석이 층층이 올라가며 하늘을 감싸고,
무대의 벽은 하늘빛을 받으며 미세한 울림으로 진동했다.

나는 천천히 계단을 올랐다.
손끝으로 만져본 벽은 차가웠지만,
그 속에는 **수천 명의 목소리가 아직 갇혀 있었다.**
배우의 외침, 시인의 낭송, 연인의 웃음,
그리고 황제의 칙령까지
모두가 이 반원형의 공명 안에서 하나의 음으로 합쳐졌다.
무대 중앙에 섰을 때, 나는 말을 잃었다.
한 마디의 속삭임이 벽에 부딪혀 되돌아와
좌석 끝까지 닿았다.
아스펜도스는 돌로 세운 악기였다.

로마의 건축가들은 이 도시를 설계했고,
사람의 목소리로 예술을 창조했다.
돌들이 모여서 만들어진 이 공간은,
지금도 남아서 이천 년 전의 소리를 들려준다.

▶ 시데 - 바다와 노을의 신전

해가 서쪽으로 기울기 시작할 무렵, 시데(Side)에 도착했다.
바다의 짭조름한 냄새가 공기 속에 섞여 있었고,
골목마다에는 오렌지빛이 스며들고 있었다.

이곳은 한때 **팜필리아의 대표적 항구 도시,**
지중해를 향해 열린 문이었다.
수많은 배들이 밀물과 썰물을 따라 드나들며
곡물과 포도주, 향료와 비단,
그리고 수천의 사람들을 실어 나르던 곳.

항구로 가는 길가에는 **아폴로 신전의 백색 기둥**이 남아 있다.
노을이 비추자 대리석은 금빛으로 물들고,
기둥 사이로 바다가 천천히 숨을 쉬었다.
그 순간, 신전은 더 이상 신의 거처가 아니라
바다에서 돌아온 사람들의 **감사의 제단**처럼 보였다.

노을은 천천히 바다를 붉게 물들이고,
그 빛은 신전의 기둥을 타고 하늘로 번졌다.
해는 완전히 넘어갔고, 신전의 기둥은 실루엣이 되었다.
그러나 그 어둠 속에서도 바다는 여전히 빛났다.

"문명은 사라지지 않는다.
그것은 바다의 숨결처럼,
언제나 돌아오고, 다시 빛난다."

시데(Side)의 아폴로 신전(기원후 150년경), 사진: 구민성

□ "나는 페르게(성경: 버가)에서 복음을 외쳤다." - 사도 바울의 회고

▶ 제1막. 출발 - 복음의 길을 향해

나는 기억한다.
그날, 기원후 46년, 시리아 안디옥 교회에서 바나바, 마가와 함께
기도하며 금식하던 중,
성령께서 우리를 따로 부르셨다.
첫 전도 여행이었다.

우리는 키프로스 섬의 살라미에서 말씀을 전했고,
바보(파포스)에서 로마 총독 **서기오 바울**에게 복음을 선포했다.
그의 회심은 놀라운 사건이었고,
나는 복음이 이방의 땅에서 열리기 시작함을 느꼈다.
그 기쁨을 안고 본토로 건너와 도착한 첫 도시가 바로 페르게(Perge)였다.
그러나 그곳에서 우리는 말을 잃었다.

▶ 제2막. 페르게 - 말하지 못했던 도시

팜필리아의 중심지, 로마적 질서와 헬레니즘 신전이 위엄 있게 서 있던 곳.
기둥과 회랑, 향이 피어오르던 그 도시 한복판에서,
동행자 마가가 우리를 떠났다.
아무 말 없이, 조용히, 예루살렘으로 돌아갔다.
나는 마음이 무너졌고, 바나바는 침묵했다.
그 침묵은 나를 붙들었고, 우리는 복음을 전하지 않은 채
조용히 비시디아 안디옥으로 올라갔다.

▶ 제3막. 내륙의 여정 - 핍박과 은혜가 교차한 길

비시디아 안디옥에서의 복음은 회당마다 울려 퍼졌고,

헬라인들이 반응했다.
그러나 유대인의 시기로 인해 박해가 일었다.
이고니온(현재 콘야)에서는 더 큰 반응과 더 큰 위협이 함께 다가왔고,
우리는 루스드라(Lystra, 현재 하툰사라이 인근)로 도망쳤다.
루스드라에서 나는 병자를 고쳤고,
사람들은 나를 **헤르메스**라 부르며 제사하려 했다.
그러나 안디옥과 이고니온에서 따라온 유대인들이 군중을 충동했다.
그들은 나를 돌로 쳤다.
사람들은 내가 죽은 줄로 알고 성 밖에 버렸다.
눈을 감았고, 숨이 끊어지는 줄 알았다.
그러나 **하나님께서 나를 다시 일으키셨다.**
나는 **더베**로 향했다.

▶ 제4막. 다시 걷는 길 - 루스드라, 이고니온, 안디옥… 그리고 페르게

우리는 다시 돌아갔다.
더베에서 제자를 세우고, 루스드라와 이고니온,
비시디아 안디옥으로 되돌아가 제자들을 굳세게 하며 복음을 전했다.

그리고 드디어, 나는 다시 **페르게**에 도착했다.
처음엔 말하지 못하고 떠났던 그 도시,
마가가 떠나며 마음이 갈라졌던 그 자리.
그러나 이제는 말할 수 있었다.
나는 **침묵을 넘은 자**였고, **죽음에서 살아난 자**였다.

▶ 제5막. 복음이 울린 자리 - 다시 페르게에서

몸에는 아직 상처가 남아 있었다.
그러나 나는 더는 주저하지 않았다.

나는 광장 한가운데 섰고, 그 누구도 두렵지 않았다.

“**페르게** 사람들이여, 들으십시오.
여러분이 섬기는 신들은 사람이 만든 형상일 뿐입니다.
그러나 하늘과 땅과 바다,
모든 것을 지으신 **살아 계신 하나님**께서
지금도 여러분을 부르고 계십니다.”

“그분은 나를 돌에 맞아 죽음에
이르렀던 자리에서 다시 일으키셨습니다.
나의 생명은 그분께 속해 있고,
그분의 말씀은 오늘 여러분께 속합니다.”

사람들은 놀랐다.
누구는 비웃었고, 누구는 조용히 다가와 물었다.
나는 그들의 반응을 헤아리지 않았다.
말씀은 전해졌고, 하나님은 그것을 기억하신다.

▶ 제6막. 돌아서는 발걸음 - 아탈리아로

우리는 곧 아탈리아(현재 안탈리아)로 내려가,
그곳 항구에서 다시 배를 타고 **시리아 안디옥**으로 돌아갔다.
그리고 나는 그 긴 여정의 마지막에,
가장 깊은 감정으로 한 도시를 떠올렸다.

페르게.
처음에는 침묵했고, 두 번째에는 복음을 외쳤다.
죽음과 부활을 지나, 나는 그 도시에 말씀을 남기고 돌아섰다.

▶ 제7막. 맺음말 - 침묵과 부활 사이, 페르게를 기억하다

"비시디아 가운데로 지나서 밤빌리아(팜필리아)에 이르러
말씀을 버가(페르게)에서 전하고…"
(사도행전 14:24-25)

그 짧은 기록 안에는 **침묵의 회한**, **생명의 기적**,
그리고 **말씀의 능력**이 함께 흐르고 있었다.
페르게는 나에게 침묵의 도시였고, 다시 일어선 믿음의 자리였다.

그곳의 바람은 **오렌지와 올리브 향**을 실어 나르며 내 상처를 감쌌고,
그 향기 속에서 나는 깨달았다.
복음은 한 번의 외침이 아니라,
침묵과 눈물과 다시 일어섬으로 이어지는 생명의 순환임을.
이제 페르게는 단순한 도시가 아니다.
그곳은 **침묵이 말씀으로 바뀌고, 상처가 증언이 된 자리**,
돌이 울고, 바람이 기도하던 곳이다.
나는 그 길을 지나 다시 바다로 나아갔고,
항구의 등불 아래에서 하늘을 올려다보았다.
그때 나는 속삭였다.

"주여, 나의 첫 침묵과 마지막 고백이 모두 주의 이름 안에 있습니다."

10. 예수의 탄생

기원전 1세기 말에서 기원후 1세기 초, 로마 제국은 팍스 로마나의 초입에 접어들며 지중해 세계를 통합해 가고 있었다. 그러나 그 발 아래에 놓인 팔레스타인, 곧 유다 땅은 평화와

는 거리가 먼 **종교적 갈등과 정치적 불안**의 땅이었다. 유대인은 바빌론 포로기 이후 오랜 외세 지배 속에서 민족적 자긍심을 지켜 왔지만, 로마의 직접 통치가 시작되면서 그 땅에는 새로운 긴장감이 감돌기 시작했다.

특히 **헤롯 대왕**의 친로마적 권력 유지와 제사장 귀족들의 타협적 태도는 율법과 신앙을 지키려는 민중들의 분노를 자극했고, 메시아에 대한 열망은 날로 높아졌다. 민중들은 다윗의 후손으로 와서 이방의 멍에를 꺾고 왕국을 회복시켜 줄 **정치적 메시아**를 기다리고 있었다.

□ 유대인의 메시아 열망 속에 태어난 빛

이러한 시대적 배경 속에서, 갈릴리 북쪽의 작은 마을 **나사렛**에 살던 한 젊은 여인 **마리아**가 천사의 방문을 받았다고 성경은 기록한다. "보라 네가 잉태하여 아들을 낳으리니, 그 이름을 예수라 하라." (누가복음 1: 31) 이는 단지 종교적 계시를 넘어서, 당시 유대 사회의 절박한 기대와 하늘의 개입이 만나는 **하나님의 때**의 시작이었다.

로마 황제 아우구스투스의 인구 조사 명령으로 인해, 마리아와 약혼자 **요셉**은 베들레헴으로 향했고, 그곳에서 마침내 **예수**가 태어났다. 따뜻한 방도 없던 그날 밤, 구유에 누운 아기는 천사의 찬양을 들은 목자들과, 하늘의 별을 따라온 동방의 박사들 앞에 나타났다. 이는 예수가 단지 유대인을 위한 왕이 아닌, **온 인류를 위한 구원자**로 왔음을 상징하는 사건이었다.

그러나 아이가 태어난 그 순간, 땅의 권력은 이를 반겼던 것이 아니었다. 헤롯 대왕은 동방 박사로부터 **'유대인의 왕'**이 태어났다는 소식을 듣고 위협을 느껴 베들레헴 인근의 두 살 이하 남자아이들을 모두 학살하는 극단적 조치를 취했다. 성경은 이를 통해, **하늘의 왕이 이 땅**에 오시는 길이 결코 **평탄하지 않았음**을 보여 준다. 이는 역설적으로 예수의 존재가 단순한 종교 창시자가 아니라, **역사의 구조를 흔드는 인물**이었음을 예고한다.

□ 역사(Chronos)의 시간에서 구원의 시간(Kairos)으로의 전환

기독교 전통에서는 예수의 탄생을 기준으로 서기(Anno Domini, AD)를 시작하지만, 역사학에서는 복음서의 기록과 헤롯의 사망 시기 등을 토대로 예수의 탄생 시기를 **기원전 4~6년경**으로 보는 **학설**이 일반적이다. 이는 예수가 **'역사 속에서'** 오신 인물이었으며, 그의 탄생이 역사와 신앙의 교차점에 놓여 있음을 보여 준다. 예수의 탄생은 단지 한 아기의 출생이 아니었다. 그것은 어둠 속에서 기다림의 끝에 도달한 **빛의 출현**이었다. 유대인의 기대와는 달리, 그는 칼을 든 정복자가 아닌, **평화의 왕**으로 오셨다. 용서와 사랑, 구원과 회복을 전한 그의 메시지는 이후 십자가와 부활이라는 사건으로 완성되며, 인류사의 가장 중대한 전환점이 된다.

베들레헴의 구유에서 시작된 그 작은 떨림은, 이후 **로마 제국을 뒤흔들고, 유럽의 문명을 변화**시키고, 오늘날까지 **수십억 인류의 마음을 울리는 복음의 출발점**이 되었다. 하나님은 가장 낮은 자리에 임하셨고, 그분의 나라는 이 세상의 방식과는 전혀 다른 방식으로 확장되기 시작하였다.

제14장

동아시아와 북방 민족
- 힘의 재편과 교섭

1. 기원 전후 중국, 중앙아시아, 만주, 한반도

기원전 3세기 진(秦)나라의 통일 이후, 중국 중심의 **동아시아 질서**는 **흉노**를 비롯한 **북방 유목 세력과의 대립과 공존** 속에서 **형성**되기 시작했다. 한무제의 대외 팽창 정책은 한반도 북부와 만주 지역까지 영향을 미쳤고, 고구려의 성장과 흉노의 동·서로 분열, 서흉노의 서진은 동북아와 중앙아시아를 연결하는 국제 질서의 기반을 마련했다. 이후 선비족의 대두와 돌궐의 등장, 고구려의 팽창과 말갈의 흡수, 그리고 발해의 성립은 만주를 둘러싼 정치 질서를 유목과 농경, 토착과 외래의 융합 구조로 재편시켰다. **말갈**은 고구려와 발해의 핵심 구성 세력이었고, 그 후예인 **여진**은 12세기 금을 세웠고, 17세기 누르하치의 **후금**(1616)을 거쳐, 1635년 민족명 '만주' 공인, 1636년 **국호 '청(淸)' 선포**로 명실상부한 **만주족 정체성의 국가적 확립**에 이르렀다.

2. 한반도의 국가 형성과 삼국시대 멸망의 교훈

한반도의 국가 형성은 고조선이라는 신화적·역사적 출발점에서 시작되어, **위만조선과 한사군의 외세 간섭**을 거쳐 삼국시대로 이어지며 점차 자주적 국가 체제를 완성해 나갔다.

이 과정에서 고구려, 백제, 신라, 가야 등의 나라는 각기 다른 방식으로 중앙집권화와 외교적 대응, 문화 발전을 이뤄 냈으며, 한편으로는 외세의 압력과 내부 분열이라는 숙제를 안고 성장했다.

□ 고조선, 위만조선, 한사군 - 민족 형성과 외세의 그림자

고조선은 한민족 최초의 국가로, 만주와 한반도 북부 일대에서 자생적으로 형성된 문명국이었다. 《삼국유사》에 따르면, 기원전 2333년 단군왕검이 고조선을 세웠다고 전해진다. 이는 민족의 신화적 기원을 상징하며, 단순한 전설이 아니라 고유한 신앙과 정치 질서를 바탕으로 한 집단 정체성의 표현이다. 실제로 고조선은 기원전 7세기경에는 중국 연나라와 교섭할 정도의 정치체를 갖춘 것으로 평가되며, 비파형 동검, 고인돌, 제천 의례는 고유 문화를 보여 준다. 부족 연맹체에서 중앙집권 국가로의 발전은 기술과 문화, 권위 체계가 통합된 시스템 설계와 유사하다.

기원전 2세기 중반, 연나라 출신 위만이 이민 세력을 이끌고 고조선에 들어왔다. 준왕은 그를 서방 변경 수비장으로 받아들였지만, 위만은 정권을 장악하여 위만조선을 세웠다. 국호는 유지되었지만 성격은 달라졌다. **위만조선은 중국계 군사 정권**으로, 토착 사회 위에 외래 체계가 구축된 구조였다. 중계 무역을 독점하며 한나라와 마찰을 빚었고, 기원전 108년 한무제는 이를 침략해 위만조선을 멸망시켰다. 이후 한사군이 설치되었고, 낙랑군을 중심으로 한반도 북부는 한나라의 식민지로 전락했다.

하지만 고조선의 문화와 정신은 완전히 사라지지 않았다. 낙랑 이남의 삼한 지역에서는 독자적 세력이 발전했고, 북방에서는 고조선 유민과 예맥계 민족을 바탕으로 고구려가 등장했다. **고구려**는 **고조선의 정통성을 계승**하고자 했으며, **313년 낙랑군을 축출**하면서 한사군 시대를 마감했다. 이는 군사적 승리를 넘어 자주성을 되찾은 **민족적 복권**이었다. 고조선에서 한사군까지의 흐름은 자생적 체계 형성, 외세에 의한 침탈, 식민 지배, 그리고 자주적 복구로 이어지는 순환적 시스템 서사라 할 수 있다.

□ 삼국의 형성과 발전 - 전략적 국가 모델의 다양성

삼국시대는 한반도와 만주 일대에서 고구려, 백제, 신라가 각축을 벌인 시기로, 기원전 1세기 후반부터 7세기 중엽까지 약 700년 동안 이어졌다. 이 시기는 고조선 멸망(기원전 108년) 이후 한사군의 지배력이 약화되고, 토착 세력들이 자립하면서 본격적으로 중앙집권 국가 형태로 발전해 나간 시기다.

▶ 고구려

고구려는 기원전 37년 동명성왕이 건국한 이래, 압록강 중류의 졸본 지역(지금의 중국 지안 일대)을 중심으로 세력을 키워나갔다. 초기에는 한사군과의 충돌을 통해 성장했고, 3세기 초 미천왕 시기에는 낙랑군을 축출하며 만주와 한반도 북부의 강자로 자리 잡았다. 4세기 초 광개토대왕과 장수왕에 이르러서는 만주 일대와 한반도 중부까지 세력을 넓히며 **동북아시아 최대의 강국**으로 성장했다.

▶ 백제

백제는 기원전 18년 온조왕이 한강 유역에 건국하여 마한 소국들을 흡수하며 성장했다. 특히 4세기 근초고왕(재위 346~375년) 시기에 영토를 한반도 서남부와 중국 산둥반도 해안까지 확장하고, 일본 열도와 활발한 교류를 맺으며 강력한 해상왕국으로 부상했다. 그러나 5세기 고구려 **장수왕**(재위 413~491년)의 **남진 정책**으로 한성(서울)을 잃고 웅진(공주)으로 천도했다가 다시 사비(부여)로 수도를 옮겨 중흥을 도모했다.

▶ 신라

신라는 기원전 57년 박혁거세에 의해 건국되었다고 전해지지만, 실제로는 1세기 이후 진한 지역의 여러 소국을 통합하며 점차 국가 체제를 발전시켰다. 초기에는 한강 유역에 진출하려는 고구려·백제와 잦은 갈등을 빚었으나, 6세기 법흥왕 때 율령을 반포하며 중앙집권 체제를 완성하고, 불교를 공인하여 왕권을 강화했다. 이어 진흥왕 때(재위 540~576년) 한강 유역까지 진출하며 삼국통일의 기반을 마련했다.

한편, 낙동강 유역에서는 **가야연맹**(특히 금관가야, 대가야)이 철기 문화를 바탕으로 번성했으나, 삼국의 세력 확장에 밀려 6세기 중엽 **신라에 병합**되었다. 삼국은 서로 경쟁하면서도 중국의 위진남북조, 수 · 당과 외교 · 무역을 활발히 전개했으며, 이를 통해 불교, 철기, 문자 문화 등이 유입되었다. 특히 삼국은 각각 특유의 문화(예: 고구려의 기마 문화, 백제의 해상교류, 신라의 황룡사와 불교문화)를 발전시키며 한반도 고대문화의 황금기를 열었다.

7세기 중엽 신라는 당나라와 연합하여 고구려 · 백제를 차례로 멸망시키며 삼국통일을 달성했다(백제 660년, 고구려 668년). 그러나 신라는 이후 당과의 대립 끝에 한반도에서 당 세력을 축출하며 진정한 통일을 이뤘다. 삼국시대는 이렇게 치열한 경쟁과 외교, 전쟁, 문화 교류가 어우러진 시기로 한반도 역사의 중대한 변곡점이었다.

□ 공산성의 추억 - 금강 언덕 위에 잠든 백제

금강이 부드럽게 굽이쳐 흐르는 언덕 위, 고요히 잠든 성 하나가 있다. 공산성(公山城). 이곳에 올라서면, 마치 천 년의 시간이 거꾸로 흐르는 듯하다. 그 물결은 오늘도 변함없이 흐르지만, 그 안에는 찬란하고도 아픈 **백제의 역사**가 담겨 있다.

서기 475년, 고구려 장수왕은 백제의 수도 위례성을 침공해 함락시켰다. 당시 백제의 개로왕은 전사했고, 왕족과 백성들은 피난을 감행해야 했다. 돌이킬 수 없는 패배 속에서 백제는 새로운 터전을 찾아 남쪽으로 내려왔고, 그 두 번째 수도가 바로 웅진, 오늘날의 공주였다.

'웅진(熊津)'이라는 지명은 곰을 숭배하던 전통 신앙과 나루의 지형적 특성을 함께 담고 있다. 이는 단군 신화에서 말하는 **곰 부족의 후예**라는 인식과도 맞닿아 있다. 백제는 이곳을 단순한 피난처로 삼지 않았다. 오히려 공산성을 중심으로 재건의 의지를 다졌고, 잃어버린 왕국의 위상을 되찾고자 했다.

공산성은 금강이 감싸는 **천연의 요새**였다. 언덕 위에 세워져 있어 외세의 침략에 효과적으로 대비할 수 있었고, 성안에는 왕궁과 관청, 불전과 배수시설이 자리해 정치와 행정의 중심 역할을 했다. 성벽을 따라 걷다 보면, 그 길 위에 남아 있는 전사들의 흔적과, 흙에 배인 수많은 시간의 결이 전해진다. 강 너머를 바라보면, 북방의 고구려와 남방의 왜국 사이에 선 백제의 지정학적 운명이 떠오른다.

이 시기 백제의 중심에 선 인물이 바로 **무령왕**이다. 501년부터 523년까지 재위한 그는, 혼란에 빠졌던 나라를 다시 일으켜 세운 개혁 군주였다. 중앙집권 체제를 강화하고 관제를 정비했으며, 외교와 문화를 통해 백제를 동아시아의 문화국가로 이끌었다. 특히 **일본과의 교류**를 활발히 전개하여, 학자와 장인, 불교 승려 등을 파견함으로써 **백제의 문화와 기술, 신앙**을 **일본에 전파**했다. 이로 인해 일본의 고대 국가 형성은 백제 문화의 영향을 강하게 받게 되었고, 두 나라 사이에는 오랜 문화적 유대가 쌓여갔다.

무령왕이 사망한 지 1,400여 년이 흐른 1971년, 공산성 인근 송산리 일대에서는 뜻밖의 발견이 이루어진다. 배수로 공사 중 우연히 드러난 벽돌 하나가 무령왕릉 발굴의 실마리가 되었고, 고고학자들의 조사 끝에 도굴되지 않은 완전한 왕릉이 모습을 드러냈다. 그 안에서 출토된 지석(誌石)은 왕의 실명을 밝히며 사망 연대를 정확히 기록한 유례없는 사료였다.

〈寧東大將軍 百濟斯麻王 薨. 大明二十七年癸卯五月七日以殯.〉
"영동대장군 백제 '사마' 왕이 돌아가셨다. 대명 27년(523년) 계묘년 5월 7일에 무덤에 모시다."

이 지석은 **무령왕의 실명**이 **'사마(斯摩)'**였음을 처음으로 밝혔고, **백제**가 **중국 남조와 활발히 교류**하였음을 실증하는 유물로 평가되었다. 무령왕릉에서는 금제 관식과 금동신발, 청동거울, 중국 남조 도자기 등 고급 유물이 다수 출토되었으며, 이는 일본 고훈(古墳, 봉토분)시대의 유물과도 많은 유사점을 보여 주었다. 그만큼 이 시대 백제가 동아시아 문화 네트워크의 핵심축 중 하나였음을 입증해 준다.

무령왕릉 발굴은 단순한 유물의 발견을 넘어서, 백제의 문화적 정체성과 기술 수준, 외교 전략을 총체적으로 보여 준 **고고학적 사건**이었다. 이후 공산성 전체에 대한 발굴 조사도 이어졌고, 그 결과 성 내부에서는 왕궁터와 사찰지, 나선형 배수 구조, 혼축식 성벽 등 정교한 건축 유산들이 드러났다. 이는 백제가 단지 망국의 길을 걷고 있었던 나라가 아니라, 부활을 준비하고 있었던 역동적인 국가였음을 보여 준다.

오늘도 공산성에 올라서면, 금강은 여전히 그 자리를 지키고 있다. **흐르는 물**은 당시 **백제가 흘린 눈물**과 **다시 일어서려던 의지**, 무령왕이 남긴 외교적 통찰과 문화적 유산을 함께 전하고 있다. 웅진은 단지 백제의 옛 수도가 아니다. 그것은 무너진 뒤에 다시 일어서려 했던 한 국가의 정신이 깃든 곳이며, 문화로 세계와 연결되었던 고대 한국사의 중심지였다.

무령왕능 진묘수
"출처: 국립공주박물관 e뮤지엄 (공공누리 제1유형)"

□ 삼국 멸망의 교훈

삼국시대는 고구려, 백제, 신라가 약 700년 동안 한반도와 만주 일대에서 각축을 벌이며 국가의 기틀을 다져 온 시기였다. 그러나 결국에는 고구려(668년), 백제(660년), 신라(935

년)가 모두 멸망의 길을 걸었는데, 각 나라가 직면했던 내부적 문제와 외부적 압력이 교차하며 멸망의 원인을 만들었다. 여기서 얻을 수 있는 교훈은 고대 국가뿐 아니라 오늘날의 조직 경영과 안전관리, 시스템 엔지니어링까지 통찰을 준다.

▶ 첫째, 강력한 중앙집권체제의 유지와 내부 결속의 중요성이다.

고구려는 연개소문 사후 후계자들이 내분을 일으키며 국력을 분산시켰고, 백제는 귀족 세력의 분열과 왕권 약화로 국정 장악력이 떨어졌다. 신라도 지방 호족의 독립화와 귀족 중심 정치의 폐단으로 중앙집권력이 약화되었다. 이를 통해 조직이 위기에 처했을 때 **내부 단결력**이 약하면 **외부의 작은 충격**에도 쉽게 무너진다는 교훈을 준다.

▶ 둘째, 지속 가능한 경제 기반과 민생 안정의 중요성이다.

삼국 모두 정복 전쟁과 대규모 건설사업으로 영토를 확장했지만, 그 과정에서 농민층의 과도한 부담과 사회적 불만이 누적되었다. 백제와 고구려는 전쟁과 방어체계에 지나치게 자원을 투입하면서 농민 경제가 붕괴했고, 신라는 통일 이후 귀족의 사치와 **중앙정부의 부패**로 민생 기반이 허약해졌다.

▶ 셋째, 외부 세력과의 외교·군사적 관계에서의 신중함이다.

백제와 고구려는 당나라와의 관계에서 적절한 **외교적 유연성**을 **확보하지 못했고**, 신라는 당나라와의 동맹으로 삼국통일을 이루었지만 결국 당나라와의 충돌로 이어졌다. 외부 세력과의 협력은 조직의 경쟁력을 높일 수 있지만, 동시에 의존도가 지나치면 독립성을 잃을 위험도 따른다.

▶ 넷째, 시대 변화에 대한 민감성과 혁신 대응 능력이다.

삼국은 초기에는 강력한 중앙집권 국가로 동아시아 질서를 주도했지만, 시간이 흐르며 사회경제 구조와 **외교 환경**이 급격히 **변화**했음에도 그에 대한 **혁신적 대응**이 부족했다. 고구려의 경우, 오랜 군사적 우위에 안주하며 내부 개혁에 소홀했고, 백제는 지방 세력의 독립화에 대응하지 못했다. 신라도 중앙집권이 약화되자 새로운 정치·경제 모델을 제시하지 못하고 호족의 분열에 휩쓸렸다.

▶ 마지막으로, 인적자원의 육성과 리더십의 중요성이다.

삼국의 멸망기에는 유능한 지도자의 부재, 혹은 왕권이 약화되며 중앙 통제력이 무너졌다. 특히 고구려의 연개소문 사후 후계 분쟁, 백제의 의자왕 시기의 방만한 통치, 신라의 후삼국 혼란기 **지도력 부재**는 국가의 안정성을 크게 흔들었다. 이는 현대 조직에서도 숙련된 인재와 강력하면서도 유연한 **리더십**이 시스템 전체의 안전성과 성장을 뒷받침한다는 중요한 교훈이다.

3. 바람의 동맹 - 돌궐과 고구려의 연합 전쟁기

서기 612년, 수나라 양제는 대군을 이끌고 **고구려**를 **침공**하였다. 그 전쟁은 단순한 국경분쟁이 아니었다. 그것은 동북아시아 전체를 제패하려는 제국의 야망이 폭발한 전쟁, 천하를 삼키려는 수나라의 **'통일 전쟁'**이었다. 그 무렵, 몽골고원 북방에는 또 다른 강국, 돌궐 제국이 건재했다. 그들은 중국 북방을 압박하며 수나라와 여러 차례 접경 분쟁을 벌이고 있었다. 고구려의 정보장교들은 이미 감지하고 있었다.

"북방 초원의 불꽃이, 남방 제국의 심장을 조여오고 있다."

613년, 고구려가 수나라 정벌군을 물리친 이듬해. 평양성의 북문에 한 명의 사절이 말을 타고 도착했다. 그는 돌궐 카간의 명을 받은 전사이자 사절, **바그 투르**("철의 활을 가진 자")였다.

그는 평양성 대전에서 이렇게 말했다.

"대왕이시여, 수나라는 우리 모두의 적입니다.

초원도, 산성도 그들이 노리는 땅입니다.
당신의 장군을 우리 초원으로 보내 주십시오.
우리는 그를 기억할 것입니다.
전쟁의 동맹은 피로 쓰는 법이니."

□ 연합의 칼날

고구려와 돌궐은 서로 다른 언어와 문화를 지녔지만, 공통의 적 앞에서 이해는 명확했다. 고구려는 험준한 산성과 성곽을 배경으로 지구전을 펼쳤고, 돌궐은 끝없는 초원에서 기동력으로 적을 압도했다. 을지문덕의 뒤를 이은 장수, **청구 장군**('푸른 거북이'라는 이름의 별칭)은 외교 특사로 돌궐을 찾았다. 그는 바그 투르(가명)와 함께 작전 회담을 열고 이렇게 선언했다.

고구려와 돌궐 장수 Created with DALL · E by OpenAI.

"하늘 아래 두 하늘이 만나는 날, 수나라를 흔든다."
이른바 **양천회의(兩天會議)**.
두 강국의 연합은 그렇게 시작되었다.

613년, 수 양제는 두 번째 고구려 원정을 준비하며, 남만(남쪽의 오랑캐)과 백제를 감시하던 병력을 평양으로 재배치했다. 그러나 그 틈을 노린 돌궐군은 산서 북부를 급습, 수나라의 보급로를 차단했다. 동시에 고구려군은 요동성 일대를 기습 공격하여 동부 전선을 흔들었다. 수나라군은 산에서 산으로 도망치며 병력을 재편성해야 했고, 그 사이 고구려는 전략적 승리를 확보할 수 있었다. 이 연합 작전은 시간과 공간의 협공이라는 점에서, 동아시아 전쟁사에 드물게 등장하는 고도 전략의 사례였다.

□ 당나라 시대, 다시 만난 초원의 바람

수나라가 무너진 후, 중국은 다시 한 제국으로 통일되었다. 당나라였다. 645년, 당 태종 이세민은 친히 군을 이끌고 고구려를 침공했다. 그 무렵, 돌궐은 한 차례 쇠망을 겪은 뒤, 쿠틀루그(이름: 일테리쉬, Elterish) 카간과 현명한 재상 토뉴쿠크(Tonyukuk)가 제2 돌궐의 부흥을 이끌었다.

고립된 고구려를 이끌던 실권자 **연개소문**은 북방의 초원을 다시 주시했다. 그는 자신의 동생 **연철산**을 특사로 보내어 돌궐의 지원을 요청했다. 전략적 명분은 명확했다. 당나라의 침공을 북방에서 분산시켜야 한다는 것. 그리고 드디어, 안시성 전투가 벌어졌다. 당 태종은 이 성을 함락시키지 못했고, 그 직후 돌궐군은 감숙 일대에서 당나라 보급선을 기습 공격했다. 이 복합 압박으로 인해 당 태종은 후퇴를 결정할 수밖에 없었다. 안시성은 외롭게 싸우지 않았다. 보이지 않는 초원의 바람이, 그 성벽을 지키고 있었다.

□ 바람처럼 사라진 동맹

그러나 위대한 동맹도 영원할 수는 없었다. 돌궐은 내부 분열과 서방의 강국, 그리고 당나라의 외교 이간질에 흔들리며 쇠락했고, 고구려는 668년, 마침내 당·신라 연합군의 협공으로 무너졌다. 지금은 사라진 그 동맹의 흔적. 평양성 북문 언덕에는 작은 돌무덤이 남아 있다. 전설에 따르면, 그곳은 바그 투르의 묘소라 전해진다. 그리고 그 석비에는 이렇게 쓰여 있었다.

"우리는 말을 탔고, 그대들은 산을 지켰다.
수많은 밤, 우리는 같은 불을 보며 제국의 발소리를 막았다.
바람의 후예들이여, 기억하라. 우리도 함께 싸웠노라."

4. 기원 전후 중앙아시아의 주인 - 초원과 오아시스를 가른 말발굽의 흔적

기원 전후 시기, **중앙아시아**는 동서 문명을 연결하는 전략적 요충지로 부상하였다. 유라시아 초원 지대와 타림분지의 오아시스 도시들, 그리고 남쪽의 고산지대가 복잡하게 얽힌 이 지역은, 다양한 유목민족과 도시국가들이 교역과 패권을 두고 경쟁하던 다극적 **국제 질서의 중심**이었다. 이곳은 단순한 변방이 아니라, 실크로드라는 문명의 길이 지나가는 중심축이었다.

□ 흉노의 제국과 초원의 지배자들

기원전 3세기부터 1세기 초까지 초원 지대의 패권을 장악한 세력은 흉노였다. 강력한 기마 전술과 군사 조직을 바탕으로 성장한 흉노는 동쪽으로는 중국 한나라와, 서쪽으로는 파르티아(안식)와 오아시스 도시국가들까지 영향력을 확장했다. 기원전 2세기 후반, 한무제는 흉노의 위협을 차단하고 서역으로 진출하기 위해 장건을 파견하였다. 장건은 대월지, 대완(大宛, 페르가나), 강거(康居, Kangju) 등의 지역과 접촉하며 실크로드 동단을 개척하였고, 이를 통해 중국 한나라가 중앙아시아 정세에 본격적으로 개입하게 되었다.

그러나 흉노는 점차 내부 분열에 직면하며 **기원전 1세기경 동흉노와 서흉노**로 분열되었다. 동흉노는 한나라에 복속되거나 한사군 체제에 흡수되어 세력이 약화되었고, 서흉노는 중앙아시아 서부로 이동하여 소그드, 타림분지 등의 오아시스 국가들과 교류하며 존재감을 유지했다. 이 시기에는 강거와 대완과 같은 지역 세력들도 실크로드 중계 무역을 통해 일정한 자율성과 번영을 누렸다. 1세기 이후 흉노의 세력은 급속히 쇠퇴했고, 그 공백을 채운 세력은 만주와 몽골 일대에서 성장한 선비족(鮮卑)이었다. 선비는 흉노의 변방 세력으로 성장하다가 만주·몽골 동부에서 북위(탁발부)를 통해 화북 정권을 수립(4-6세기)했으며, 동북 초원 질서의 핵심 축이 되었다.

□ 분열 이후의 새로운 세력 - 선비와 쿠샨의 부상

한편 2~3세기경에는 월지(月氏)의 일부가 중앙아시아 남부 박트리아 지역으로 이동하여 세운 쿠샨 제국이 부상하였다. 쿠샨 제국은 타림분지에서 인도 북부까지 광범위한 지역을 지배하며 실크로드 서단의 중심지로 자리 잡았고, 불교의 전파자이자 동서 문명 교류의 매개자로서 중요한 역할을 수행하였다. 이 시기 중앙아시아는 **흉노의 쇠퇴, 선비와 쿠샨의 부상, 그리고 오아시스 국가들의 독립적 발전**이 맞물리며, 복합적인 세력 균형을 이룬 국제무대로 재편되었다.

중앙아시아는 이러한 역동적인 세력 변화를 통해, 단순한 유목의 공간을 넘어 문명 간의 길목이자, 군사·경제·종교의 교차로로서 끊임없는 이동과 융합의 역사를 만들어 냈다.

5. 만주 벌판의 주인 변화 - 초원의 기억과 재건의 흔적

만주는 고대부터 유라시아 대륙의 동쪽 끝자락에서 중앙아시아, 중국, 한반도를 연결하는 전략적 통로이자 충돌의 공간이었다. 수천 년 동안 이 지역은 흉노, 부여, 고구려, 말갈, 거란, 여진, 몽골, 만주족 등 다양한 세력이 주도권을 놓고 다투며 동아시아 국제 질서의 교차점이 되어 왔다.

□ 부여와 고구려의 부상 (기원전 2세기 ~ 기원후 4세기)

기원전 2세기 무렵 **송화강** 유역에서는 부여가 자리 잡고 있었다. **부여**는 농경과 수렵을 병행하며 흉노 및 한나라와의 외교를 통해 독자적 세력을 유지했지만, 점차 고구려와 말갈의 도전을 받게 되었다. 기원전 1세기 말 고구려가 졸본에서 건국되면서 만주 남부와 한반도 북부로 세력을 확장하였고, 이후 한사군의 쇠퇴와 함께 고구려는 만주의 새로운 패권자로 부상했다. 4세기 초 **광개토대왕**은 부여를 병합하고 만주 대부분을 장악함으로써, **고구려의 전성기**를 열었다.

□ 고구려의 지배와 말갈의 동맹 (4~7세기)

고구려는 만주와 한반도 북부를 통합한 초강국으로 성장하였으며, 말갈 부족들과는 병합과 동맹을 병행했다. 말갈은 연해주와 송화강 유역에서 활동하며 고구려 동북 방어선의 핵심을 담당했다. 이 시기 만주는 수나라와 당나라와의 치열한 전쟁터가 되었고, 안시성 전투와 같은 역사적 전장이 펼쳐졌다. 그러나 668년 고구려가 멸망하면서 만주는 다시 주인을 잃고 혼란에 빠졌다.

□ 발해의 도약 (7~10세기)

고구려 멸망 이후, 고구려 유민과 말갈족이 연합해 698년 발해를 세웠다. 발해는 동모산을 중심으로 송화강 유역과 연해주, 한반도 북부 일부까지 통치하며, 다민족 국가로 성장하였다. 발해는 당나라와의 교류를 통해 불교와 문물을 받아들였고, 국제 교역과 제도 정비에 힘쓰며 동북아의 주요 세력으로 자리 잡았다. 그러나 926년, 거란족이 요나라를 건국하며 압박해 오자 결국 발해는 멸망하고 **만주의 패권**은 **거란**에게 넘어갔다.

□ 요나라, 금나라, 몽골 제국 (10~14세기)

거란(契丹, Khitan)이 세운 요나라는 농경과 유목을 결합한 독자적 체제를 발전시켜 만주를 안정적으로 통치하였다. 그러나 12세기, 여진족이 금나라를 세워 요나라를 멸망시키고 만주와 중국 화북을 장악했다. 이후 13세기 들어 몽골 제국이 등장하며 금나라를 정복하고,

원나라를 통해 중국과 만주를 지배하였다. 이 시기 만주는 동북 군사 기지이자, 초원과 중국을 연결하는 전략적 요충지로 기능하였다.

□ 명대 이후와 청 제국의 발상지 (14~19세기)

원나라가 쇠퇴한 뒤 만주는 다시 유목 세력들의 각축장이 되었고, 명나라는 요동에 방벽을 세워 만주를 통제하려 했다. 그러나 여진족은 점차 통합되어 17세기 초 **누르하치**가 **후금(後金)**을 세우며 역사의 전면으로 부상한다. 그는 팔기제(八旗制)를 통해 부족을 군사·행정적으로 조직화하였고, 1644년 북경을 점령한 후 국호를 청(淸)으로 바꾸어 중국 대륙 전체를 지배하였다.

이후 만주는 청 황실의 직할령이 되었고, 외부인의 출입이 엄격히 통제된 **'성스러운 근거지(龍興之地)'**로 신성화되었다. 그러나 이 시기 만주의 본래 주민 다수는 점차 중국 본토 이민자(한족)들로 대체되어, 만주족의 전통 문화와 언어는 빠르게 동화되어 갔다. 18세기 후반부터 청 제국의 세력이 약화되면서, 만주는 러시아와 조선, 일본 등 주변국의 세력 확장 경쟁 속에 놓이게 되었다. 러시아는 아무르강 이북을 병합하고, 조선은 압록강을 경계로 국경을 고정하였으며, 청은 그 사이에서 군사적 균형을 유지하려 했으나 결국 서구 열강과 일본의 침략 압력 앞에 흔들리기 시작했다.

□ 조선 말기의 만주 벌판 - 망명과 투쟁의 땅

19세기 후반, **조선이 외세의 침략과 내부 붕괴** 속에서 흔들릴 때, 수많은 백성들은 삶의 터전을 찾아 압록강을 넘어 **만주**로 향했다. 황무지와 눈보라가 가득한 척박한 땅이었지만, 그곳은 동시에 **조선인의 생존과 투쟁**이 새롭게 시작된 공간이었다.

조선인들은 만주에 정착하며 농사를 짓고, 학교와 교회를 세우며 교육과 신앙을 통해 민족 정체성을 지켰다. **기독교**는 **민족의식의 형성과 저항 정신의 매개**가 되었고, 이는 곧 **독립**

운동의 기반으로 이어졌다. 만주 곳곳에는 **무장 독립군**의 기지가 형성되었으며, 청산리 전투와 봉오동 전투는 외세에 맞선 자주 항쟁의 상징으로 기록되었다. 만주는 더 이상 조선 밖의 땅이 아니었다. 그것은 무너진 나라의 기억이 살아 숨 쉬고, 새로운 민족의 길이 시작되는 **역사의 심장**이었다. 조선의 마지막 기운은 그 벌판에서 이어졌고, 독립의 불씨는 그곳에서 꺼지지 않았다.

□ 만주의 개장사(開場史) - 제국의 손에 넘겨진 땅

만주(滿洲, Manchuria)의 역사는 한마디로 **개장사(開場史)**, 곧 **'열리고 닫히는 장터의 역사'**였다. 이 땅은 스스로의 주인이었던 적이 거의 없었다. 거란이 목줄을 걸면 여진이 빼앗고, 몽골이 휘두르면 다시 청이 차지했다. 그때마다 언어가 바뀌고 세금이 바뀌며, 신과 제도가 교체되었다. 그러나 이곳에서 거래된 것은 단순한 영토가 아니라 '사람과 기억'이었다. 만주는 수많은 제국의 발밑에서 굴복했지만, 동시에 수많은 문명과 신앙이 스며든 **융합의 땅**이기도 했다. 러시아의 철도, 청의 팔기제, 조선인의 교회와 학교가 뒤섞이며, 이곳은 동아시아의 슬픔과 회복이 교차하는 역사의 실험장이 되었다.

20세기에 들어서면서 만주는 다시 한 번 **제국의 손에 팔려 나갔다.** 1931년, **일본**은 만주사변(滿洲事變)을 일으켜 이 지역을 **강제로 점령**하고, 1932년에는 **만주국**(滿洲國)을 세웠다. '왕도낙토(王道樂土)'를 내세운 그 국가는 실상 일본 제국의 군사기지이자 식민지였다. 철도와 공장은 일본의 자본으로 움직였고, 조선인과 중국인들은 강제 노역에 동원되었다. 만주의 하늘 아래에서는 또 한 번 **언어와 신분, 노동의 질서가 재편**되었으며, '근대화'라는 이름으로 또 다른 개장이 이루어졌다.

오늘날 지도 위의 만주는 중국의 동북 3성으로 구획되어 있으나, 그 기억은 여전히 국경을 넘어 흐르고 있다. 한반도의 북쪽, 아무르강 남쪽, 블라디보스토크의 끝자락까지-모두가 그 장터의 잔향을 품고 있다. 이것이 바로 만주의 **개장사**, 팔릴 수는 있었으나 팔 권리는 한 번도 없었던, 제국의 장부 위에 이름조차 남기지 못한 '거래된 땅'의 기억이다.

□ 맺음말

"초원의 바람과 산성의 돌들이 부딪쳐 만든 동아시아의 국제 질서는, 힘의 대결만이 아니라 기억과 회복의 이야기였다. 고조선의 울림은 고구려를 지나 만주 벌판에 남았고, 망국은 단절이 아니라 새로운 탄생의 밑그림이었다."

6. 한민족의 국가 발전과 멸망 - 자주와 쇠망, 그 순환의 흐름

수천 년의 세월 동안, **한민족은** 수많은 **나라를 세우고 무너뜨리는 과정을 반복**해 왔다. 고조선에서 시작된 국가의 계보는 고구려, 백제, 신라, 발해를 거쳐 고려와 조선에 이르렀고, 그 뒤로도 국권이 침탈된 시대를 견디며 민족의 정체성을 이어갔다. 이 모든 역사는 단절이 아니라 흐름이었다. 국가는 때로 외세에 의해, 때로 내부의 분열로 무너졌지만, 그때마다 민족은 뿌리를 지키며 새로운 시대를 향해 나아갔다. 각 시대는 이전 시대의 정신을 계승하고, 새로운 도전을 받아들이며, 자신만의 방식으로 자주성과 문명을 일구어 왔다.

이 장에서는 고조선의 신화적 기원부터 조선의 멸망과 일제강점기까지 이어지는 **국가의 형성과 소멸, 자주의 모색과 쇠망의 이유**, 그리고 **그 속에서도 이어진 정신의 계승**을 중심으로, **한민족 국가 발전의 순환 구조**를 통찰한다. 이것은 단순한 연대기의 나열이 아니라, 우리가 어디서 왔고 어디로 가야 하는지를 되묻는 역사적 거울이다.

□ 선조 국가의 기틀 - 고조선에서 삼국으로

한민족의 국가는 고조선에서 시작하여 고구려, 백제, 신라, 발해로 이어지고, 후삼국을 거쳐 고려와 조선에 이르기까지, **수천 년 동안 형성과 소멸을 반복**해 왔다. 그러나 이 모든 과정은 단절이 아니라, 계승과 재편, 그리고 재창조의 연속이었다. 각 시대의 국가는 이전 시대의 정신과 제도를 바탕으로 새로운 시대의 요청에 맞게 진화하며 민족 공동체의 정체성을 이어 갔다.

고조선은 단군 신화에 기반한 신정 통치 체제를 수립하고, 제천 의례와 철기 문화 등을 통해 강력한 문화적 정체성을 형성하였다. 위만조선과 한사군의 시기를 거치며 외세의 도전에 직면했으나, 고조선의 문화와 자주정신은 고구려와 부여, 옥저, 예맥 등 여러 방면으로 분산·확산되며 다핵적 문명권을 이루었다. 고조선의 유산은 단절되지 않고 북방 민족 국가 형성의 기틀이 되었다.

□ 삼국의 성장과 붕괴 - 고유 전략의 발전과 내부 균열

고구려는 고조선의 정신을 계승한 강국으로, 만주와 한반도 북부를 통합하고 강력한 군사력과 자주적 외교를 바탕으로 동북아의 중심 세력으로 부상했다. 백제는 해상 교역과 문화 융합을 통해 동아시아 문명 교류의 중심지가 되었고, 신라는 정치 제도와 불교문화를 통합하여 안정된 중앙집권 체제를 확립하였다. 이들 **삼국**은 수·당과의 외교와 충돌 속에서 고유한 **국가 전략과 문화를 발전**시켰고, **독창적인 예술**과 종교 문화를 꽃피웠다.

그러나 **삼국의 멸망**은 외세의 침략뿐 아니라 **내부 구조의 균열**에서 비롯되었다. 고구려는 연개소문 사후 왕위 계승 분쟁으로 내분에 빠졌고, 백제는 귀족 분열과 왕권 약화로 국력을 잃었다. 신라는 통일 이후 중앙 통제력이 약화되며 지방 세력이 부상했고, 결국 후삼국 시대의 혼란으로 이어졌다.

□ 통일신라의 한계 - 만주를 품지 못한 자주

통일신라는 676년 나당전쟁에서 승리하여 한반도 대부분을 지배하게 되었지만, 고구려의 중심지였던 만주 지역까지는 장기적으로 통합하지 못하였다. 이는 군사력 부족뿐 아니라 정치적 구조, 지리적 한계, 국제 정세 등 복합적인 요인에 기인한다. 신라는 중앙집권 체제를 갖추었으나 **경주 중심의 통치**는 확장된 영토를 안정적으로 **지배할 역량이 부족**했다. 만주는

험준한 지형에 경주에서 너무 멀리 떨어져 있었고, 고구려 유민은 신라의 지배를 거부한 채 말갈과 함께 발해를 형성하여 독자적인 공동체를 세웠다.

당나라가 평양에 안동도호부를 설치하며 북방 영향력을 유지하고자 했고, 발해는 고구려의 후계국을 자처하며 송화강 유역과 연해주까지 장악하였다. 이로 인해 신라는 만주와 평양 이북의 통치에 실패하였고, 이후 한민족의 영토는 남과 북으로 나뉘는 구조적 분단 상태를 갖게 되었다.

□ 고려의 등장과 몽골의 간섭

918년, 고려가 건국되었다. 태조 왕건은 고구려의 정통을 계승함을 내세워 후삼국을 통일하고, **불교를 국교**로 삼아 민심을 안정시켰다. 그는 사심관 제도와 기인 제도를 통해 지방 호족을 견제하고 중앙집권적 기반을 마련하였다. 고려는 송과의 교역, 요·금과의 외교를 통해 국제적 위상을 확보하였고, 거란과 몽골의 침공에 맞서 외교와 무력을 병행하는 실리 외교를 펼쳤다. 그러나 13세기 들어 몽골 제국이 등장하면서 고려는 새로운 위기를 맞이하였다. 1231년부터 시작된 몽골의 침입은 40여 년에 걸쳐 반복되었고, 고려는 수도를 강화도로 옮겨 항전을 지속했지만, 몽골의 기동력과 군사력은 이전의 거란이나 여진과는 비교할 수 없는 수준이었다.

당시 고려는 문벌귀족 중심 체제로 군사적 효율성이 낮았고, 이러한 문벌귀족 체제의 경직성과 모순은 결국 1170년 **무신정변**을 불러왔고, 이후 최씨 무신정권의 전횡으로 이어지며 고려 사회는 **또 다른 혼란에 직면**하였다. 재정과 동원 능력도 전쟁 장기화에 견디기 어려운 구조였다. 내부적으로는 최씨 무신정권의 전횡과 민심 이반이 겹쳤고, 백성들은 전란과 약탈, 전염병으로 극심한 피해를 입었다. 결국 고려는 전면 멸망을 피하고 왕실을 보존하기 위해 현실적 타협을 선택했다. 원 황실과의 혼인 관계를 수용하고 내정 간섭을 받아들이며 **'부마국(駙馬國)' 체제**에 들어갔고, 이후 100여 년간 자주권은 제한된 형태로 유지되었다. 이는 초기 고려가 자주 외교를 추구하던 방향에서 크게 후퇴한 결과였다.

□ 조선의 체제와 경직 - 붕당 정치

14세기 후반, 고려의 체제가 쇠퇴하자 신진사대부와 무장 세력이 주도하는 개혁이 일어났고, 이성계는 위화도 회군을 통해 권력을 장악한 뒤 1392년 조선을 건국하였다. 조선은 유교를 국가 이념으로 채택하고 불교를 억제하며, 정도전의 문치주의와 《경국대전》 체제를 통해 중앙집권적 통치 구조를 확립했다. 세종대왕 시대에는 훈민정음 창제, 과학기술 진흥, 외교 정비 등이 이뤄졌으며, 문화적 황금기를 열었다.

그러나 **장기적인 안정**은 점차 **정체와 폐쇄성**으로 이어졌다. 사대부 중심 정치가 경직화되며 붕당 정치와 세도 정치가 심화되었고, 국정은 점차 마비되었다. 임진왜란(1592)과 병자호란(1636)은 국가 체제의 취약성을 드러냈으며, 이후 조선은 재건을 시도했지만 세계 질서의 변화 속에서 고립되어 갔다.

□ 쇄국과 침탈 - 대원군의 정책과 열강의 무력 침입

19세기 중반, 흥선대원군은 전통 질서를 강화하고 외세를 차단하기 위해 강경한 **쇄국정책**을 펼쳤다. 천주교 박해는 1866년 병인양요(프랑스)를 불러왔고, 제너럴셔먼호 사건(1866)은 1871년 신미양요(미국)로 이어졌다. 대원군은 척화비를 세우며 '서양과 화친하면 나라가 망한다'는 메시지를 내걸었지만, 조선은 오히려 국제 질서에서 더 고립되었고, 열강에게 '근대 문명을 거부하는 **고립국**'으로 인식되었다.

1876년, 일본은 **강화도조약**을 통해 조선을 강제 개항시켰으며, 이후 각국은 조선의 내정에 간섭하며 이권을 확보해 갔다. 조선은 외교권을 상실했고, 1905년 **을사조약** 체결을 거쳐, 1910년 **한일병합**으로 국권을 완전히 침탈당하였다.

□ 항거의 불꽃 - 3.1운동과 민족의 연합

국가는 사라졌지만 민족은 무너지지 않았다. 1919년, 일제의 탄압 속에서 **3.1운동**이 전국적으로 일어났다. 이 운동은 학생, 지식인, 농민, 종교인 등 사회 각계각층이 참여한 **비폭력 저항운동**으로 확산되었고, 기독교인의 주도적 참여가 두드러졌다. 전국 교회와 종교 단체, 학교는 시위의 구심점이 되었다.

그러나 **이 불꽃**은 특정 종교의 전유물이 아니었다. 천도교는 손병희를 중심으로 조직과 자금을 제공하며 큰 동력이 되었고, 불교는 만해 한용운과 백용성의 참여로 새로운 전기를 맞이했으며, 한용운은 《님의 침묵》을 통해 자유와 해방을 노래했다. 천주교는 지도부 차원에서는 조심스러운 태도를 보였지만, 평신도와 청년들이 지방 만세운동에 적극 참여했다. 이처럼 기독교, 천도교, 불교, 천주교가 함께한 3·1운동은 종교적 차이를 넘어선 **민족적 연합운동**이었다. 이 결집은 단순한 정치적 시위를 넘어 도덕적·영적 항거로서 세계에 한국 독립운동의 정당성을 알리는 힘이 되었다.

3.1운동 이후에도 독립을 위한 노력은 이어졌다. 무장투쟁, 교육 운동, 언론 활동, 기독교 선교, 노동과 농민운동은 각기 다른 방식으로 한민족의 자주정신을 지켜 냈다. 만주, 연해주, 상하이, 미주 등지에서 일어난 독립운동은 국가의 단절을 넘는 정신적 맥이 되었고, 이후 대한민국의 법통으로 계승되었다.

□ 시대가 바뀌어도 이어진 흐름

한민족의 국가는 수많은 침략과 내우외환 속에서도 끝없이 무너지고, 다시 일어섰다. 고조선에서 시작된 정신은 고구려로, 고구려의 유산은 발해와 고려로, 고려의 경험은 조선으로 이어졌으며, 조선의 정체성은 일제강점기를 거친 독립운동과 대한민국으로 계승되었다. 이 모든 흐름은 단절이 아니라, 새로운 시대를 여는 재편이었고, 그 과정은 항상 **민족의 정체성을 지키려는 선택의 연속**이었다.

이러한 역사는 단순한 계승이 아니라, 시대마다 새로운 도전과 가치를 받아들이면서도 민족 고유의 중심을 놓치지 않으려는 의지의 발현이었다. 수많은 외세의 침입 속에서도 한민족은 문화와 정신을 지켰고, 내부의 혼란과 위기 속에서도 새로운 질서를 만들어 냈다. 역사는 단절이 아닌 흐름이며, 기억이며, 반복 속에서 드러나는 선택이다.

오늘날 우리에게 닥친 도전은 총칼을 든 외세가 아니라, **사상과 이념의 충돌, 지역적 반목, 그리고 가치관의 분열**이다. 역사는 언제나 새로운 모습으로 우리를 시험해 왔고, 지금도 또 다른 형태의 도전으로 이어지고 있다. 고조선 이래 한민족은 준비되지 않은 체제로 인해 무너지기를 반복했지만, 그때마다 교훈을 되새기며 다시 일어섰다. 이제는 같은 오류를 되풀이하지 않기 위해, 국민 모두가 **역사의 흐름 앞에서 깨어 있어야** 한다. 과거의 영광에 안주하지 않고, 현재의 위협을 직시하며, **미래를 향한 공동의 지향을 회복**해야 한다. 그 흐름을 이어갈 것인지, 스스로 끊어 버릴 것인지는 바로 오늘 **우리의 선택**에 달려 있다.

제15장

에베소와 아르테미스 신전 - 신앙과 상업, 철학의 충돌

1. 에베소와 아르테미스(아데미) 신전 - 고대 체제와 복음의 충돌

소아시아 서해안, 오늘날 튀르키예 셀축 근처에는 한때 고대 세계에서 가장 찬란했던 도시 중 하나였던 에베소(Ephesus)가 자리하고 있었다. 이 도시는 단순한 항구 도시가 아니었다. 헬레니즘 시대부터 로마 제국 시기까지, 에베소는 아시아 속주의 사실상 수도(총독 주재 도시)로서 정치, 상업, 종교가 융합된 도시였다.

□ 에베소 - 고대 도시의 시작과 멸망

에베소는 기원전 10세기경 이오니아계 그리스인들이 세운 것으로 전해진다. 그러나 그보다 앞선 히타이트 기록에는 '아파사(Apasa)'라는 이름으로 등장해, **청동기 시대**부터 사람이 거주했던 **오랜 역사**를 보여 준다. 풍요로운 자연환경과 해안 입지 덕분에 에베소는 일찍부터 지중해 문명의 핵심 도시로 자리 잡았다.

도시의 상징은 고대 세계 7대 불가사의 중 하나였던 **아르테미스(Artemis) 신전**이었다. 다산과 풍요의 여신을 모신 이 거대한 신전은 종교뿐 아니라 도시의 경제와 위상을 함께 뒷받침했다. 헬레니즘 시대에는 알렉산더 대왕의 영향으로 도시가 재정비되었고, **로마 제국기**에 이르러서는 **아시아 속주의 수도**로서 행정·상업·법률의 중심지로 크게 번영하였다.

에베소는 고대 세계에서 상업과 종교의 중심지로 번영했던 도시였지만, 그 역사적 의미는 단지 세속적인 부에 머무르지 않는다. 이 도시는 **초기 기독교 역사에서 특별한 위치**를 차지하며, 신앙과 문명의 갈림길에 놓였던 곳이다. **사도 바울**은 **에베소에서 약 3년간 체류**하며 복음을 전했고, 그 영향력은 도시 전체를 뒤흔들 만큼 컸다. 우상숭배와의 충돌, 아르테미스 신전과의 긴장은 당시 복음이 기존 체제에 던진 도전의 강도를 보여 준다. 또한 **요한계시록**에 등장하는 일곱 교회 중 **첫 번째 교회로서**, 에베소 교회는 **처음 사랑을 버린 교회**라는 경고와 함께, 신앙의 본질을 되돌아보게 하는 상징으로 남아 있다.

기독교 전승에 따르면, **사도 요한과** 예수의 어머니 **마리아** 또한 말년을 **에베소**에서 보냈다고 전해진다. 특히 사도 요한은 에베소에서 복음을 가르치며 공동체를 이끌었고, '요한의 무덤'이라 전해지는 유적은 오늘날까지도 순례의 발길이 이어지는 장소다.

그러나 이러한 영광의 도시는 **서서히 쇠퇴의 길**로 접어들게 된다. 카이스터 강의 퇴적물이 항구를 막으면서 **해상 교역은 점점 어려워졌고**, 로마 제국 후기의 정치적 혼란, **지진과 전염병**, 그리고 **무역로의 변경**은 도시의 기능을 점차 마비시켰다. **아르테미스 신전은 기독교 공인 이후 폐쇄**되었으며, 비잔틴 시기에는 에베소가 기독교 도시로 전환되긴 했으나, 그 위세는 이미 예전 같지 않았다.

1071년 비잔틴과의 **만지케르트 전투**(Battle of Manzikert) 이후 셀주크 투르크 세력이 소아시아 전역으로 확산되면서, 에베소 일대도 점차 이슬람화 흐름에 편입되었고 그리스-로마 전통은 점차 소멸하였다. 이후 오스만 제국에 통합되며, 도시는 역사 속으로 사라졌다. 오늘날 에베소는 항구 도시가 아닌 **고고학 유적으로 남아 있으며**, 셀수스 도서관과 대극장, 대리석 거리 등은 고대의 영광을 조용히 증언하고 있다.

에베소 셀수스 도서관, 사진: 구민성

□ 아르테미스 신전 - 인간의 경외심이 머물던 성소

고대 에베소의 외곽(현재 셀축)에는 세계 7대 불가사의 중 하나로 꼽히는 아르테미스 신전(Artemision)이라는 거대한 건축물이 우뚝 서 있었다. **아르테미스 신전**은 단순한 신전 건축을 넘어, **고대 세계의 영광과 신앙**, 기술과 예술이 집약된 **기념비적인 유산**이었다. 기원전 6세기경 리디아 왕 크로이소스의 후원 아래 건설된 이 신전은, 이후 여러 차례 재건을 거치며 더욱 웅장하고 정교한 모습으로 변모하였다. 특히 기원전 4세기경 이루어진 재건은 당시로서는 상상하기 힘들 정도로 거대한 규모와 기술적 정밀함을 자랑했다.

신전은 길이 115미터, 너비 55미터에 달하는 대형 구조였으며, **18미터 높이의 대리석 기둥 127개**가 늘어선 이오니아 양식의 열주들은 보는 이로 하여금 신성함과 경외심을 동시에 불러일으켰다. 기단은 습지 위에 건축되어 있었는데, 고대 기술자들은 이 지반 위에 석탄과 동물 가죽을 깔고 구조적 안정성을 확보하는 진보된 공법을 적용했다. 이는 고대 건축 기술이 단순한 미학을 넘어 **환경과 지질을 고려한 공학적 지혜**를 담고 있었음을 보여 준다.

이 신전이 특별한 이유는 단지 그 크기 때문만이 아니었다. 아르테미스 신전은 고대 에베소 지역의 수호신이자 풍요의 여신인 아르테미스에게 봉헌된 종교적 중심지로, **지중해 전역에서 순례자들이 몰려드는 국제적 성소**였다. 아르테미스는 다산과 생명의 신으로 숭배되었으며, 에베소에서의 그녀의 형상은 독특하게도 다수의 유방을 지닌 모습으로 표현되어, 풍요와 모성의 상징으로 여겨졌다.

예술적으로도 이 신전은 **당대 최고의 조각가들이 참여한 조각과 부조의 정수**였다. 건축물 외부에는 신화 속 장면과 여신 숭배 장면이 정교하게 조각되어 있었으며, 조형미와 상징성 면에서 유례를 찾기 어려운 예술적 수준을 자랑했다. 신전은 예술과 신앙, 공공성이 융합된 고대 도시의 핵심이었으며, 경제와 정치, 철학이 어우러지는 장소로 기능했다.

또한 아르테미스 신전은 여러 역사적 사건의 중심이 되기도 했다. 기원전 356년, 한 무명의 청년 '헤로스트라토스'는 자신의 이름을 역사에 남기기 위해 신전에 불을 질렀다. 이 사건은 곧바로 세계에 알려졌고, '허영심으로 역사에 이름을 남기려는 자'를 의미하는 "헤로스트라틱 명성(Herostratic fame)"이라는 개념이 생겨났다. 흥미롭게도 그날은 훗날 동방의 정복자가 되는 **알렉산더 대왕의 탄생일**이기도 했다. 훗날 알렉산더는 이 신전을 재건하겠다고 제안하지만, 에베소 시민들은 그 제안을 정중히 거절하였다. 그들은 이 성소의 명예와 정체성이 **외세의 손이 아닌 자신들의 손으로 유지되어야 한다는 자긍심**을 지니고 있었던 것이다.

이 모든 요소가 복합적으로 작용하여, 고대 사람들은 아르테미스 신전을 단순한 건축물로 보지 않았다. 그것은 **신과 인간 사이의 접점**, **기술과 신앙의 결합**, **예술과 문명의 극치**였다. 비잔티움의 여행가 **필론**(Philon of Byzantium)은 이렇게 말했다.

**"태양을 제외하고, 나는 이 세상의 모든 불가사의를 보았다.
그러나 아르테미스 신전이 구름을 찌르는 모습을 보았을 때,
그 나머지는 그 빛을 잃었다."**

오늘날 신전은 대부분 파괴된 채 폐허로 남아 있지만, 그 잔해 속에서도 고대 인류가 가졌던 **경외와 열망, 그리고 창조의 정신**은 여전히 숨 쉬고 있다. 아르테미스 신전이 고대 7대 불가사의 중 하나로 남은 까닭은 바로, 인간의 한계를 뛰어넘어 **신성에 도달하고자 했던 열망의 총체적 상징**이기 때문이다. 그러나 그 웅장함도 결국 시간의 풍화 앞에서는 무너졌고, 인간이 세운 체제의 한계를 드러내는 증거가 되었다.

아르테미스 신전 상상도 Created with DALL · E by OpenAI.

현재의 아르테미스 신전 터, 사진: 구민성

□ 복음이 건드린 구조적 균열

이러한 체제에 **사도 바울**의 복음이 침투했다. 그는 단순한 종교의 전도자가 아니었다. 바울은 "사람이 손으로 만든 것은 신이 될 수 없다"고 선언하며, **신은 사람의 마음속에 거하신다**는 메시지를 전했다. 이는 곧 인간이 만든 아르테미스 신상을 정면으로 부정하는 것이었으며, 에베소의 종교·경제·정치 질서 전반을 흔드는 급진적인 선언이었다.

이 사건은 서기 55년경, 바울이 제3차 전도 여행 중 에베소에 약 2년 반을 머무르며 복음을 전하던 시기에 일어났다. 바울은 소아시아 지역의 중심 도시였던 에베소를 선교 거점으로 삼았다. 그는 회당에서 유대인과 변론하며, 후에는 두란노 서원(School of Tyrannus)에서 제자들을 가르쳤다. 그는 "날마다 말씀을 강론하며, 온 아시아에 사는 자들이 주의 말씀을 듣게 하였다"(19:9-10)고 기록되어 있다. 이 시기 바울은 에베소 교회를 세웠으며, 후에 고린도후서와 로마서를 집필하기 직전까지 이곳에서 사역했다.

그의 메시지는 단순한 신앙적 초청이 아니었다. **"하나님은 사람의 손으로 만든 신전에 계시지 않는다"**(사도행전 17:24) 는 그의 선언은, 곧 '성전'과 '우상' 중심으로 움직이던 고대 도시 체제를 부정하는 **새로운 세계관의 선포**였다. 이 복음의 확산은 에베소의 아르테미스 신전과 신상 제작 산업, 그리고 그 신전을 중심으로 돌아가던 도시 경제를 정면으로 위협했다.

신상 제작을 업으로 삼던 은 세공업자 데메드리오(Demetrius)는 생계가 위협받는 것을 감지하고, 다른 세공업자들과 시민들을 선동했다. 그는 이렇게 외쳤다.

"이 바울이 에베소뿐 아니라 거의 전 아시아를 통하여 많은 사람을 권유하여 말하되, 사람의 손으로 만든 것들은 신이 아니라 하니… 큰 여신 아데미의 신전도 무시당하게 되고, 온 아시아와 천하가 위하는 그의 위엄도 떨어질까 하노라 하더라." (사도행전 19:26-27)

이 선동은 수천 명의 군중이 **에베소 대극장**에 몰려가 **"크고도 크도다, 에베소 사람의 아르**

테미스여!"라고 두 시간 넘게 외치는 소동으로 이어졌다. 이는 단순한 군중 소요가 아니라, **복음이 고대 도시 체제 전체를 뒤흔든 역사적 충돌**이었다. 복음은 단순히 종교적 선택지가 아니라, 사회와 경제, 권력의 뿌리까지 흔드는 '새로운 질서'의 도래였다. 이 소동은 시청 서기장의 중재로 일단락되었지만, 에베소는 더 이상 과거의 도시가 아니었다. 복음의 확산은 점차 도시의 정신적 축을 바꾸어 놓았고, **아르테미스 신전의 쇠퇴**는 돌이킬 수 없는 현실이 되었다.

기원후 262년, **고트족**의 침입으로 신전은 큰 피해를 입었고, 복원되지 못한 채 쇠락의 길을 걸었다. 4세기, 기독교가 로마 제국의 국교가 되면서 이교 신전의 기능은 사라졌고, **신전의 석재**들은 비잔틴과 오스만 시대의 다른 건축물에 **재활용**되었다. 19세기 말, 영국의 고고학자 존 터틀 우드(John Turtle Wood)가 신전 터를 발굴했고, 오늘날 이 거대한 성전의 흔적은 단 하나의 대리석 기둥만이 **그 영광의 그림자**를 조용히 증언하고 있다. 런던의 대영박물관에는 이 신전에서 출토된 조각상과 유물들이 전시되어 있으며, 방문객들은 그 앞에서 고대 체제의 위용과 몰락을 동시에 마주하게 된다.

□ 체제를 뒤흔든 진리

아르테미스 신전은 단지 웅장한 고대 건축물이 아니었다. 그것은 **고대의 세계관**, 인간의 **두려움과 욕망**, 그리고 제도화된 **우상숭배의 상징**이었다. 그리고 그 중심에서, 사도 바울은 "**성전은 사람 안에 있다**"는 복음의 진리를 외쳤다. 그가 전한 메시지는 헬레니즘 세계관과 기독교 세계관 사이의 **문명적 충돌**이었다.

이 충돌은 단순한 철학적 논쟁이 아니라, **인간이 만든 체제의 한계와 허구**를 폭로한 역사적 사건이었다. 아르테미스 신전의 붕괴는 건물의 붕괴가 아니라, **눈에 보이지 않는 하나님 앞에서 인간 체제가 무너질 수 있음**을 증명한 하나의 역사적 증언으로, 오늘날에도 깊은 울림을 준다.

2. 에베소와 요한계시록의 일곱 교회 - 고대 도시와 영적 교훈

소아시아, 즉 오늘날 **튀르키예 서부 지역**은 고대 로마 시대의 **교통과 통치의 중심지**였다. 사도 요한은 밧모섬에서 받은 환상을 통해 이 지역에 있는 **일곱 교회**에 메시지를 전했으며, 이는 **요한계시록 2~3장**에 기록되어 있다. 일곱 교회는 **에베소에서 시작해 시계 방향**으로 연결되며, 모두 로마 제국의 도로망과 무역로에 자리한 주요 도시들이었다. 이 교회들은 단순한 지리적 도시가 아니라, **당시 기독교 공동체의 실상과 영적 상태**를 상징하며, 오늘날에도 교회와 개인 신앙, 더 나아가 우리 사회에 적용 가능한 **깊은 교훈**을 남기고 있다.

□ 에베소 (Ephesus) - 처음 사랑을 버린 교회

소아시아의 대표적 항구 도시로, **아르테미스 신전**이 있어 이교 숭배의 중심지였던 에베소는 사도 바울이 **3년간 머물며 복음을 전한 도시**이기도 하다. 요한계시록에서는 '**처음 사랑을 버렸다**'는 책망과 함께, **수고와 인내**, **거짓 사도를 분별한 분별력**은 칭찬을 받았다.

"그러나 너를 책망할 것이 있나니 너의 처음 사랑을 버렸느니라"
(요한계시록 2:4)

오늘날 유적지에는 아고라, 원형극장, 셀수스 도서관, 초기 교회 터 등이 남아 있어 **로마 도시 문화와 초기 기독교 흔적**을 모두 보여 준다.

□ 서머나 (Smyrna) - 환난 속에도 충성한 교회

현재의 튀르키예 이즈미르(Izmir)로 알려진 항구 도시로, 고대에는 문화와 상업이 번영했으나 **기독교 박해가 매우 심했던 지역**이다. **폴리캅 감독이 이곳에서 순교**한 것으로 전해진다. 요한계시록에서는 **책망 없이 칭찬만 받은 두 교회 중 하나**로, 환난 속에서도 믿음을 지킨 점이 강조되며, '**죽도록 충성하라**'는 격려와 함께 **생명의 관**이 약속되었다.

"네가 죽도록 충성하라 그리하면 내가 생명의 면류관을 네게 주리라"
(요한계시록 2:10)

이즈미르의 서머나 유적, 사진: 구민성

□ 버가모 (Pergamon) - 사탄의 권좌 곁에 있는 교회

오늘날의 베르가마(Bergama)에 해당하는 도시로, **제우스 신전**, **아스클레피오스 신전**, **황제 숭배 제단**이 있는 로마 종교 중심지였다. 교회는 믿음을 굳게 지켰으나, **발람의 교훈**과 **니골라 당의 행위**를 용납해 책망을 받았다.

"네가 어디에 사는지를 내가 아노니 거기는 사탄의 권좌가 있는 데라
네가 내 이름을 굳게 잡아서…" (요한계시록 2:13)

□ 두아디라 (Thyatira) - 사랑과 인내 속에 교리를 타협한 교회

현대의 아키사르(Akhisar)로, 고대에는 **염색업과 상업**으로 번성한 도시였다. 교회는 **사랑과 믿음, 봉사와 인내**로 칭찬받았으나, 거짓 여선지자 '이세벨'을 용납해 음행과 우상숭배가 퍼진 점에서 책망을 받았다.

"그러나 네게 책망할 일이 있노라
자칭 선지자라 하는 여자 이세벨을 네가 용납함이니…"
(요한계시록 2:20)

□ 사데 (Sardis) - 이름은 살았으나 죽은 교회

현재 사르트(Sart)에 해당하며, 고대 리디아 왕국의 수도로 금과 직물 산업으로 번창한 내륙 도시였다. 교회는 겉으론 살아 있는 듯했으나, 실상은 **영적으로 죽어 있다**는 책망을 받았다. '회개하라'는 강한 권고와 함께 깨어 있으라는 경고가 주어진다.

"내가 네 행위를 아노니 네가 살았다 하는 이름은 가졌으나 죽은 자로다"
(요한계시록 3:1)

□ 빌라델비아 (Philadelphia) - 작은 능력으로 충성한 교회

현대의 알라세히르(Alasehir)로, 고대에는 **포도주 생산지**로 유명했고, **지진이 잦은 지역**이었다. 교회는 **적은 능력**에도 불구하고 주님의 말씀을 지켰으며, **책망 없이 칭찬만 받은 교회** 중 하나이다. 열린 문과 주님의 보호가 약속되었다.

"네가 작은 능력을 가지고서도 내 말을 지키며
내 이름을 배반하지 아니하였도다" (요한계시록 3:8)

□ 라오디게아 (Laodicea) - 미지근한 믿음의 교회

오늘날 **데니즐리 근처 에스키히사르**에 위치하며, 고대에는 **금융 · 의학 · 의류 산업**으로 번성한 부유한 도시였다. 그러나 영적으로는 **미지근한 믿음**으로 책망을 받는다. **회개하고 문을 열면 함께 식사하겠다**고 하시며 교제를 회복할 것을 촉구하신다.

"네가 이같이 미지근하여 뜨겁지도 아니하고 차지도 아니하니…"
(요한계시록 3:16)

"볼지어다 내가 문 밖에 서서 두드리노니…"
(요한계시록 3:20)

□ 역사의 아이러니 - 복음의 땅, 지금은 이슬람 국가의 땅

오늘날 요한계시록의 일곱 교회가 위치했던 이 모든 도시는, **이슬람 국가인 튀르키에 영토** 안에 존재한다는 사실은 깊은 아이러니를 던진다. 한때 사도 바울과 요한, 그리고 수많은 신앙인들이 **피와 기도로 복음을 뿌렸던 소아시아의 중심지**는 지금, 대다수가 무슬림인 **이슬람 공화국**의 일부가 되었다. 에베소, 서머나, 버가모, 라오디게아… 이 이름들은 성경 속 교회로 남았지만, **현실에서는 무너진 유적**, 혹은 **관광지로만 소비되는 돌무더기**가 되었다. 수 세기 동안 이어진 제국의 흥망과 종교의 전환, 문화의 교체 속에서 이들 교회는 사라졌지만, **요한계시록에 남긴 메시지는 결코 사라지지 않았다.** 이러한 역사의 역전은 단지 아쉬움이 아니라, 다음과 같은 신앙적 성찰을 가능케 한다.

- **"처음 사랑을 버린 교회는 결국 흔적만 남는다."**
- **"물질적 번영 속에서 미지근한 믿음은 공동체의 생명력을 잃게 만든다."**
- **"책망 없이 칭찬받던 교회는 언제나 소수였다."**

한때 **복음의 최전선이자 교회의 모판**이었던 소아시아가 이제 **복음을 다시 들어야 할 선교지**가 되었다는 사실은, 단순한 지리의 반전이 아니라 **영적 책임의 순환**을 보여준다. 과거의 불씨는 꺼졌지만, 돌 사이를 거닐며 외치는 말씀은 오늘도 여전히 살아 있다.

"귀 있는 자는 성령이 교회들에게 하시는 말씀을 들을지어다."
(요한계시록 2:7 외 반복구절)

□ 역사와 믿음의 접점 - 소아시아 일곱 교회

이처럼 소아시아의 일곱 교회는 **로마 제국의 이방 도시들** 속에서 복음을 붙잡고 고군분투했던 **초대 기독교 공동체의 생생한 흔적**이다. 각 도시마다 지금도 고고학적 유적이 남아 있으며, 그곳을 찾는 이들은 단지 돌과 건축물이 아니라, **당시 신자들의 눈물과 신앙, 충성과 갈등**을 마주하게 된다.

이 교회들은 시대를 초월한 영적 거울이기도 하다. 믿음의 진실함과 위선, 인내와 타협, 충성과 냉담이 교차했던 그들의 모습은 오늘날의 교회와 우리 사회에도 깊은 질문을 던진다. 역사는 무너진 성벽 속에서도 말하고 있으며, **교회는 여전히 '처음 사랑을 지킬 것인가'**라는 질문 앞에 서 있다.

제16장

라오디케아, 골로새, 히에라폴리스
- 물과 지진의 도시들

1. 나는 라오디케아의 상인이었다 - 서기 494년, 무너진 자부심의 도시에서

나는 라오디케아에서 비단과 검은 양모를
거래하던 상인이었다.
우리의 천은 로마 귀족들의 어깨를 덮었고,
우리의 의약품은 각지의 병자들을 회복시켰다.
황금은 넘쳐났고, 라오디케아는 언제나
자랑스러운 도시였다.
우리는 늘 말하곤 했다.
"우리에겐 부족한 것이 없다!"
그 자부심은 삶의 방식 그 자체였다.

우리는 **로마의 원조조차 거절**한 사람들이었다.
기원후 60년대의 대지진 이후에도 **자력으로
도시를 재건**했기에,
우리는 더욱 오만해졌는지도 모른다.

서기 494년, 그날 아침, 평온하던 하늘 아래,
시장으로 나설 채비를 하던 순간
대지는 침묵의 경고를 포효로 바꾸어 전했다.
땅이 갈라지고, 기둥은 무너졌으며,
도시의 상징이던 대리석 길과 극장,
교회조차 돌무더기로 변했다.
사람들은 비명을 지르며 달아났지만,
내 아내와 두 아이는 돌아오지 않았다.

나는 먼지투성이가 된 채,
무너진 도시 위에 주저앉아 깨달았다.
우리는 화려함 속에 눈이 멀었고,
풍요 속에서 영혼은 가난해져 있었다.
라오디케아는 **세 개의 단층선이 만나는**
지진대 위에 세워진 도시였다.
수차례 지진의 경고가 있었지만,
우리는 더 높은 기둥, 더 넓은 광장,
더 반짝이는 건축만을 추구했다.

수 킬로 떨어진 곳에서 석회질이 낀 수로로
물을 끌어오는 **비효율적인 수로 시스템**도
도시의 번영에 가려져 외면되었다.
우리는 단단한 바위 위에 도시를 세운 줄 알았지만,
실상은 **흔들리는 모래 위에 자만심을 쌓고 있었던 것**이다.
그날 이후, 나는 더 이상 금화나 비단을 좇지 않았다.

이제는 **참된 금-불로 연단된 금을 사기 위해,**

하얀 옷을 입고, 눈에 바를 안약을 구하러,
보이지 않는 초월자의 나라로 향하려 한다.
그것이 **영원히 무너지지 않을 나라를 위한**
첫걸음이었기 때문이다.

□ 라오디케아의 영광과 쇠퇴

라오디케아는 오늘날 **튀르키예 서부**, 리쿠스 강(현재의 댄즈르 강) 유역에 위치한 고대 도시로, 기원전 3세기 중반 **셀레우코스 왕조의 안티오코스 2세**에 의해 건설되었다. 그는 도시의 이름을 자신의 아내 **라오디케**에서 따왔다.

이곳은 로마 제국의 동방 통치와 무역의 교차로에 위치해 빠르게 성장하였으며, **상업·금융의 중심지**로 명성을 떨쳤다. 특히 **검은 양모 직물**, **의약품(특히 안약)**, **은행 기능** 등으로 번영을 구가했고, **황제 숭배와 도시 자부심**은 매우 강했다. 기원후 60년대 발생한 대지진에도 불구하고, 로마 제국의 원조를 받지 않고 **스스로 도시를 재건**했다는 사실은 라오디케아 사람들의 자립심과 자부심을 보여준다. 그러나 **서기 494년 또 다른 강진**이 도시를 초토화시키고, 이후 무역로의 변경과 **이슬람 세력의 확장**으로 점차 쇠퇴하였다.

□ 세 도시의 연결 - 라오디케아, 골로새, 히에라폴리스

라오디케아는 오늘날 튀르키예 데니즐리(Denizli) 남쪽 에스키히사르(Eskihisar) 인근에 자리한 도시로, **리쿠스(Lycus) 강 계곡의 중심 교역지**였다. 기원전 3세기경 셀레우코스 왕조의 안티오코스 2세가 자신의 아내 라오디케의 이름을 따서 건설한 이 도시는, 고대 프리기아(Phrygia) 지역의 가장 번성한 도시 중 하나로 성장했다. **지중해와 내륙을 잇는 교통의 요충지**에 위치하여 상업, 금융, 직물 산업이 발달했고, 특히 검은 양모로 만든 고급 직물(Laodicean Black Wool)과 **의학용 안약** 생산으로 유명했다.

라오디케아에서 동쪽으로 약 15킬로미터 떨어진 곳에는 골로새(Colossae)가 있었다. 골로새는 리쿠스 강 상류의 비옥한 평야에 자리해 농업과 염색·온천 산업으로 번성했고, 맑고 차가운 산간수로도 유명했다. 이 수원(水源)은 라오디케아로 이어지는 수로망의 중요한 공급원으로, 골로새의 청량한 물은 건조한 고원지대의 라오디케아 시민들에게 귀한 생명수 역할을 했다. 그러나 **기원후 60년경 대지진**으로 심각한 피해를 입은 뒤 라오디케아와 달리 재건되지 못하고 오늘날까지 대부분 땅속에 묻혀 있다. 신약성경의 '골로새서'로 그 이름이 전해지며, 바울의 제자 에바브라(Epaphras)에 의해 복음이 전파된 교회가 존재했다.

한편 라오디케아에서 북쪽으로 약 10킬로미터 떨어진 히에라폴리스(Hierapolis)는 오늘날 **'파묵칼레(Pamukkale)'**로 불리는 석회 온천 지대 위에 세워진 도시이다. 로마 제국 시대에는 온천 요양지이자 귀족들의 휴양지로 번성했으며, 따뜻한 석회수가 쌓여 형성된 하얀 절벽 위에 신전, 목욕장, 극장, 묘역이 조성되었다. 또한 전승에 따르면, 사도 빌립이 이곳에서 순교한 것으로 알려져 **초기 기독교 순례지**로서도 큰 의미를 지녔다.

세 도시는 모두 리쿠스 계곡의 비옥한 평야를 따라 **10~25킬로미터 반경 안**에 자리하며, 서로의 **상업, 교통, 종교 활동을 공유**했다. 골로새의 차가운 산간수와 히에라폴리스의 뜨거운 온천수는 라오디케아로 수로를 통해 공급되었고, 이러한 지리적 대비는 세 도시의 상호 의존적 관계를 상징한다. 라오디케아의 경제력, 골로새의 신학적 전통, 히에라폴리스의 종교적 의미는 서로를 보완하며, 고대 프리기아 지역의 문화적 삼각축을 이루었다. 더불어 세 도시는 서로의 상업과 종교 활동을 공유하며, **신약 시대 교회 네트워크의 핵심**을 이루었다. 사도 바울은 골로새 교회에 보낸 편지에서 "라오디케아와 히에라폴리스를 언급하며"(골로새서 4:13-16), 세 도시의 **신앙 공동체적 연계**를 분명히 했다.

2. 멸망의 이유- 라오디케아, 화려함 아래 깃든 균열의 도시

라오디케아(Laodicea)는 한때 로마 아시아 속주에서 가장 부유한 도시였으나, 번영의 정점에서 무너졌다. 그 몰락은 단순히 지진 탓만이 아니었다. 지질학적 조건, 건축 구조의 한계, 그리고 인간의 자만심—세 가지가 맞물린 복합적 붕괴였다.

□ 지질의 위태로운 아름다움

라오디케아는 고대로부터 지진이 빈번했던 활단층 지대 위에 세워졌다. 북아나톨리아 단층대와 아나톨리아 그랩이 교차하는 지질학적 약점 지대였다. 겉은 비옥했지만, 언제든 갈라질 수 있는 균열 위의 도시였다. 수평과 수직으로 교차하는 단층 운동은 반복적으로 도시를 흔들었고, 그 피해는 늘 치명적이었다.

□ 화려함의 허상과 교만한 재건

라오디케아의 건축물은 석재 블록과 석회 모르타르로 지어졌다. 무거운 지붕, 곧은 기둥, 유연성 없는 벽체, 특히 아치 형태가 적고, 부재 연결의 유동성이 부족했던 이 구조는 **지진에 매우 취약**했다. 기원후 60년의 대지진은 도시 전체를 무너뜨렸고, 시장, 극장, 공공건물 대부분이 폐허가 되었으며, 구조적 취약성은 그대로 노출되었다. 그러나 라오디케아 시민들은 자부심이 강했다. 시민들은 로마의 원조를 거절하고 **검은 양모와 비단 무역**, **금융업**으로 축적한 부를 이용해 **스스로 도시를 재건**했다. 대리석 광장과 기둥은 더 화려해졌지만, 내진 설계는 여전히 부재했다. 껍데기만 화려한 도시, 그 심장은 이미 이전보다 더 큰 균열이 시작되고 있었다.

□ 마지막 붕괴 - 494년의 최후

430여 년 뒤, 서기 494년의 강진은 도시를 완전히 무너뜨렸다. 발굴된 5~6세기의 파괴 흔적은 당시 참상을 보여 준다. 수로는 끊겼으며, 도시 기능은 완전히 마비되었다. 이 거대한 지진 이후 라오디케아는 끝내 재건되지 못했고, 비잔틴 시기와 이슬람 · 오스만 시대에도 회복되지 않은 채 폐허로 남았다.

라오디케아의 폐허는 증언한다.

“교만은 균열에서 시작된다.
물질적 번영은 결코 영혼의 기초를 대신할 수 없다.”

3. 라오디케아의 수로 시스템 - 문명과 신앙이 만난 물길

라오디케아의 수로는 단순한 고대의 급수 시설이 아니었다. 그것은 로마 수리공학의 정수이자, 고대 도시 문명의 질서와 신학적 상징까지 담아낸 복합적인 구조물이었다. 도시 자체가 고원 지대에 위치해 있었기 때문에, 물 공급은 생존의 문제가 아니라 도시의 존립을 좌우하는 절박한 과제였다.

□ 로마 수리공학의 정수 - 역(逆)사이펀 기술

라오디케아는 자체적인 샘이나 하천이 없는 탓에, 약 10km 떨어진 바슈피나르(Baspınar)의 샘에서 물을 끌어와야 했다. 그러나 물길 사이에는 깊은 계곡이 가로놓여 있어 일반적인 수평 수로로는 공급이 불가능했다. 이 문제를 해결하기 위해 로마 기술자들이 선택한 해법은 **‘역사이펀(Inverted Siphon)’**이라는 고난도의 **수리공학 기술**이었다. 낙차와 수압을 이용해 계곡을 건너는 이 기술은 헤드탱크-낙하관-수평관-상승관-수신탱크로 이어지는 고도의 수리공학 체계였다. 계곡 아래에서 수압이 집중되는 구간에는 납관과 테라코타관, 석조 암거가 병용되었고, 압력 파괴를 막기 위해 이중 관 구조와 아치형 보강도 더해졌다.

수로의 주요 자재는 납 파이프와 테라코타(구은 점토) 파이프였으며, 일부 구간에서는 석조 암거와 방수 회반죽으로 밀폐된 압력 파이프도 사용되었다. 이러한 공학적 정밀성에도 불구하고, 수로는 석회암 지대를 지나면서 물에 석회질이 섞이게 되었고, 그로 인해 수로 내부에는 평균 1~3cm 정도의 석회 침전물이 남았다. 이로 인해 도시로 도달한 물은 뜨겁지도 차갑지도 않은, 일종의 미지근한 상태가 되었고, 물길의 물리적 특성이 곧 교회의 영적 상태를 상징하는 은유가 된 것이다.

"내가 네 행위를 아노니 네가 차지도 아니하고 뜨겁지도 아니하도다… 네가 이같이 미지근하여…" (요한계시록 3:15-16)

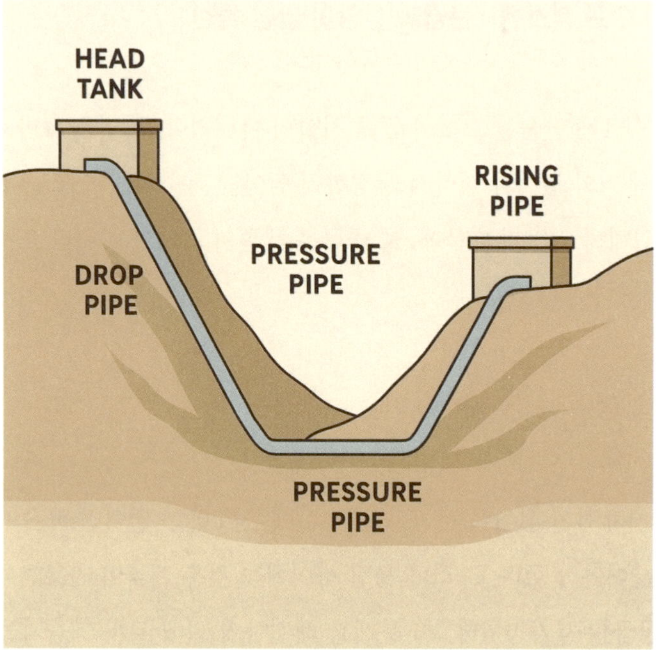

역사이펀 방식 Created with DALL · E by OpenAI.

□ 도시 질서와 물길 위의 문명

더 나아가 이 수로 시스템은 도시의 법적 질서와도 연결되어 있었다. 2015년 발굴된 '수도법(Water Law)' 석비에 따르면, AD 114년경 라오디케아 시는 수로를 파손하거나 오염시키는 자에게 5,000~12,500데나리우스의 벌금을 부과하도록 규정하고 있었다. 이는 물이 단순한 생존 자원이 아니라, 도시 전체의 공공질서와 신성한 공동체 가치를 지탱하는 핵심 자산이었음을 보여 준다.

오늘날 라오디케아 유적지를 방문하면, 수로의 일부가 여전히 남아 있다. 아치형 구조물과 기울어진 파이프 흔적, 두껍게 석회가 낀 도관 조각들이 이 고대 도시가 얼마나 정교한 기술과 법, 신앙이 통합된 문명적 공간이었는지를 조용히 증언해 준다. 특히 2016년 데니즐리 지역에서 발생한 지진 복구 과정에서는 라오디케아의 수로 일부가 새롭게 드러났다. 이는 단순한 고고학적 발견을 넘어, 지진과 도시 재건, 그리고 신앙 공동체의 회복이 한자리에서 교차했음을 보여 주는 상징적 사건이었다.

라오디케아 상하수도, 사진: 구민성

이렇듯 라오디케아의 수로는 단지 로마 기술의 유산이 아니라, 물질적 번영의 그늘 아래 숨겨졌던 영적 상태, 공동체 질서의 기반, 그리고 인간 문명의 도전과 경계를 함께 담아낸 **상징적 물길**이었다. 그 물은 흘러갔지만, 그 의미는 오늘날에도 여전히 돌과 흙 속에서 조용히 흐르고 있다.

4. 라오디케아에서 들리는 돌의 속삭임 - 순례자의 체험

오늘날 라오디케아 유적을 찾으면, 그 몰락의 흔적은 여전히 생생하다. 입구에서 언덕길을 오르면 멀리 파묵칼레의 석회 언덕이 햇살에 빛나고, 위로는 히에라폴리스가, 남동쪽 혼자(고대명 Cadmus) 산기슭에는 발굴되지 않은 골로새가 숨어 있다.

히에라폴리스가 언덕 위에서 **죽음과 부활을 상징하는 온천의 도시**로, 골로새는 그늘진 산기슭에서 **신학적 정통성과 기도**를 상징했다면, 라오디케아는 그 사이에서 **물질과 자만, 그리고 복음의 시험대**가 되었던 도시였다. 이 세 도시는 지리적으로만 가까운 것이 아니라, **신앙 안에서 형제 도시**였다.

□ 극장과 경기장, 몸과 영혼의 무대

가장 먼저 눈에 띄는 것은 두 개의 극장과 타원형 스타디움이다. 약 1만 2천 명을 수용할 수 있는 대극장과 3,500석 규모의 소극장. 그중 하나는 아직도 **언덕 형태로 흙에 덮인 채** 남아 있었다. 흙 속에 반쯤 묻힌 좌석과 무대는, 마치 과거의 연설과 박수 소리가 메아리치는 **시간의 반원형 극장** 같았다.

그 옆으로는 **짐나시움**(gymnasium)의 기둥들과 **목욕탕** 유적이 흩어져 있었다. 특히 대리석 기둥의 색은 **회색, 붉은빛, 연노랑** 등 다양했는데, 이는 **라오디케아가 여러 지역에서 고급 자재를 수입**해 사용했음을 말해 주었다. **번영은 화려했다. 하지만 그 아래 균열이 있었음을, 우리는 이제 알고 있다.**

□ 바울의 편지가 묻힌 돌바닥

길 끝에는 십자가 형태로 설계된 **바실리카 양식의 교회터**가 남아 있었다. 바닥의 모자이크 문양, 제단의 위치, 점토색 수도관의 흔적들—그 모든 것이 조용히 복음의 흔적을 증언하고 있었다. 이 교회는 한때 부유했고 세련되었지만, 결국 **뜨거움을 잃은 채 책망을 받은 공동체**였다.

□ 무너진 성벽과 보이지 않는 도시

돌무더기를 지나 성벽의 단면을 바라보았을 때, 그 안쪽으로는 **자갈과 회색 모르타르**가 뒤섞인 층이 드러나 있었다. 급히 쌓인 듯한 흔적. 보강 없이 화려함만 추구했던 건축. 그 위에 세워진 도시가 왜 그렇게 쉽게 무너졌는지를 말해주는 침묵의 증언이었다. 그리고 눈에는 보이지 않았지만, **남동쪽 언덕 너머에는 아직 발굴되지 않은 골로새**가 묵묵히 잠들어 있을 것이다. 바울의 편지가 도달했고, **에바브라의 눈물과 기도가 쌓였던 그 도시.** 보이지 않지만, 분명히 존재하는 그 신실함의 자리.

□ 순례자의 물음

라오디케아는 사람이 사라진 도시지만, **돌무더기 속에서 가장 또렷한 목소리를 들려주는 장소**였다.

"당신은 지금, 뜨겁습니까? 차갑습니까? 아니면 미지근합니까?"

라오디케아는 과거의 도시에만 있지 않다. 오늘 우리의 신앙과 삶에도 여전히 존재한다. 우리는 어떤 기초 위에 서 있는가? 풍요 속에서 영혼은 가난하지 않은가?

폐허는 묻고 있다.

나는 지금 어디에 서 있는가?
흔들리는 세상 속, 어떤 기초 위에 내 삶을 세우고 있는가?
풍요 속에서 영혼은 가난하지 않은가?
나는 지금, 불로 연단된 금을 사기 위해 어디로 향하고 있는가?

멀리 보이는 히에라 폴리스(파묵칼레), 사진: 구민성

5. 라오디케아의 기독교 공동체 - 상징을 넘어 실체로

라오디케아는 검은 양모와 안약 생산, 금융업으로 번영한 도시였으나, 영적으로는 자족과 교만 속에 무너졌다. 2000년 이후의 고고학 발굴은 이 도시가 실제로 강력한 기독교 공동체의 중심지였음을 보여 준다. 4~5세기에 건립된 대형 바실리카 교회에서는 제단, 세례소, 십자가 모자이크, 성경 구절이 새겨진 석조 유물이 발견되었다.

□ 라오디케아 교회의 실존과 공의회

라오디케아는 또한 교회사적으로도 중요한 장소이다. AD 363-364년경, 라오디케아에서 지역 공의회가 열렸는데, 이는 이단 사상들에 대한 대응, 교회 규범 정비, 정경 목록 확정과 같은 주제를 다루었다. 이 공의회는 이단 영지주의와 아리우스주의에 대한 거부 입장을 천명하였으며, 유대 율법 전통의 기독교 내 잔존을 경계하고, 성직자의 생활 윤리 및 주일 성수 등에 관한 조항을 제정했다.

그러나 흥미로운 점은, 이 공의회가 확정한 신약성경 정경 목록에서 요한계시록이 제외되었다는 사실이다. 결국 책망받은 교회가 그 책 자체를 성경 목록에서 배제했다는 점은, 교회의 자기 성찰과 계시 수용에 있어 교회의 한계와 갈등을 여실히 드러내는 역사적 아이러니로 남아 있다.

□ 미지근한 교회의 교훈 - 상징을 넘어 실천으로

오늘날 라오디케아는 폐허가 된 고대 도시 유적지로 남아 있으며, 그 안에 세워졌던 교회 유적 또한 무너진 돌기둥과 벽체로만 존재할 뿐이다. 그러나 그 메시지는 여전히 유효하다. **"네가 차든지 뜨겁든지 하기를 원하노라."**라는 말씀은 당시 라오디케아 교회만을 향한 것이 아니라, 오늘날 신앙의 온도를 점검하라는 시대를 초월한 경고다.

결국 라오디케아는 단지 '미지근함'의 상징으로만 남지 않는다. 이 도시는 신앙의 실천과 교리의 논쟁, 그리고 공동체의 형성과 해체가 동시에 일어났던 생생한 역사의 공간이다. 라오디케아 교회는 흔들리는 시대 속에서도 실제로 성전을 세우고, 예배하며, 지역의 신앙 질서를 만들어 갔던 사람들의 이야기로 가득하다. 바울과 요한이 남긴 경고와 권면은 그저 상징적 언어에 그치지 않고, 역사 속 도시와 그 교회의 실존적 갈등 속에서 구체적인 의미를 가진다.

III

역사와 가치의 전환점에서

제17장

팍스 로마나와 카르타고 - 경쟁하는 제국

1. 로마의 시작

로마의 기원은 신화와 역사, 그리고 정치 제도의 발전이 중첩되며 형성된 복합적 이야기다. 오늘날 세계 문명의 한 축으로 여겨지는 로마는, 사실 기원전 8세기경 이탈리아 중서부의 작은 농촌 공동체에서 출발하였다. 이 도시는 처음부터 거대한 제국을 꿈꾼 것은 아니었지만, 그 내부에는 질서와 권력, 정복과 신앙, 법에 대한 강한 본능이 자리 잡고 있었다.

□ 로물루스의 신화 - 신성한 혈통에서 태어난 도시

로마의 가장 유명한 건국 신화는 **로물루스와 레무스**(Romulus and Remus)의 이야기다. 전설에 따르면, 이들은 전쟁의 신 **마르스**와 베스타 여사제 사이에서 태어난 쌍둥이 형제로, 유아기에 버려졌다가 암늑대의 젖을 먹고 살아남는다. 이후 목동에게 길러진 두 형제는 각자의 방식으로 도시를 세우려 했고, 결국 로물루스가 레무스를 죽인 뒤, **기원전 753년 4월 21일**, 팔라티노 언덕에 로마를 세운다. 이 신화는 로마가 신성한 혈통의 영웅에 의해 창건되었고, 갈등과 극복을 통해 질서를 구축한 도시임을 상징적으로 보여준다.

□ 왕정에서 공화정으로 - 폭정이 낳은 정치 실험

역사적으로 로마는 라틴족이 **티베르 강 유역**에 형성한 소규모 공동체에서 출발했다. 이들은 사비니족, 에트루리아인 등과의 상호작용을 통해 점차 도시국가로 발전하였다. 기원전 753년부터 509년까지는 **왕정 체제**가 유지되었고, 전통적으로 일곱 명의 왕들이 로마를 통치한 것으로 전해진다. 마지막 왕 **타르퀴니우스 수페르부스**는 폭정으로 인해 귀족과 시민들의 반발을 일으켰고, 이에 따라 로마는 왕정을 폐지하고 **공화정(Res Publica)** 체제로 전환하게 된다. 이 전환이 일어난 시점이 **기원전 509년**, 로마 공화정의 시작이다.

□ 법과 시민의 도시 - 로마 공화정의 정신

공화정 체제 아래 로마는 원로원(Senatus)과 **집정관(Consul)** 제도를 중심으로 독특한 정치 문화를 발전시켰다. 권력은 분산되었고, 귀족(파트리키)과 평민(플레브스) 간의 끊임없는 갈등과 타협을 통해 시민권이 점차 확대되었다. 이 시기의 로마는 단순한 정치 구조가 아닌, **법의 지배**와 **공공 책임**, **공공 토론**을 중시하는 고대 민주주의의 한 형태로 평가된다.

로마는 일찍부터 군사적 강국이었지만, 단순한 정복 국가에 그치지 않았다. 피정복지에 도로를 건설하고, 동맹 체제를 구축하거나 시민권을 부여하였으며, 지역 문화를 흡수하고 법과 제도를 정비함으로써 견고한 통합 구조를 마련하였다. 이 시기의 **로마 법체계**, **시민권 개념**, **군사 조직**은 후대 유럽 문명의 근간이 되었으며, "로마 시민"이라는 신분은 정치적 참여뿐 아니라 경제적 · 법적 권리의 상징이었다.

결국 로마의 시작은 단순한 도시의 건국이 아니라, **신화적 사명**, **역사적 현실**, **정치 실험**, **제국의 기초**가 어우러진 문명사의 전환점이었다. **기원전 8세기 팔라티노 언덕**에 세워진 작은 공동체는 수 세기 뒤, 지중해 전역을 지배하는 로마 제국(Roman Empire)으로 성장한다. 로마는 단지 한 도시의 이름이 아니라, 인류가 어떻게 질서와 권력, 법과 문화를 형성해 왔는지를 보여주는 거대한 문명의 출발점이 된 것이다.

포로 로마노-로마정치의 중심, 사진: 구민성

2. 로마와 주변국과의 전쟁

로마의 역사는 곧 **끊임없는 전쟁의 역사**이자, 전쟁을 통해 작은 도시국가에서 광대한 제국으로 발전한 대표적인 사례다. 기원전 8세기, 작은 라틴계 공동체로 시작한 로마는 주변 부족들과의 생존 경쟁 속에서 살아남았고, 전쟁은 로마가 성장하고 정체성을 확립해 가는 핵심 동력이 되었다. 로마의 전쟁은 단순한 군사 충돌을 넘어서, 정치적 통합과 제도적 진화, 문화적 확산이 결합된 복합적 흐름이었다.

□ 이탈리아 반도 통일을 위한 전쟁

로마가 처음 맞닥뜨린 적은 **이탈리아 반도** 내의 이웃 부족들이었다. 북쪽의 **에트루리아인**(Etruscans), 동쪽의 **사비니족**(Sabines)과 **삼니움족**(Samnites), 남쪽의 **그리스 식민 도시들**과의 충돌은 로마로 하여금 군사력을 키우고 정치체제를 정비하게 했다. 특히 삼니움과 벌인 세 차례의 전쟁(기원전 343~290년)은 로마의 전략 전술과 병력 조직, 시민 통합 능력을 크게 강화시켰다. 이후 **남이탈리아의 타렌툼**과, 그 지원군으로 참전한 에피루스의 피로스(Pyrrhus) 왕과의 전쟁은, 로마가 **그리스 세계와 처음으로 정면충돌한 사건**이었다. 이 승리 이후 로마는 이탈리아 반도를 사실상 통일하고, 지중해 세계로의 도약을 준비하게 된다.

□ 포에니 전쟁 - 카르타고와의 문명 충돌

이탈리아를 장악한 로마는 이제 더 넓은 세상을 바라보게 되었다. 처음으로 맞닥뜨린 진정한 외부 강국은 북아프리카의 **카르타고**였다. 두 도시는 **기원전 264년부터 약 100년에 걸쳐 세 차례의 포에니 전쟁**을 벌인다. 이 전쟁은 단순한 해상 교역로나 시칠리아 영유권을 둘러싼 충돌이 아니라, **서로 다른 정치체제와 문화가 격돌한 문명 간 대결**이었다.

특히 제2차 포에니 전쟁(기원전 218~201년)에서, 카르타고의 명장 **한니발 바르카(Hannibal Barca)**는 **알프스를 넘어 로마 본토를 침공**하며 로마를 궁지로 몰아넣었다. 하지만 로마는 잇단 패배 속에서도 끈질긴 저항과 전략적 반격으로 반전을 이끌어 냈고, 결국 **스키피오 아프리카누스**(Publius Cornelius Scipio Africanus)의 활약으로 자마 전투(기원전 202년)에서 카르타고를 완전히 꺾는다. 이 승리는 로마가 **해상 제국으로 도약하는 전환점**이 되었고, 지중해 서부의 절대 강자로 자리매김하는 계기가 되었다.

□ 헬레니즘 세계로의 확장

카르타고와의 전쟁이 끝난 후, 로마의 관심은 자연스럽게 **동방의 헬레니즘 세계**로 옮겨갔다. **마케도니아, 셀레우코스, 프톨레마이오스 왕국** 등 알렉산드로스 대왕의 후계 왕조들은 로마와 차례로 충돌하게 된다. 로마는 마케도니아와 네 차례의 전쟁(기원전 215~148년)을 거쳐 **그리스 본토를 지배**하였고, **안티오코 3세가 이끄는 셀레우코스 왕국**과의 전쟁에서는 **기원전 190년 마그네시아 전투에서의 승리**를 통해 소아시아까지 영향력을 확대했다.

이 과정은 단순한 정복을 넘어, **헬레니즘 문명과 로마 체제가 융합되는 문화적 통합**의 과정이었다. 로마는 그리스의 철학, 예술, 학문을 흡수하는 동시에, 자신들의 법과 행정 제도를 이식하여 제도적 로마화(Romanization)를 진행했다.

□ 북서 유럽과의 충돌 - 갈리아와 게르만족

로마는 이후 북서 유럽으로 진출하며 갈리아(오늘날의 프랑스)와 **게르만족**과의 전쟁을 벌였다. **율리우스 카이사르**의 갈리아 원정(기원전 58~50년)은 단순한 영토 확장을 넘어, **로마 정치사의 전환점**을 마련한 결정적 사건이었다. 그는 이 정복을 통해 군사적 영웅으로 부상하였고, 결국 **로마 내전**과 **제정 체제의 출현**을 이끄는 중심 인물이 되었다.

반면 **게르만 지역**은 로마에게 쉽지 않은 전장이었다. 특히 **AD 9년의 토이토부르크 숲 전투**에서 **게르만 부족 연합군이 로마의 세 개 군단을 전멸**시킨 사건은 충격적이었으며, 이후 로마는 **라인강 너머로의 확장 정책을 포기**하고 방어에 집중하게 된다.

□ 내부 반란과 종교적 충돌 - 유대 전쟁

로마의 전쟁은 외부 정복만이 아니라, **내부 질서 유지와 반란 진압**을 위한 수단이기도 했다. 특히 유대 지역에서 벌어진 **AD 66년의 제1차 유대 전쟁**, 그리고 **AD 132년의 바르 코크바**(Bar Kokhba) **반란**은 종교와 민족 정체성, 제국 권위의 충돌이었다. 로마는 이 반란들을 강경하게 진압했고, **예루살렘 성전을 파괴**하며 유대 민족의 신앙과 공동체 기반을 해체했다. 이는 로마가 통치에 있어 유화적인 면도 있었지만, **체제에 도전하는 세력에 대해서는 극도로 냉혹**했음을 잘 보여 준다.

□ 전쟁, 문명의 도구가 되다

이처럼 로마는 전쟁을 통해 **팽창하고 성장했으며**, 그 전쟁은 단순한 무력 충돌이 아닌, 하나의 문명을 **정교하게 확산시키는 도구**였다. 로마는 정복지에 도로를 건설하고, 도시를 세우며, 시민권을 부여하고, **법과 제도를 정착**시켰다. 이로 인해 로마는 단순한 군사 제국을 넘어, **법과 문화, 제도**의 보편성을 확산시킨 **문명 제국**으로 역사에 남게 되었다.

결국 로마에게 있어 전쟁은 '**제국의 건축 도구**'였다. 그리고 로마는 그 도구를 누구보다도 효과적이고 정교하게 사용한 문명국이었다. **검으로 질서를 세우고, 법으로 지배를 유지하며, 문화로 통합을 실현한 로마의 방식**은 이후 수많은 제국의 모델이 되었다.

3. 로마와 카르타고 - 문명이 충돌한 순간

로마와 카르타고의 대립은 고대 지중해 세계의 패권을 둘러싼 **가장 상징적이고 치열한 문명 간 충돌**이었다. 내륙의 공화정 도시국가로 성장한 로마와, 해양 상업 제국으로 확장한 카르타고는 문화, 정치체제, 군사 전략, 종교 관념에 이르기까지 서로 전혀 다른 세계관을 지닌 두 문명이었다. 이들의 충돌은 단순한 국지적 충돌이 아니라, **고대 세계 질서**의 향방을 결정한 **역사적 전환점**이었다.

□ 해양 제국 카르타고의 부상

카르타고는 기원전 9세기경, **페니키아의 티레(Tyre)** 출신 상인들이 오늘날 **튀니지 연안**에 세운 식민 도시에서 출발하였다. 바알(Baal)과 타니트(Tanit) 같은 신을 섬기는 **다신교 신앙**, 뛰어난 조선술과 항해술, 상업에 기반한 도시 문화는 카르타고를 **서지중해 해상권의 주도 세력**으로 끌어올렸다. 시칠리아, 사르디니아, 이베리아 반도 등지에 식민지를 확장하며 형성된 이 제국은 **용병 중심의 군사 체제**를 유지하고, **바다와 시장**을 중심으로 한 제국 모델을 구축하였다.

□ 내륙 강국 로마의 부상과 제1차 포에니 전쟁

한편 로마는 기원전 3세기경 이탈리아 반도를 통일한 후, 지중해 무대로 본격 진출하였다. 두 강대국의 첫 충돌은 **시칠리아의 지배권**을 놓고 벌어진 제1차 포에니 전쟁(기원전 264~241년)이었다. 본래 해군력이 취약했던 로마는 단기간에 **함대를 건조**하고, 해상전투를 유리하게 이끌기 위해 '갈고리 다리(Corvus)'라는 장치를 고안하여 **해상전투를 육상전투처럼 전환**시켰다. 이 전쟁에서의 승리로 로마는 **최초의 해외 속주인 시칠리아**를 확보하며 해상 제국으로 도약하는 기반을 마련하였다.

□ 한니발과 스키피오 - 제2차 포에니 전쟁의 대서사

그러나 양국의 결정적인 충돌은 제2차 포에니 전쟁(기원전 218~201년)에서 벌어졌다. **카르타고의 명장 한니발 바르카**는 **알프스를 넘는 기습**을 단행해 로마 본토를 공격했고, 특히 **칸나이 전투**에서는 **로마군 5만여 명이 전멸**당하는 치욕적인 패배를 안겼다. 하지만 로마는 결코 무너지지 않았다. 로마는 **장기전 전략**으로 내실을 다지며 **전략적 반격**을 준비했고, 스키피오를 중심으로 **아프리카 원정**을 감행하였다. 그리고 **기원전 202년**, **자마 전투**에서 한니발을 결정적으로 격파하며, **서지중해의 패권**을 완전히 장악하게 된다.

자마전투(기원전 202년) H.P. Motte, Public Domain

□ 자마전투 전날 - 소 스키피오의 일기

▶ 기원전 202년, 자마 전투 전날 저녁 - 로마군 진영에서

나는 오늘, 마침내 한니발과 마주했다.
그 이름은 나의 소년 시절부터 로마의 공포였고,
우리 세대가 가장 먼저 배운 적의 얼굴이었다.
그러나 오늘 내가 본 그는 전설이 아니었다.

피로가 스며든 눈빛, 수많은 전장을 지나온 자의 고요함,
그리고 어딘가 모를 외로움.
그는 이제 전설이 아닌, 마지막을 직감한 인간이었다.
나는 내 안의 떨림을 억눌렀다.

나는 아직 젊지만, 이 전쟁은 내게 단지
싸움이 아니라 **유산**이며 **사명**이다.
아버지의 전우들이 흘린 피 위에서,
나는 이 전쟁을 끝내야 한다.
로마는 나에게 단지 태어난 땅이 아니다.
그것은 **질서의 체계**, **인내의 미학**, **미래를 설계하는 이상**이다.
우리는 이 전쟁을 통해, 혼돈의 세계를 껴안고
질서의 제국으로 승화시키려 한다.

나는 감정보다 원칙으로 결정하는 사람이다.
그러나 내일의 전투만큼은 감정 없이 바라볼 수 없다.
왜냐하면, 내가 싸워야 할 이는 단순한 적이 아니라,
로마가 직면한 가장 위대한 도전, 우리 문명을 단련시킨 거울,
한니발 바르카이기 때문이다.

나는 내일의 전략을 이미 준비해 두었다.
한니발은 코끼리의 힘으로 전열을 파괴하려 들 것이다.
그러나 나는 **질서를 무너뜨리는 공포에 맞서는 방법**을
병사들에게 명확히 지시했다.
"코끼리가 돌진해 오거든, 대오를 열어 길을 만들어라.
그 길목 양쪽에 투창병을 배치하고,
창과 화살로 코끼리를 혼란에 빠뜨려라."
나는 그들에게 이렇게 말했다.

"코끼리는 짐승이다.
그러나 로마의 질서는 인간의 의지로 세워진다.
그 의지가 짐승의 본능을 이길 것이다."

내일의 승리는 나 개인의 영광이 아니다.
그것은 로마가 설계하고자 하는 **세계의 방향**, **문명의 기준**,
그리고 우리가 지중해 세계에 새기려는 **이상(理想)의 첫선**이다.
나는 그 내일을 위해 싸울 것이다.

나의 이름은,
푸블리우스 코르넬리우스 스키피오 아프리카누스
Publius Cornelius Scipio Africanus

로마다운 승리를 설계하고, 문명의 질서를 세우려는 자다.

▶ 성격 요약

- 냉철하고 이상주의적인 전략가
- 로마의 미래를 바라보는 통찰력과 정치 감각을 갖춘 지도자

- 원칙 중심이지만 감정을 억누를 줄 아는 리더십의 소유자
- 위대한 적수에게도 존경을 잊지 않는 품격

□ 자마 전투 전날 - 한니발 바르카의 일기

▶ 기원전 202년, 자마 전투 전날 밤, 카르타고군 진영에서

나는 드디어 고향의 땅을 다시 밟았다.
그러나 이곳은 더 이상 내게 안식처가 아니다.
증명과 생존의 마지막 무대, 내가 선택한 길의 끝자락이다.
나는 너무 오래 싸워 왔다.
젊은 시절, 아버지 하밀카르께서 내게 말했다.

"로마를 증오하라."
그때 나는 그 말의 무게를 알지 못했다.
그러나 이제는 안다.
이 전쟁은 증오가 아니라, 존재의 증명이다.
우리 민족이 이 땅 위에 살아 있었음을
역사 앞에 증명하는 최후의 저항이다.

내일의 전투에서 나는 **코끼리들을 앞세울 것이다.**
그 거대한 짐승들이 적의 대오를 흔들고,
그들 마음속 깊은 곳에 **공포와 혼란의 그림자**를
심어 주기를 바란다.

나는 코끼리를 단지 병기로 보지 않는다.
그들은 **자연의 힘**이며,
로마의 질서조차 길들일 수 없는 본능의 야성이다.

혼돈이 휘몰아치는 그 틈 속으로,
나의 보병과 기병이 **파도처럼 밀려들어**
로마의 질서를 허물어뜨릴 것이다.

나는 정복자가 아니다.
나는 **방어자다.**
우리는 로마처럼 법과 제도를 확장하는 민족이 아니다.
우리는 **바다에서 태어나, 무역과 교류 속에서**
살아온 민족이었다.

그러나 로마는 그들의 법으로 바다마저 지배하려 한다.
그들의 질서는 질서가 아니다.
그것은 질서의 외형을 한 폭력이었다.

오늘, 나는 **스키피오**를 만났다.
그는 젊었지만 위엄이 있었다.
그 눈빛에는 흔들림 없는 자신감과,
정복자 특유의 냉정함이 서려 있었다.
그는 내가 가장 두려워한 적이다.

내 전술을 이해하고, 그 이면까지 꿰뚫는 자.
그러나 그는 나와 다르다.
그는 전쟁을 수단이 아니라 **이상으로 보는 자**다.
나는 **사람을 보고**, 그는 **체계를 본다.**
나는 병사들의 목숨과 두려움과 충성을 본다.
그는 명령, 전열, 구조를 본다.
그리고 내일, 그 체계가 나를 향해 덮쳐올 것이다.

그러나 나는 도망치지 않는다.
나는 내일, **카르타고가 남기려는 마지막**
품격을 지키기 위해 싸울 것이다.
승패를 떠나, **우리가 문명이었음을,**
우리가 저항했음을, 우리가 끝까지 검을
들었음을 보여 주기 위해.
나는 끝까지 싸울 것이다.

그리고 내가 선택한 이 길이 헛되지 않기를,
나의 마지막 발걸음이 **망각이 아닌 기억이 되기를** 소망한다.

나의 이름은
한니발 바르카(Hannibal Barca)
나는, 잊히지 않기 위해 싸우는 자다.

▶ **성격 요약**

- 직관적이며 인간 중심의 전술가
- 현실주의자이자 감정과 충성을 중시하는 리더
- 시대와 체제에 맞서 끝까지 신념을 지키려는 투사

□ 제3차 포에니 전쟁 - 카르타고의 종말

카르타고는 전쟁 이후에도 놀라운 회복력을 보였고, 로마 내부에서는 "**카르타고는 반드시 파괴되어야 한다(Carthago delenda est)**"는 카토 원로원의 외침이 반복되었다. 결국 제3차 포에니 전쟁(기원전 149~146년)이 발발하고, 로마는 **3년에 걸친 포위전 끝에 카르타고를 함락**시켰다. **도시는 불태워졌고, 수십만의 시민이 학살 또는 노예화**되었으며, **카르타고라는 문명은 역사 속에서 사라졌다.** 그 땅은 **로마 아프리카 속주**로 재편되었다.

□ 충돌의 의미 - 적이 만든 제국

로마와 카르타고의 세 차례 전쟁, 즉 **포에니 전쟁**은 단순한 군사 충돌이 아닌 **문명 간 세계관의 충돌**이었다. 로마는 이 전쟁을 통해 스스로를 시험하고 단련하며 **제국으로 진화**했고, **군사력·법·시민권·언어·도로**와 같은 로마의 체계는 **지중해 전역으로 확산**되었다. 카르타고는 패배하였지만, 그 존재는 **로마가 제국으로 성장하는 과정에서 거울과 같은 역할**을 했다. 한니발이라는 존재는 로마가 감당하고 극복해야 했던 '운명의 시험대'였으며, 로마는 그 시련을 통해 더욱 단단해졌다.

□ 맺음말

스키피오와 한니발은 단지 장군이 아니었다.
그들은 로마와 카르타고가 꿈꾼 세계의 축소판이자,
서로 다른 문명의 표상이었다.
스키피오는 **새로운 질서를 설계하려는 냉정한 이상주의자**,
한니발은 소멸하는 문명의 마지막 불꽃을 들고 선 **감성의 수호자**였다.
자마 전투는 단순한 승패의 문제가 아니었다.
그것은 **세계관과 문명의 방향이 교차한 지점**,
힘과 철학, 이상과 생존이 정면으로 충돌한 순간이었다.

그날 이후,
로마는 제국이 되었고,
카르타고는 기억이 되었다.
그러나 그 기억은 완전히 사라지지 않았다.
한니발이라는 이름 속에,
지지 않았으나 꺼져야 했던 **불꽃의 온기**로 남았다.
그 불꽃은 지금도 역사의 어두운 벽면을 비추며

문명이 위기 속에서 어떤 선택을 하는가를 묻고 있다.

"로마 vs 카르타고",
그 충돌은 단순한 과거의 사례가 아니라,
오늘날에도 여전히 유효한 질문이다.
우리는 질서를 세울 것인가, 품격을 지킬 것인가.
아니면, 그 둘을 함께 끌어안는 세 번째 길을 꿈꿀 것인가.

4. 로마 황제와 이집트 여왕 - 카이사르, 안토니우스, 클레오파트라

1세기 전반, 지중해의 두 강국이자 고대 세계의 중심이었던 로마와 이집트는 한 여인의 삶을 중심으로 강하게 교차했다. 그녀의 이름은 **클레오파트라(Cleopatra)**. **프톨레마이오스 왕조의 마지막 여왕**으로, 단순한 치장의 여인이 아닌 정치가로서, 전략가로서, 무엇보다 한 국가의 미래를 짊어진 지배자였다. 그녀는 그리스계 혈통이었지만 이집트의 언어와 문화를 받아들이며, '파라오'로서 백성들에게 다가갔다. 그러나 그녀가 마주한 현실은 결코 녹록하지 않았다.

□ 클레오파트라와 카이사르 - 권력의 연장

당시 이집트는 이미 로마의 영향권 아래 놓인 반독립국에 불과했고, 왕위 계승 문제로 혼란이 극심했다. 클레오파트라는 남동생 프톨레마이오스 13세와 공동 통치를 시작했으나 곧 갈등이 표면화되었다. 권력을 지키기 위한 투쟁은 내전으로 이어졌고, 결국 로마의 강자 율리우스 카이사르가 이집트에 개입하게 된다. 기원전 48년, 카이사르는 알렉산드리아에 입성하였고, 클레오파트라는 대담하게도 양탄자에 몸을 감춰 카이사르 앞에 모습을 드러냈다. 이 한순간은 단순한 연출이 아닌, 절박한 상황 속에서 정치적 승부수를 던진 것이었다.

카이사르와의 동맹은 클레오파트라에게 다시 한번 권력의 자리를 안겨 주었다. 그녀는 왕권을 되찾았고, **카이사르와의 사이**에서 **아들 카이사리온**을 낳는다. 클레오파트라는 이 아들을 통해 **로마와 이집트의 새로운 결합**을 꿈꿨지만, 카이사르가 로마에서 암살당하며 그 꿈은 꺾이고 만다. 기원전 44년, 클레오파트라는 로마의 불확실한 정국을 뒤로하고 귀국한다. 그리고 몇 년 뒤, 또 다른 로마의 권력자, 마르쿠스 안토니우스와 만나게 된다.

□ 안토니우스와의 동반 몰락 - 이집트의 종말

안토니우스는 **카이사르의 후계자 중 한 사람**이자, 로마 동방을 관할하던 장군이었다. 클레오파트라는 **금으로 장식된 배를 타고 타르수스 강 위로 등장**해, 신비와 위엄으로 그를 사로잡는다. 두 사람의 관계는 단순한 연애가 아닌, **동방의 권력과 서방의 정치가 결합한 전략적 동맹**이었다. 클레오파트라는 그와의 사이에서 세 자녀를 낳았고, 안토니우스는 알렉산드리아에서 그녀와 함께 살며 '알렉산드리아의 기증'이라 불리는 선포를 통해 자녀들에게 동방 영토를 나누어 주었다.

그러나 이 모든 행보는 로마 본국에서는 **반역**으로 간주되었다. **옥타비아누스(Octavian, 훗날 아우구스투스)**는 **클레오파트라와 안토니우스를 '로마의 적'으로 규정**하고, 대대적인 선전전을 벌이며 전쟁을 선포한다. 기원전 31년, 그들은 악티움 해전에서 결정적인 패배를 겪는다. 함대는 무너졌고, 클레오파트라와 안토니우스는 알렉산드리아로 퇴각한다. 그리고 그곳에서 마지막을 맞이하게 된다.

안토니우스는 패배의 책임을 지고 스스로 목숨을 끊는다. 그리고, 클레오파트라는 로마에 잡혀 끌려가는 대신, 마지막 파라오의 자존심을 지키고자 한다. 그녀는 독사가 담긴 바구니를 받아, 조용히 팔에 물려 스스로의 생을 마감했다(전통적으로 독사에 의한 자살로 전해지나, **독약 복용설 등 다른 가설**도 존재한다.). 기원전 30년, 이집트의 마지막 왕조는 그녀와 함께 사라졌고, 나일강의 비옥한 땅은 로마 제국의 속주로 전락한다.

클레오파트라의 죽음은 하나의 시대를 마감했다. 그녀는 단순한 연인의 여인이 아니었다. 로마 제국의 팽창 속에서 자신의 나라를 지키고자 했던 군주였고, 수천 년을 이어온 파라오의 정통성을 마지막까지 품고 있었던 존재였다. 그녀의 선택과 그 주변에 얽힌 인물들의 운명은, 결국 로마 공화정의 종언과 제정의 시작을 알리는 신호탄이 되었다. 그리고 역사는, 이 여왕을 통해 고대 세계의 마지막 장을 장식하게 되었다.

□ 클레오파트라의 유언

알렉산드리아, 기원전 30년 8월. 마르쿠스 안토니우스의 죽음을 지켜본 후, 로마의 장군 옥타비아누스가 도시를 에워싸고 있던 날. 클레오파트라는 마지막으로 자신의 궁정 여인들과 함께 깊은 침묵 속에서 유언을 남긴다.

나는 **클레오파트라**.
프톨레마이오스 왕조의 마지막 여왕이며,
라(태양신)의 딸이자, **이시스의 제사장**이다.
내 피는 **마케도니아의 왕통**에서 흘러왔고,
내 숨결은 **나일의 바람** 속에서 길러졌다.
그러나 오늘, 나는 **명예로운 죽음**을 선택한다.
그 어떤 쇠사슬보다 자유로운 마지막을 위하여.

나는 오랜 세월, **이집트를 지키기 위해 살아왔다.**
로마의 군화가 나일강의 물결 위를 걷고 있었을 때도,
나는 결코 무릎 꿇지 않았다.
카이사르와 함께였을 때,
나는 이집트에 **새로운 해가 떠오를 것이라** 믿었다.
그는 강했고, 총명했으며,
한때 내 민족의 고통을 멈추게 할 수 있는 자라 여겼다.

그러나 로마는 **한 사람의 이상에 머무는 나라가 아니었다.**
그를 삼킨 것은 그들의 **공화정**이었고,
이제는 **제국**이 되어 나마저 삼키려 한다.

안토니우스…
그는 나의 **칼날**이었고,
나의 **거울**이었으며,
나의 **사랑**이었다.
그의 손은 **로마의 군기보다 이집트의 황금에 익숙**해졌고,
그의 가슴은 **전장의 북소리보다 내 속삭임을 더 원했다.**
그는 나와 함께 **이집트를 위해 싸웠고,**
함께 **패배**했다.
그러나 그는, 나를 위해 **죽었다.**
이보다 더 충직한 병사가 어디 있으랴.

이제, **옥타비아누스**가 나를 기다린다.
로마의 거리에서 **황금 사슬에 묶여 조롱받는 여왕,**
나는 되지 않으리라.
나는 패배했을지언정,
그들의 **승리의 연극 속 장식품**이 되는 것은
나의 존엄이 허락하지 않는다.

나의 아이들이여, 나의 사랑하는 피여.
카이사리온, 너는 나의 마지막 희망이었다.
너는 카이사르의 피를 이었고, 나일의 아들이었다.
그러나 너조차도,
로마의 탐욕 앞에서는 살아남지 못하리라는 것을

나는 안다.
세상은 이제 로마의 것이 되었다.
그러나 **기억하라,**
로마조차 **영원하지는 않다.**
강은 돌을 갈고,
시간은 제국을 무너뜨린다.

나의 시신은 향유와 금으로 감싸지지 않아도 좋다.
다만 내 옆에 안토니우스를 눕게 하라.
우리가 살아서 이루지 못한 것을, 죽어서라도 함께하길 원하노라.
그리고 내가 떠난 뒤,
바람이 불면 내 이름을 속삭이고
해가 질 때, 나일이 나를 기억하길 바란다.
나는 클레오파트라, 태양 아래 마지막 파라오.
오늘 나는 왕좌를 내려놓되, 결코 나의 존엄은 빼앗기지 않는다.
"이제 나의 시대는 저무노라. 그러나 내 이름은 사라지지 않으리라."

5. 카이사르와 로마 공화정 - 주사위는 던져졌다.

로마 공화정은 본래 왕정을 타도하고, **시민의 자유와 법의 지배**를 수호하기 위해 시작된 체제였다. 기원전 509년, 마지막 왕 **타르퀴니우스**가 추방되며 로마는 '공화국(Res Publica)'을 선언했고, 권력은 두 명의 집정관과 원로원, 민회 등으로 나뉘어 분산되었다. 이러한 권력 구조는 **전제 정치의 재발을 막기 위한 장치**였으며, 로마 시민은 정치 참여를 통해 국가를 이끌 수 있다는 자부심을 가졌다.

그러나 시간이 흐를수록 공화정은 **귀족 계층의 전유물**로 변질되었고, 권력은 점차 평민과 멀어져 갔다. 정치적 불균형은 사회 내부의 긴장을 불러왔고, **군사적 성공을 바탕으로 한 개인의 권력 집중**은 기존 체제를 위협하기 시작했다. 그 대표적 인물이 바로 **율리우스 카이사르**였다. 카이사르는 기원전 100년경 귀족 가문에서 태어났지만, 정치적으로는 평민파(Populares)를 지지하며 대중의 지지를 얻는 데 성공했다. 그는 **탁월한 웅변가이자 전략가**, 그리고 **갈리아 정복의 영웅**으로서 막대한 부와 군사력을 확보했다. 이러한 힘은 그를 로마 최고의 실력자로 만들었다. 하지만 그의 급부상은 기존 공화정 수호 세력에게는 **체제 전복의 위협**으로 여겨졌다. 원로원은 그에게 군을 해산하고 귀국할 것을 명령했으나, 그는 이에 따르지 않았다. **기원전 49년**, 카이사르는 군대를 이끌고 **루비콘 강을 건넌다**. 이 순간 그는 말했다.

"주사위는 던져졌다. (Alea iacta est.)"
이 선언은 사실상 **내전의 시작**을 의미했고, 곧 그는 로마를 장악하게 된다.

카이사르는 종신 독재관(Dictator perpetuo)으로 임명되어 **사실상의 1인 지배 체제**를 수립하고 다양한 개혁을 추진하였다. 그는 율리우스력(달력 개정)을 도입하고, **속주민에게 시민권을 확대**했으며, **토지를 분배하고 부채를 경감**하는 등 대중의 지지를 공고히 했다. 그러나 이러한 개혁은 귀족층에게는 **기득권 침해**로 받아들여졌다. 결국, **기원전 44년 3월 15일**, 그는 원로원 회의장 앞에서 **브루투스와 카시우스 등 공화정 지지자들**에 의해 암살당한다. 특히 브루투스는 카이사르가 총애하던 인물이었다. 전해지는 말에 따르면, 카이사르는 칼에 찔리며 그를 보며 마지막으로 말했다.

"브루투스, 너마저?" (Et tu, Brute?)
이 짧은 외침은 **인간적인 배신감과 체제의 아이러니**,
그 둘 사이의 틈을 상징적으로 드러낸다.

□ 카이사르의 죽음과 아우구스투스 - 제정 로마의 시작

그러나 역사는 아이러니하게 흐른다. 카이사르의 죽음은 **공화정의 회복이 아니라, 그 종말의 서곡**이 되었다. 로마는 곧 **내전의 소용돌이**에 빠졌고, 그의 후계자인 **옥타비아누스**가 권력을 장악하며 역사의 물줄기는 다시 바뀐다. 기원전 27년, 옥타비아누스는 원로원으로부터 **'아우구스투스(존엄자)'라는 칭호**를 받고, **로마 제국의 초대 황제**가 된다. 그는 '제1 시민(Princeps)'이라는 겉모습 아래 사실상 **군주제적 통치**를 시작했고, 이후 로마는 약 500년에 걸쳐 **황제 중심의 제정 체제**로 운영된다. '카이사르'라는 이름은 곧 **황제를 상징하는 칭호**가 되었고, 카이저(Kaiser, 독일)와 차르(Tsar, 러시아)로 계승되며 유럽 제국 정치의 언어적 뿌리가 되었다.

결국 카이사르는 **공화정을 무너뜨린 파괴자로 기록되었지만**, 동시에 **새로운 제국 질서를 가능케 한 건축가**이기도 했다. 그는 **제도와 전통, 법과 균형 위에 세워진 공화정의 모순**과 정면으로 맞섰고, **그 체제를 붕괴시킴으로써** 로마는 **역사상 전례 없는 권력 구조의 전환점**을 맞이하게 되었다.

카이사르와 로마 공화정의 이야기는 단지 **독재자와 시민의 충돌**을 넘어, **이상과 현실, 전통과 변화가 맞부딪친 시대의 격전지**였다. 권력을 나누어 지키려는 체제는, 결국 **권력을 집중하려는 한 사람의 의지 앞에 무너졌고**, 그 폐허 위에 **제정 로마**라는 새로운 질서가 세워졌다. 그리고 **'카이사르'라는 이름**은, 죽음 이후에도 살아남아, **제국을 상징하는 단어**로 **역사의 언어 속에 각인**되었다.

□ 카이사르와 옥타비아누스의 관계

옥타비아누스는 **카이사르의 여동생 줄리아의 외손자**이다. 그러나 카이사르는 암살 직전의 유언장에서 **옥타비아누스를 양자로 삼고**, 자신의 이름과 유산, 정치적 유산을 물려준다. 이로써 옥타비아누스는 '가이우스 율리우스 카이사르'라는 이름을 사용하게 되었고, 그 명성

을 등에 업고 로마 정치의 중심인물로 급부상하게 된다.

이후 그는 **마르쿠스 안토니우스**, **레피두스**와 함께 **제2차 삼두정치**를 결성해 정적을 숙청하며 카이사르의 복수를 명분으로 세를 확장한다. 결국 기원전 31년, **악티움 해전**에서 안토니우스를 무너뜨리고 **로마 유일의 지배자**로 등극하게 된다. 이처럼 옥타비아누스는 혈연과 법률, 그리고 정치적 수완을 통해 카이사르의 유산을 계승하고, 로마를 공화정에서 제정 시대로 이끈 인물로 역사에 기록되었다.

□ 로마의 법체계

로마법은 **약 1,000년에 걸쳐 발전한 인류사 최대의 법적 유산**이다. 초기 왕정 시대에는 **왕의 명령과 종교 의례**가 곧 법이었으나, 공화정에 접어들며 최초의 성문법인 '12표법'이 제정된다. 이는 **법 앞의 평등**, **사유 재산**, **형사 처벌** 등의 원칙을 명문화하며 귀족과 평민 간의 법적 기준을 공유하는 출발점이 되었다. 공화정 말기에는 법무관의 포고령(Edict)과 **판례 중심의 해석**이 발달하면서 **현대적 재판 제도**의 기틀이 형성되었다. 제정 시대에 접어들면 황제의 칙령(Constitutiones)이 최고 법령으로 작용하며, 동시에 시민법(Ius Civile)과 만민법(Ius Gentium)이 분화되어 **내국인과 외국인 간 법적 구분**이 명확해진다.

6세기, 동로마 제국의 **유스티니아누스 황제**는 이 모든 법과 판례를 집대성하여《**유스티니아누스 법전(Corpus Iuris Civilis)**》을 편찬하였다. 이 법전은 중세 유럽의 **법학 교과서**로 자리 잡았고, 현대 **민법 체계와 국제법의 기원**이 되었다. 결국 로마법은 단순한 고대 법이 아니라, 인간의 권리와 의무, 계약과 소유의 정의를 중심으로 한 **보편적 법철학의 뿌리**로서, 오늘날의 법률 체계와 사법 이념의 토대를 마련한 위대한 유산이다.

6. 로마 제국의 목욕탕 - 테르마에(Thermae)

로마 제국의 목욕탕은 단순한 위생 시설을 넘어, **로마인의 일상과 문화, 제국의 정신**을 가장 잘 보여 주는 상징적인 공간이었다. 오늘날 공공시설이라 부르는 거의 모든 기능이 '테르마에(Thermae)'라는 공간 안에 통합되어 있었다. 이곳은 **신체의 피로를 씻는 장소**이자, 정치적 대화가 오가던 **회의실**, 철학적 사유가 깊어지던 **도서관**, 친구나 손님을 만나는 **사교의 장**이었다.

□ 일상과 문화의 중심지

하루의 일을 마친 로마 시민들은 너나 할 것 없이 목욕탕으로 향했다. 대부분의 공중목욕탕은 **입장료가 거의 없거나 매우 저렴**했고, **황제나 귀족이 민심을 얻기 위해 건립을 후원**했다. 로마인에게 깨끗한 몸은 곧 **문명인이라는 자긍심의 표현**이었다.

□ 목욕의 순서와 절차

목욕은 단순한 청결 행위가 아니라, 일정한 순서와 의식을 따르는 과정이었다.

▶ 아풀로테리움(Apodyterium)

탈의실. 하인이나 노예에게 옷을 맡겼다.

▶ 팔라에스트라(Palaestra)

운동장. 간단한 운동으로 몸을 풀었다.

▶ 테피다리움(Tepidarium)

미지근한 온탕. 몸을 서서히 데우고 담소를 나누었다.

▶ 칼다리움(Caldarium)

열탕. 히포코우스트로 데운 바닥과 증기가 몸을 덥혔고, 기름을 바른 뒤 때를 벗겼다.

▶ 프리기다리움(Frigidarium)

냉탕. 차가운 물로 몸을 식히며 목욕을 마무리했다.

□ 로마의 기술력 - 히포코우스트(Hypocaust)

이 복잡한 온도 변화와 수증기, 냉수의 순환을 가능하게 한 것이 로마의 난방 기술 **히포코우스트**였다. 바닥 밑과 벽 속에 뜨거운 공기를 순환시켜 중앙난방처럼 열을 공급했다. 아쿠아덕트를 통한 물 공급과 하수 시스템은 청결과 위생을 동시에 보장했다.

□ 로마의 카라칼라 목욕탕 - 문명의 선언문

카라칼라(Caracalla) **목욕탕**은 단순한 목욕 시설이 아니었다. 그것은 **로마 제국이 문명을 어떻게 인식하고 표현했는지를 보여주는 거대한 선언문**이었다.

기원후 212년부터 216년 사이, **로마 남동부 첼리오 언덕 인근**에 건설된 이 건물은 본관 약 2.6헥타르(214×110m), 부속 정원 · 운동장 · 회랑을 포함한 전체 단지는 약 25헥타르에 달했다. 동시 수용은 약 1,600명, 하루 이용자는 6,000~8,000명에 이르렀다. 입구의 **아풀로테리움**에 들어서면, 로마 시민은 옷을 벗고 하인에게 맡겼다. 이곳은 **목욕의 시작점이자 사회적 장벽이 사라지는 장소**였다. 귀족도 상인도, 심지어 외국인조차도 이곳에서는 **동일한 물속에 들어가는 평등한 존재**였다.

이후 **테피다리움**에서 몸을 서서히 데우며 담소를 나눴고, 대리석 벽과 천창으로 쏟아지는 자연광은 **로마의 안온함**을 선사했다. 이어지는 **칼다리움**은 목욕의 중심 공간으로, 태양 빛이 오래 머무는 남쪽에 배치되었다. **히포코우스트**의 열기와 증기가 몸을 따뜻하게 감쌌고,

이곳에서 **기름을 바르고 스트리길**(운동이나 목욕 후 피부의 기름과 땀, 먼지 등을 긁어내는 금속 스크레이퍼)**로 몸의 불순물을 긁어내는 정결 의식**이 이어졌다.

마지막으로 시민들은 **프리기다리움**으로 이동해 **차가운 물로 몸과 정신을 정돈**했다. 대리석 기둥과 조각상, 돔 천장이 조화를 이루는 이 냉탕은, 단순한 마무리 장소가 아닌 **정신적 정화의 공간**이었다.

□ 삶과 철학이 어우러진 복합 공간

카라칼라 목욕탕은 단지 목욕하는 공간이 아니었다. 양옆에는 **운동장**이 있어 씨름, 투창, 공 던지기 등 체력 단련이 이루어졌고, **정원과 산책로에는 조각상**이 늘어섰다. **회랑에서는 철학자들의 토론**이 있었고, **도서관에서는 학자들이 문서를 읽고 연구**했다. 모든 공간은 대리석과 화려한 모자이크, **황제의 동상과 제국의 위업을 기리는 부조**로 장식되어, 시민들이 몸을 씻는 순간에도 **로마의 질서와 권위**를 체감하게 했다.

카라칼라 목욕탕을 데우는 **히포코우스트**와 수도교(주요수로: 아쿠아 마르시아 등)를 통한 물 공급, **정교한 하수 시스템**은 로마 기술의 정점을 보여준다. 단순한 편의 시설을 넘어, **기술과 미학, 문명 의식이 어우러진 인프라**였다.

□ 쇠퇴와 흔적

그러나 기독교가 국교가 되고, **금욕과 절제**가 미덕으로 자리 잡으면서 **혼탕 문화와 육체 노출은 도덕적 비판의 대상**이 되었다. 그 결과, 로마의 목욕탕 문화는 쇠퇴했고, **카라칼라 목욕탕도 결국 폐허**로 남게 되었다. 오늘날에도 **로마 남쪽 언덕**에는 그 유적이 남아 있다. 무너진 천장과 쓰러진 기둥들 사이로 여전히 **로마의 위엄과 기술**이 살아 숨 쉰다. 그리고 그 돌 틈 사이로 스며드는 바람은, 한때 **로마 시민들**이 더운 여름날 찬물 속에서 나누었던 **대화의 메아리**를 지금도 들려주는 듯하다.

로마의 카라칼라 목욕탕 유적, 사진: 구민성

카라칼라 욕장 복원 상상도, 사진: 구민성

7. 로마 밖의 원형 경기장

로마 제국은 제국 전역에 원형 경기장(Amphitheatrum)을 세워 시민들에게 오락과 여흥을 제공했다. 이들 경기장은 단순한 유흥 공간을 넘어, **로마 문화의 위대함을 과시하는 상징**이자, **지방 도시의 문화적 중심지** 역할을 했다. 특히 로마 본토 외에도 잘 보존된 원형 경기장이 여러 지역에 남아 있으며, 대표적인 예로는 **이탈리아의 폼페이와 베로나, 프랑스 남부의 아를(Arles)과 님(Nîmes), 북아프리카 튀니지의 엘젬(El Jem), 크로아티아의 풀라(Pula)** 등이 있다.

□ 풀라 원형 경기장 (Pula Arena)

풀라 원형 경기장은 크로아티아 이스트리아 반도에 위치한 **로마 제국 시대의 대표적인 건축물**이다. 서기 1세기, **아우구스투스 황제 시대에 착공되어 베스파시아누스 황제 시기에 완공**되었다. 이 경기장은 **당시 아드리아해 지역 최대 규모의 원형 경기장 중 하나**로, 검투 경기와 축제, 집회 등의 다양한 용도로 사용되었다.

- **규모**: 가로 132m, 세로 105m, 높이 약 32m
- **수용 인원**: 약 23,000명
- **건축 시기**: 서기 27년~68년경

풀라의 바닷가 원형 경기장, 사진: 구민성

오늘날 풀라 원형 경기장은 **크로아티아 내 가장 유명한 관광 명소**로, 오페라, 콘서트, 영화

제 등 **현대 문화 행사의 무대**로도 활용되고 있다. 그 뛰어난 보존 상태로 인해, 세계에서 **가장 잘 보존된 로마 시대 경기장** 중 하나로 평가받는다. 풀라 원형 경기장은 단순한 유적으로서가 아니라, 이스트리아 지역의 **로마 문화와 건축의 정수**를 보여 주는 **상징적 건축물**이며, **크로아티아의** 역사적 정체성을 담은 **문화유산**으로서 자리매김하고 있다.

8. 로마 제국의 동서 분리

로마 제국은 방대한 영토를 보다 효율적으로 통치하기 위해 점차 동서로의 분할 통치 체제를 도입하게 되었다. 이러한 흐름은 디오클레티아누스 황제(재위 284~305)의 **테트라르키아(Tetrarchia, 4분 통치 제도)** 시행으로 구체화되었고, 서기 395년 테오도시우스 1세의 사망을 계기로 제국은 공식적으로 동서로 분리되었다.

□ 제국의 분할 - 하나의 로마, 두 개의 제국

테오도시우스는 제국을 두 아들에게 분할 상속하였다. 장남 아르카디우스는 동로마 제국을, 차남 호노리우스는 서로마 제국을 통치하게 되면서, 하나의 제국은 사실상 두 개의 독립 국가로 나뉘게 되었다.

서로마 제국은 초기에 로마를 수도로 삼았으나, 5세기 초 외세의 위협이 심화되자 방어에 유리한 라벤나로 수도를 옮겼다. 이후 이탈리아 반도와 갈리아(프랑스), 히스파니아(스페인), 브리타니아(영국), 북아프리카 등 서유럽 전역을 통치하였다. 반면 동로마 제국(비잔티움 제국)은 콘스탄티누스 대제가 세운 콘스탄티노플(현 튀르키예 이스탄불)을 수도로 삼고, 그리스, 발칸 반도, 소아시아, 시리아, 이집트 등 동지중해 지역을 지배하였다.

□ 서로마 제국의 쇠퇴와 몰락

서로마 제국은 분리 이후 오래 버티지 못했다. 황제 권위의 약화와 군벌 간 내분, 경제 붕괴, 외세 침입이라는 삼중고 속에서 국력은 급속히 쇠퇴했다. 특히 게르만족과 훈족의 침입이 결정타였다.

410년, **서고트족의 알라리크 1세**가 로마를 점령해 약탈하였고, 455년에는 **반달족**이 다시 로마를 침공해 도시를 황폐화시켰다. 마침내 476년, 게르만족 출신 장군 **오도아케르**가 마지막 서로마 황제 **로물루스 아우구스툴루스**를 폐위시키면서 서로마 제국은 공식적으로 멸망했다. 이후 서유럽은 게르만족이 세운 여러 왕국들의 시대로 접어들었다.

□ 동로마 제국의 천년과 최후

동로마 제국은 서로마 제국과는 달리 중앙집권 체제와 행정 조직의 안정을 바탕으로 장기간 존속하였다. 황제 **유스티니아누스 1세**(재위 527~565)는 일시적으로 이탈리아와 북아프리카 일부를 재정복하고《유스티니아누스 법전》을 편찬하며 로마의 영광을 부활시키고자 했다.

비잔티움은 점차 **헬레니즘 문화와 그리스어 중심의 제국**으로 변화하면서, **동방 정교회**의 중심지가 되었고, 동서 문명 사이의 중요한 가교 역할을 수행했다. 그러나 11세기 이후 **셀주크 튀르크**와의 만지케르트 전투(1071년)에서의 패배로 비잔틴은 **아나톨리아 내륙 통제력을 급격히 상실**했다. 또한, 라틴 교회와의 분열, 제4차 십자군에 의한 **1204년 콘스탄티노플 함락**은 제국에 큰 타격을 주었다. 결국 1453년, 오스만 제국의 술탄 **메흐메트 2세**가 콘스탄티노플을 정복하면서, 천년을 이어온 동로마 제국은 역사 속으로 사라졌다. 이로써 고대 로마 제국의 마지막 불꽃도 완전히 꺼졌다.

□ 맺음말

결국 로마 제국은 서기 395년 동서로 나뉜 후 각기 다른 길을 걷게 되었다. 서로마가 멸망한 이후 서유럽에는 게르만 왕국들이 들어섰고, 동로마 제국은 고대 로마와 그리스 문화를 계승하며 유럽 문명사에서 중요한 역할을 담당했다. 이처럼 로마 제국의 분열과 멸망은 유럽의 역사에 큰 변화를 불러온 사건이었다.

9. 로마의 기독교 탄압과 기독교 공인

로마 제국에서 기독교는 처음부터 환영받지 못한 종교였다. 기원후 1세기 중반, 팔레스타인 지역에서 시작된 기독교는 초기에는 유대교의 한 갈래로 여겨졌지만, 곧 독자적인 사상과 공동체를 지니며 로마 전역으로 확산되었다. 그러나 로마는 다신교적 전통을 가진 국가였고, 황제를 신으로 숭배하는 국가 종교 체제를 유지하고 있었다. 그런 체제 안에서 "예수 그리스도만이 유일한 주이시며, 다른 신을 섬기지 않겠다"라는 기독교 신앙은 체제에 대한 도전으로 여겨졌다.

□ 박해받는 믿음 - 제국과 충돌한 신앙

기독교인들은 로마의 신전 제사에 참여하지 않았고, 황제 숭배도 거부하였다. 이는 곧 로마 사회의 질서와 일치하지 않는 행동으로 간주되었고, **'무신론자'**, **'국가 반역자'**라는 오해와 함께 박해의 대상이 되었다. 특히 64년 로마 대화재 이후, 네로 황제는 그 책임을 기독교인에게 돌리고 **잔혹한 박해**를 시작하였다. 이는 기독교인들이 콜로세움 같은 경기장에서 맹수에게 던져지거나, 십자가형에 처하는 장면으로 이어졌고, 이후로도 수차례에 걸쳐 로마 황제들은 지역적 또는 전 제국적 박해를 감행하였다.

2세기와 3세기에는 데키우스, 발레리아누스, 디오클레티아누스 등 여러 황제들이 조직적으로 기독교를 탄압하였다. 이 시기에는 성경 사본이 몰수되어 불태워졌고, 교회 지도자들이 체포되어 순교했으며, 평범한 신자들도 신앙을 고백하는 것만으로 생명을 잃을 수 있었다. 특히 디오클레티아누스 황제의 '대박해'는 로마 역사상 가장 조직적이고 광범위한 박해로, 기독교를 뿌리 뽑으려는 마지막 시도였다.

그러나 아이러니하게도, 이 같은 박해는 기독교의 쇠퇴를 불러오지 않았다. 오히려 순교자들의 신앙과 공동체의 연대감은 기독교를 더욱 굳건하게 만들었고, 로마 제국 각지에서 신앙을 받아들이는 이들이 늘어나기 시작했다.

□ 하늘의 표징과 한 어머니의 신앙 - 콘스탄티누스와 기독교 공인의 전환점

서기 312년, 로마 제국의 권력을 놓고 경쟁하던 **콘스탄티누스**는 막센티우스와의 마지막 결전을 앞두고 테베레 강가, 밀비우스 다리 근처에 진을 쳤다. 전쟁은 불확실했고, 병사들의 사기도 위태로웠다. 그날 밤, 그는 하늘을 향해 기도했다고 전해진다. "이 전쟁에서 나를 도우실 분이 계신다면, 내가 그분을 섬기겠습니다."

그 순간, 그는 환상을 보았다. 하늘 위에 십자가 형상의 빛이 떠오르고, 그 옆에 라틴어로 된 문구가 새겨져 있었다. **"In hoc signo vinces"**("이 표징으로 승리하리라."), 그는 이 상징을 병사들의 방패에 새기게 했고, 이튿날 전투에서 막센티우스를 물리치는 **기적적인 승리**를 거두었다. 이 체험은 그로 하여금 기독교 신앙의 초월성과 실제성을 깊이 받아들이게 한 결정적 계기가 되었다.

- **형태**: 그리스어 X(Chi, 키)와 P(Rho, 로)를 겹쳐 놓은 기호.
- **의미**: Christos, 그리스도의 약자 → "예수 그리스도"를 상징.
- **별칭**: XP 문양, 기독교 모노그램, 크리스토그램(Christogram).

오늘날에도 키로 문양은 여전히 다양한 기독교 전통 속에서 찾아볼 수 있다. 가톨릭과 정

교회 성당, 그리고 일부 개신교 교단에서는 성직자가 착용하는 의복에 이 문양을 수놓기도 하고, 성경 표지나 교회 깃발에 새겨 넣기도 한다.

Chi-Rho symbol.
© Wikimedia Commons, CC BY-SA 3.0.

이듬해인 313년, 콘스탄티누스는 동방 황제 리키니우스와 함께 **'밀라노 칙령'**을 반포했다. 이는 기독교를 포함한 모든 종교에 신앙의 자유를 보장하는 선언이었으며, 수 세기 동안 박해받아 온 기독교가 로마 제국에서 공인되는 역사적 전환점이 되었다. 기독교는 더 이상 은밀한 신앙이 아니라, 제국의 중심에서 드러날 수 있는 공적 신앙이 되었다.

콘스탄티누스는 이후 교회를 후원하고, 성직자들을 보호했으며, 325년 니케아 공의회를 통해 삼위일체 교리를 정립하는 데 핵심적 역할을 하였다. 380년에는 테오도시우스 1세 황제가 **'테살로니카 칙령'**을 선포하면서, 기독교는 로마 제국의 유일한 국교로 자리 잡게 되었다. 이는 단지 종교의 변화를 넘어, 로마 제국의 정치·사회적 질서 자체가 전환되는 계기였다.

이 거대한 변화의 배경에는 한 여인의 조용한 신앙이 자리하고 있었다. **콘스탄티누스의 어머니, 헬레나**는 고귀한 혈통도 황제의 정식 배우자도 아니었지만, 아들의 마음에 보이지 않는 하나님의 존재를 심어준 인물이었다. 그녀는 로마의 변방 브리타니아에서 아들을 낳고 키우며, 이름 없이 살던 시절에도 하나님을 향한 **신실한 믿음**을 간직했다. 세상에서 외면받을 때에도 그녀는 기도했고, 이름 없이 살면서도 아들을 위해 눈물 흘리며 중보했다. 콘스탄티누스는 전장에서의 환상뿐 아니라, 어머니의 무릎에서 들은 믿음의 언어를 기억하고 있었다. 그는 황제가 된 뒤 헬레나를 로마로 불러 '황후'로 대우했고, 그녀는 이후 '기독교 신앙의 어머니'로 불리게 되었다. 헬레나는 예루살렘으로 성지순례를 떠나 예수의 십자가 유물(진십자가)을 발견했다고 전해지며, 성탄교회, 승천교회 등 초기 기독교 성지의 초석을 놓았다. 그녀의 신앙은 단지 개인의 경건을 넘어, 제국의 공간 위에 실체로 새겨졌다.

어머니의 눈물은 **황제의 검보다 강했고, 기도의 힘**은 **군단의 창보다 깊었다.** 그 믿음은 아들을 변화시켰고, 한 제국의 운명을 뒤바꾸었다. 로마 제국의 기독교 공인은 단지 황제의 명령이 아니라, 수많은 순교자들의 피와 한 어머니의 눈물, 그리고 하늘의 표징이 만들어낸 은총의 전환이었다.

10. 전성기 로마 제국의 영토

광범위한 영토와 다양한 문화의 통합은 로마 제국의 행정 능력과 군사력, 그리고 문화적 포용성을 보여 주는 증거이다. 제국의 도로망과 법률 체계는 오늘날까지도 영향을 미치고 있다.

- **북서쪽**: 브리타니아(현재의 영국 남부)까지 확장되었으며, 하드리아누스 방벽이 북쪽 경계를 형성
- **서쪽**: 이베리아반도 전체(현재의 스페인과 포르투갈)를 포함
- **북쪽**: 라인강과 다뉴브강을 따라 게르마니아 지역까지 확장
- **동쪽**: 메소포타미아 지역까지 진출하여 파르티아와 접경
- **남쪽**: 북아프리카 전역, 이집트, 누미디아, 마우레타니아(현재의 알제리와 모로코 일부)를 포함

전성기 AD 117년 로마 제국의 영토
"Image by ausdew, Public Domain on Flickr" CC0

□ 로마 제국의 주요 도시와 속주

로마 제국의 전성기, 특히 서기 117년경 **트라야누스 황제** 치세에 이르러 **제국은 사상 최대의 영토**를 자랑하였다. 이 시기 로마는 북서쪽으로는 브리타니아(현 영국 남부)까지, 서쪽으로는 이베리아반도 전체(스페인과 포르투갈), 북쪽으로는 라인강과 다뉴브강을 넘어 게르마니아까지, 동쪽으로는 메소포타미아 지역까지 진출하여 파르티아와 접경했으며, 남쪽으로는 북아프리카 전역과 이집트, 누미디아, 마우레타니아(현 알제리와 모로코 일부)까지 포괄하였다. 이 광범위한 영토는 로마의 행정 능력, 군사 전략, 문화적 포용성과 융합 정책의 산물이었다. 특히 도로망과 법률 체계는 오늘날까지도 영향을 미친다.

□ 로마의 속주 대표 도시 요약

도시의 역할과 인구수, 지역의 중요성 등을 고려한 속주 대표 도시는 다음과 같다.

순위	고대 도시명	추정 인구 (명)	속주 / 지역	주요 역할	현재 도시명
1	알렉산드리아	약 50만~100만	이집트 속주	동지중해 상업·학문·종교 중심	알렉산드리아 (이집트)
2	안티오키아 (안디옥)	약 50만	시리아 속주	동방 행정 수도, 기독교 초기중심지	안타키아 (튀르키예)
3	카르타고	약 30만~50만	아프리카 속주	서지중해 최대 도시	튀니스 근교 (튀니지)
4	에베소	약 20만~30만	아시아 속주	아르테미스 신전, 상업·종교 중심	셀축 (튀르키예)
5	루그두눔	약 20만	갈리아 루그두넨시스	갈리아 총독 주재지, 로마화 중심	리옹 (프랑스)
6	예루살렘	약 10만~20만	유대 속주	유대교·기독교 중심, 반로마 봉기의 중심	예루살렘 (이스라엘)
7	타르수스	약 15만	킬리키아 속주	사도 바울의 고향, 철학·상업 도시	타르수스 (튀르키예)
8	콜로니아 아그리피나	약 10만~15만	게르마니아 상 속주	군사 주둔지, 라인 강 무역 요충지	쾰른 (독일)
9	카이사레아	약 10만	유대 속주	총독 거주지, 항구 도시, 행정 중심	카이사레아 (이스라엘)
10	에메리타 아우구스타	약 5만~8만	히스파니아 루시타니아	은퇴 군인의 식민 도시, 지방 수도	메리다 (스페인)

11. 로마의 언어 - 통치와 통합의 이중 언어 체계

로마 제국의 언어 체계는 단일 공용어의 강제적 통일이 아니라, **다양한 문화와 지역을 포괄하는 다언어적 구조**였다. 그 중심에는 **라틴어**와 **그리스어**, 두 언어가 기능적 이중 축을 이루었으며, 지역별로는 **토착어**가 일정 부분 공존하였다.

우선, 라틴어(Latin)는 로마 제국의 **공식 언어**로, 이탈리아 중부 **라티움(Latium)** 지역에서 기원하였다. 로마가 공화정을 거쳐 제국으로 팽창하면서, 라틴어는 **행정, 법률, 군사, 학문, 문학** 등 제국의 공적 담론을 형성하는 기본 언어로 자리 잡았다. **키케로의 연설문**, **카이사르**

의 《갈리아 전쟁기》, **베르길리우스의 《아이네이스》** 등 수많은 고전 문학과 철학 작품이 라틴어로 기록되었고, 특히 **서방 지역**(이탈리아, 갈리아, 히스파니아, 북아프리카 등)에서는 **일상 언어**로도 광범위하게 사용되었다. 시간이 흐르며 라틴어는 속라틴(Vulgar Latin)으로 분화되었고, **중세 이후**에는 **프랑스어, 이탈리아어, 스페인어, 포르투갈어, 루마니아어** 등의 **로망스어군**으로 발전해 오늘날까지 계승되고 있다.

반면, 제국의 **동부 지역**에서는 그리스어(Greek)가 사실상의 공용어로 기능했다. 이미 **기원전 4세기**, 알렉산더 대왕의 정복 이후 동지중해 전역은 **헬레니즘 문화권**으로 통합되어 있었으며, 코이네 그리스어(Koine Greek)는 상업, 철학, 종교, 교육의 주된 언어로 자리 잡고 있었다. 로마 제국은 이 지역을 정복한 이후에도 **그리스어 사용을 억제하지 않고 오히려 존중**하며, 동방 속주에서는 **행정 문서, 교육 기관, 종교의식** 등이 대부분 그리스어로 이루어졌다. 로마 상류층 자제들도 **수사학·철학 교육**은 그리스어로 받았고, **신약성경 전체** 역시 **그리스어**로 기록되었다는 점은, 제국 동방에서 그리스어의 위상을 잘 보여 준다.

하지만 라틴어와 그리스어 외에도, 로마 제국은 **다양한 토착 언어의 존재**를 완전히 소거하지 않았다. **브리타니아**에서는 **켈트어**, **이집트**에서는 **콥트어(Coptic)**, **시리아와 유대 지역**에서는 **아람어와 히브리어**가 여전히 민중 사이에서 일상적으로 사용되었다. 로마는 이들 언어를 강압적으로 제거하기보다는, **행정·군사에는 중심 언어(라틴어/그리스어)를 사용하고**, 지역 사회 내에서는 **언어 관용 정책**을 통해 **유연하게 통치**하였다.

결과적으로 로마 제국은 이중 중심 언어 체계(라틴어와 그리스어)를 기반으로 하되, 지역적 언어 다원성을 인정하며, **언어를 통합과 포용의 도구**로 활용하였다. 이러한 유연하고 실용적인 언어 운영 방식은, **광대한 영토를 효과적으로 통치**하고 **지중해 전역의 문화와 제도를 연결**하는 데 중요한 기반이 되었으며, 후대 유럽 문명 형성에도 지대한 영향을 남겼다. 결국 **라틴어(서방)-그리스어(동방)의 이중 축**과 지역 언어 관용이 로마의 **장기 통치력**을 지탱했다.

제18장

예루살렘의 눈물
- 성전 파괴와 유대인의 저항

1. "성전이 무너진 날" - 로마의 유대 침공과 예루살렘 함락

기원전 63년, 로마 장군 **폼페이우스(Pompey)**가 동방 원정 중 유대를 점령하면서, 유대는 로마 제국의 속주로 편입된다. 폼페이우스는 성소에 들어가 **지성소를 열람**했는데, 이는 유대인에게 극도의 **종교적 모욕**으로 기억되었다. 로마는 **헤로데 가문**을 앞세워 간접 지배를 실시하였고, **헤롯 대왕(Herod the Great)**은 로마의 후원 아래 성전을 증축하고 도시를 로마식으로 정비하였다. 그러나 유대 민족의 **메시아 사상**, **율법 중심의 정체성**, 그리고 오직 하나님만을 왕으로 섬기는 신앙은 로마의 **이교적 질서**와 끊임없이 충돌했다.

로마가 말한 **'평화(Pax)'**는 유대인들에게는 **신앙에 대한 굴욕**이었고, **문화적 억압**이었다. "하나님만이 우리의 왕이시다"라는 유대의 신념은 "황제가 신이다"라는 로마의 선언에 정면으로 맞섰다.

□ 봉기의 불꽃 - 제1차 유대 전쟁

서기 66년, **가이사리아**에서 벌어진 그리스인과 유대인의 충돌을 계기로, 유대 전역에서 **반로마 봉기**가 일어난다. 열심당(젤롯파)과 시카리(Sicarii, 단검파)를 중심으로 한 저항 세력은 예루살렘 성전을 장악하고, 로마 병사들과 협력자들을 축출하였다. 이에 로마는 강경 대응에 나섰다. **네로 황제**는 장군 **베스파시아누스(Vespasian)**를 3개 군단의 통합 지휘관으로 파견해 갈릴리와 유대 전역을 진압하게 했다. 이후 베스파시아누스가 황제로 즉위하자, **그의 아들 티투스**가 예루살렘 공성전을 지휘하게 된다.

□ 예루살렘 함락

서기 70년 예루살렘 성은 **약 4개월간의 포위전 끝에 함락**되었다. 성전은 불타 사라졌고, 도시는 철저히 무너졌으며, 수십만 명이 학살당했다. 유대 역사가 요세푸스(Josephus)에 따르면, 그해 **유월절**(Passover) 기간(태양력으로 3월 말에서 4월 중순) 동안 **성안에는 약 100만 명**의 인구가 있었고, 그 중 상당수가 **굶주림과 로마 군의 칼에 쓰러졌다**고 전한다.

이 사건에서 가장 상징적인 비극은 바로 **제2 성전의 완전한 파괴**였다. 솔로몬의 성전 이후 재건되어 수백 년 동안 **유대인의 신앙과 정체성의 중심**이었던 그 성전이, **로마 군의 불길에 휩싸여 완전히 무너진 것**이다. 오늘날까지 남아 있는 것은 단 하나, 성전 서쪽 벽 일부—우리가 아는 바로 그 '통곡의 벽(Wailing Wall)'뿐이다. 그것은 **사라진 성전을 기억하는 마지막 물리적 흔적이자, 흩어진 유대 민족의 영혼이 머무는 장소**가 되었다.

예루살렘 황금 돔과 통곡의 벽, 사진: 구민성

□ 함락 이후 - 디아스포라의 시대

예루살렘의 붕괴는 단지 한 도시의 멸망이 아니라, **유대 민족의 정체성과 신앙 구조 전체의 해체**였다. 예루살렘 함락 뒤 수십 년이 지나 기원후 **135년 바르 코크바 봉기 진압 후**, 하드리아누스는 '유다야(**Judaea**)'의 명칭을 '시리아 팔레스티나(Syria Palaestina)'로 바꾸고, 예루살렘을 '아일리아 카피톨리나(Aelia Capitolina)'로 재건했다. 이는 유대 정체성 지우기를 의도한 정치적 조치였다.

많은 유대인들은 로마 전역으로 흩어졌고, 디아스포라(Diaspora)의 시대가 본격적으로 시작되었다. 유대 디아스포라는 70년 이후에 갑자기 시작된 것이 아니라, 이미 **알렉산드리아·바빌로니아** 등지에 대규모 공동체가 존재했다. 다만 **70년과 135년**은 흩어진 공동체의 **규모와 지리가 급격히 재편**된 분수령이었다. 그들은 **바빌론, 알렉산드리아, 로마, 카르타고, 히스파니아** 등지로 흩어져 **이방 땅에서 유대 신앙을 지켜가는 공동체**로 살아가게 된다.

□ 신학적 전환 - 성전에서 말씀으로

성전이 사라진 후, 유대교는 본질적 전환을 맞는다. **제사 중심의 신앙 체계**는 **율법과 회당 중심의 공동체**로 옮겨 갔고, **랍비 중심의 해석과 토론 문화**가 형성되었다. 이러한 전환은 신앙의 물리적 공간에서 영적 해석으로의 변화였다. 유대인들은 받아들이기 어려웠지만, 기독교 공동체는 이 사건을 **예수의 예언 성취**로 이해했다. 성전이 사라지자, 그리스도인들은 예수가 **참된 성전이며, 대제사장이며, 하나님과 사람 사이의 중보자**라고 선언했고, 복음은 유대인의 경계를 넘어 **이방 세계로 퍼져 가기 시작**했다.

□ 맺음말 - 무너진 성전, 그리고 디아스포라

로마의 유대 침공은 역사적으로는 '진압'이었으나, **신앙의 관점**에서는 **새로운 시대의 시작**이었다. **성전은 무너졌지만, 말씀은 살아남았다.** 백성은 흩어졌지만, 복음은 퍼져갔다. 그

비극은 끝이 아니라, **하나님의 섭리 안에서 다시 세워지는 믿음의 시작**이었다. 그날의 폐허에서 **새로운 시대가 뿌리를 내리기** 시작했다.

2. "나는 마사다를 함락시켰다." - 실바 장군의 회상

기원후 73년의 봄, 나는 **그날의 바람을 기억**한다. 사해에서 불어오던 건조하고 소금기 어린 바람이, 로마 군단의 깃발을 날카롭게 휘날리던 그 순간을.

나는 **루키우스 플라비우스 실바(Lucius Flavius Silva)**, 로마 최정예 제10군단, 프레텐시스(Legio X Fretensis)의 지휘관이었다. 황제 베스파시아누스의 명을 받아 유대 땅의 마지막 저항지를 함락하라는 명령을 받았고, 그 명령은 곧 나의 영광이자 로마의 체면이었다.

□ "그들은 바위 위에서 스스로 고립되었다."

마사다.
그 이름을 처음 들었을 때 나는 그곳을
단지 먼 변경의 반란자 소굴쯤으로 여겼다.
그러나 직접 그 산을 보았을 때, 그것은 더 이상 '소굴'이 아니었다.
그것은 요새였고, 성채였으며, 하나의 작은 나라였다.
그들은 성을 짓지 않았다.
자연의 절벽 위에 스스로를 고립시켰고,
헤롯이 남긴 창고와 수로, 궁전을 개조하여 **자유를 위한 성소**로 만들었다.
나는 이해할 수 없었다.
황제의 권위 앞에 복종하는 것이 로마 시민의 길인데,
이 야만인들은 왜 칼을 들고 신의 이름을 부르짖는가?

□ "우리는 로마의 방식으로 포위했다."

나는 그들을 기근으로 굴복시킬 수도 있었고,
급습으로 불태울 수도 있었지만,
나는 **로마답게 행동**하기로 했다.
공성로(rampart).
그것은 대 로마의 기술이자 선언이었다.
군단병들과 노예들을 동원해 남쪽 절벽 아래에서부터
하늘을 향한 거대한 경사로를 쌓았다.
수개월이 흘렀고,
로마의 깃발은 절벽을 오르기 시작했다.
나는 공성 탑 위에서 그 요새의 벽을 내려다보며 이렇게 생각했다.
"내일이면 끝날 것이다."

□ "승리가 있었으나, 적은 없었다"

우리는 마침내 벽을 넘어섰다.
그러나 창을 겨눌 적은 없었다.
그들은 **이미 모두 죽어 있었다.**
나는 믿을 수 없었다.
성에는 불탄 흔적도, 처절한 전투의 자국도 거의 없었다.
죽은 자들은 가지런히 누워 있었고,
물은 남아 있었으며, 곡식 창고는 아직 가득 차 있었다.
그것은 전투가 아니라, **의식**이었다.
그들은 죽기를 택했다. 로마의 포로가 되지 않기 위해.

□ "나는 침묵 속에서 무릎 꿇었다"

전장을 정리하던 병사들 뒤에서,
홀로 그 회당 자리에 섰다.
지붕은 무너졌고, 벽에는 검은 그을음이 남아 있었지만,
그 안에는 **무언의 흔적**이 있었다.

"하나님을 찬양하라.
우리의 이름을 아시는 이는 오직 그분뿐."

나는 처음으로 '**패배 없는 저항**'이라는 것을 이해했다.
그날 나는 성을 무너뜨렸지만,
그들의 **신념**은 건드릴 수 없었다.

□ "마사다는 무너졌고, 잊히지 않았다"

나는 로마의 정신으로 완전히 돌아가지 못했다.
유대의 먼 변경, 이 사해 바다를 등지고
여전히 이 땅에 남아 있다.
로마는 살아남았지만,
나는 때때로 그 절벽 위,
침묵 속에서 죽어간 그들의 얼굴을 떠올린다.
그리고 속삭인다.
"마사다는 무너졌으나, 그 자유는 아직도 살아 있다."

마사다 요새, 사진: 구민성

로마가 쌓은 마사다 공성로, 사진: 구민성

3. 예루살렘 성전, 왜 돌 하나도 남지 않았는가?

"우리는 돌을 들어 올렸다" - 무명의 로마 병사의 회상

나는 열여덟 살이었다.
로마 제10군단의 보병으로, 예루살렘 포위전에 투입된 지 다섯 달째.
성은 무너졌고, 성전은 불탔다.
그러나 전쟁은 끝나지 않았다. 아니, 전쟁이 끝난 후가 더 지독했다.
나는 그날도 석공 망치와 철제 지렛대를 들고
성전 뜰에 서 있었다.
붉게 그을린 돌들 사이엔 연기가 아직 남아 있었고,
그 안엔 부서진 나무, 녹은 청동,
그리고 **황금의 흔적**이 있었다.

□ "황금은 돌 사이로 흘러들었다."

"저 틈을 봐라. 금이다."
선임 병사가 가리킨 곳엔,
재와 먼지 속에 **반짝이는 금빛 한 줄기**가 보였다.
그건 지붕에서 녹아내린 황금이었다.
성전 지붕은 순금 판으로 덮여 있었고,
그것들이 불길에 녹아내려
벽 틈 사이, 기초석 아래,
심지어 **계단 구석**까지 스며들었다.
누군가는 말했다.
"성전 하나를 부쉈는데,
로마 하나를 세울 수 있을 만큼의 금이 남았다."

□ "우리는 신을 위하지 않았다. 금을 위해 일했다."

그날부터 **명령은 없었다. 목적만 있었다.**

우리의 일은 단순했다.

돌을 들어내는 것.

하나씩, 둘씩.

지렛대를 넣고, 기초석을 들추고,

금 조각이 있는지 살펴보고, 없으면 그 아래 돌로 넘어갔다.

어떤 돌은 너무 커서 병사 셋이 달라붙어야 했고,

어떤 틈은 너무 깊어 손을 다치기 일쑤였다.

하지만 다들 멈추지 않았다.

"이 안에 더 있다."

"더 밑에 녹은 게 있을 거야."

우리는 **하나님의 집을 광산처럼** 뒤졌다.

찬송이 흘러나왔던 그 벽 아래서

우리는 **채굴자**가 되어 있었다.

□ "돌 위에 돌 하나도 남기지 않았다"

어느 순간,

이 일이 **단순한 약탈**이 아니라

의무처럼 느껴졌다.

성전은 살아있는 유대인의 마음이었다.

우리는 그 마음이 다시는 일어나지 못하도록

그 심장을 뿌리째 들어내고 있었다.

다른 병사는 이렇게 중얼거렸다.

"돌 하나도 남기지 말라는 게… 신의 뜻이었을까?"

나는 대답하지 않았다.

하지만 망치를 쥔 내 손은 멈추지 않았다.

□ "남은 것은 공터, 그리고 기억"

몇 주가 지나
우리는 마침내 지쳤고,
마침내 아무것도 찾을 수 없었다.
그곳은 더 이상 성전이 아니었다.
폐허였고, 공터였으며, 침묵이 깃든 무덤이었다.
우리는 떠났다.
금은 로마로 갔고, 기억은 그 땅에 남았다.
그리고 나는 지금도 생각한다.
우리가 부순 것은
단지 돌이었을까? 아니면 신의 자리였을까?

□ 맺음말 - 돌 하나도 남기지 않은 이유 - 예언의 성취

예루살렘 성전이 철저히 파괴된 것은
단순한 전쟁의 결과가 아니었다.
그것은
제국의 질서 유지,
민족의 자긍심 말살,
종교 권위에 대한 심판,
그리고 복음의 새로운 시작을 위한
하늘과 땅 사이에서 일어난 격렬한 **재편의 상징**이었다.
그 돌들은 무너졌지만,

그 위에서 **새로운 나라와 새로운 예배**가 시작되었다.

"너희가 이 모든 것을 보지 못하느냐 내가 진실로 너희에게 이르노니 돌 하나도 돌 위에 남지 않고 다 무너뜨려지리라" (마태복음 24:2)

그 예언은 40여 년 만에 현실이 되었다.

4. 예루살렘 - 시간 위에 세워진 영혼의 도시

예루살렘, 그 이름은 고요히 시작되었으나, 인류의 역사 속 가장 많은 눈물을 흘린 장소 중 하나다. 고대 청동기 시대, 아직 도시라 부를 수조차 없던 시절, 기혼 샘 주변의 작은 정착지에서 인류는 물을 마시고 불을 지폈다. 이후 '우루살림'이란 이름으로 고대 이집트 문서에 기록되었을 때, 이 도시는 이미 평화를 상징하는 '살렘'의 땅으로 불리고 있었다. 그러나 그 이름과는 달리, **예루살렘의 운명은 전쟁과 피의 반복**이었다.

□ 다윗과 솔로몬 - 성전을 세우다

기원전 1,000년경, 이스라엘의 왕 다윗은 여부스족이 점령한 산성 도시를 정복하고, 그곳을 '다윗의 성'이라 부르며 이스라엘 왕국의 심장으로 삼았다. 이어 아들 솔로몬이 왕위에 오르자, 그는 산 위에 웅장한 성전을 세웠다. 금과 백향목으로 뒤덮인 그 성전은 하나님이 거하시는 집이라 여겨졌고, 유대 민족의 정체성이 그 안에 뿌리를 내리기 시작했다. 성전은 단순한 건축물이 아니었다. 그것은 신과 인간 사이의 약속이었고, 하늘과 땅이 만나는 지점이었다.

□ 파괴와 회복 - 바빌론 포로에서 제2 성전까지

그러나 역사 속에 영원한 나라는 없었다. 바빌로니아 제국의 왕 **느부갓네살(Nebuchadnezzar**

II)이 예루살렘을 침공한 것은 기원전 586년, 성전은 불에 타 무너졌고, 유대 민족은 포로로 끌려갔다. 백성들은 강가에 앉아 시온을 그리워하며 울었고, 그 절망의 노래는 시편에 실려 오늘날까지 노래로 울려 퍼진다.

페르시아의 **고레스 대왕(Cyrus the Great)**은 기원전 538년경 칙령을 내려 유대인 포로에게 귀환을 허용했고, 그들은 다시 돌을 쌓아 제2 성전을 세웠다. 귀환은 단번에 끝난 사건이 아니라 약 1세기에 걸쳐 단계적으로 이루어진 과정이었다. 그러나 성전은 더 이상 이전의 영광을 되찾지 못했다. 헬레니즘의 물결이 밀려들었고, 이방 왕들의 신상이 예루살렘에 세워졌다. 그러나 마카비 가문의 저항과 피로 얻어진 자치 속에서 유대인들은 믿음을 지켰다.

□ 예수와 로마 - 성전의 마지막 날들

기원전 1세기 말, 로마 제국의 후원을 받은 헤롯 대왕은 예루살렘의 도시를 다시 새로이 정비했다. 그는 제2 성전을 이전보다 훨씬 더 웅장하게 확장했다. 이 시기, 유대인의 갈릴리 마을에서 자란 한 청년이 예루살렘 성전에 올라오게 된다. 그는 종교 권위자들과 논쟁했고, **무너질 성전을 예언**했으며, 감람산에서 눈물로 도시를 바라보았다. 예수는 결국 로마의 십자가에 못 박혀 죽었고, 그의 제자들은 흩어져서 복음을 전하기 시작했다. 그러나 유대인의 독립을 향한 갈망은 결국 로마와의 전면 충돌로 이어졌고, **기원후 70년**, 로마의 **티투스(Titus)** 장군은 반란을 진압하며 성전을 완전히 파괴했다. 이제 성전에는 아무것도 남지 않았고, 눈물의 벽만이 신을 향한 절규처럼 버텨 섰다. 그곳이 지금의 **통곡의 벽**이다.

□ 신들의 도시 - 이슬람, 기독교, 유대교가 만나다

이후에도 예루살렘은 평화를 알지 못했다. 기원후 2세기, 또 한 번의 유대 반란은 잔인하게 진압되었고, 로마는 이 도시에 '아일리아 카피톨리나'라는 이름을 붙였다. 유대인은 이 도시에 들어오지도 못하게 되었다.

4세기, 로마가 기독교를 공인하자 상황은 달라졌다. 황후 헬레나는 예수의 십자가가 있었다는 언덕에 **'성묘교회'**를 세웠고, 예루살렘은 순례자의 도시가 되었다. 그러나 7세기 이슬람의 우마르 칼리프가 이 도시를 점령하면서, 예루살렘은 또 하나의 종교를 품게 되었다. 기원후 691/692년 우마이야 왕조의 칼리프 압드 알말리크가 **황금색 '바위의 돔**(Dome of the Rock)'을, 이어 기원후 715년에 알왈리드 1세가 **은빛 알악사 사원**(Al-Aqsa Mosque)을 세웠다. 성전산(하람 알샤리프)은 이슬람의 성지로 자리 잡았다. 이제 예루살렘은 유대교, 기독교, 이슬람 세 신앙이 얽힌 도시가 되었다.

□ 십자군과 오스만, 그리고 오늘

하지만 세 신앙은 서로를 품기보다는 배척했고, 전쟁이 이어졌다. 1099년, **십자군**은 이슬람으로부터 예루살렘을 빼앗고 **'예루살렘 왕국'**을 세웠으며, 수많은 무슬림과 유대인이 도심에서 학살되었다. 이에 대한 반응으로, 1187년, **살라딘(Saladin)**은 이 도시를 탈환했고, 이슬람의 통치가 다시 시작되었다. 시간은 흘러 오스만 제국이 예루살렘을 품었고, 술탄 술레이만은 무너진 성벽을 다시 세웠다. 지금 우리가 보는 예루살렘의 돌 성벽은 이 시기의 유산이다. 예루살렘은 다민족이 살아가는 도시가 되었지만, 언제나 조용한 긴장이 감돌았다.

20세기, 세계는 또 한 번 예루살렘을 둘러싸고 갈라졌다. 1948년 이스라엘 건국과 함께, 예루살렘은 서쪽(이스라엘)과 동쪽(요르단)으로 나뉘었다. 그리고 1967년, 이스라엘은 동예루살렘을 점령하며 도시 전체의 지배를 선언했다. 그러나 국제 사회는 이를 완전한 승인으로 받아들이지 않는다. 오늘날도 성전산 위, 유대인의 기도와 무슬림의 절, 기독교인의 순례가 교차하는 그 땅은 여전히 **갈등의 중심**이다.

□ 끝나지 않은 이야기 - 시간과 신앙의 교차로

예루살렘은 하나의 도시이지만, 하나의 이야기가 아니다. 그것은 신을 향한 인간의 갈망과 서로 다른 진리의 해석이 충돌한 자리이며, 동시에 평화를 향한 꿈이 무너지고 다시 세워지는 순례의 여정이다. 예루살렘의 돌 하나, 벽 하나, 골목 하나에도 천 년의 신앙과 피와 기도가 스며 있다. 이 도시는 아직 끝나지 않은 이야기이며, 그 중심에서 인간과 신의 관계는 여전히 쓰이고 있다.

5. 예수, 그는 누구인가 - 그 이름이 남긴 흔적

예수가 태어난 시대는 로마 제국의 전성기였다. 아우구스투스 황제는 제국 전체를 통치하며 '팍스 로마나'라는 이름의 평화를 선언했다. 그러나 그것은 강자의 평화였다. 유대 땅은 속주가 되었고, 사람들은 오래된 약속—메시아를 기다리고 있었다. 이런 시대, 이런 땅의 가장 낮은 자리에서 예수는 태어났다.

그는 단지 한 시대의 인물이 아니었다.
그는 **태초에 모든 것을 지으신 창조자요,**
어둠 속 인류를 품으신 구원자요,
깨어진 영혼을 만지시는 치료자이셨다.

□ 하나님의 나라를 선포한 삶

베들레헴의 마구간에서 태어나 나사렛에서 자란 그는, 서른쯤 요단강에서 세례를 받고 광야로 나아갔다. 40일의 시험을 이겨낸 후 그는 갈릴리로 돌아와 외쳤다.

"회개하라. 하나님의 나라가 가까이 왔다."

그의 나라는 칼로 이루는 나라가 아니었다. 병든 자가 고침 받고, 죄인이 용서받으며, 상한 마음이 회복되는 나라였다. 그는 눈먼 자를 보게 하고, 나병환자에게 손을 내밀었고, 성전보다 사람의 마음을 더 귀히 여겼다. 그는 가르쳤다.

"원수를 사랑하라."
"너희는 세상의 빛이다."

그의 말은 단지 조언이 아니라, 모든 가치관을 거스르는 혁명이었다. 종교 지도자들은 그를 두려워했고, 결국 그는 체포되어 빌라도 앞에 서게 되었다. 무리는 외쳤다.

"그를 십자가에 못 박으라!"
그는 죄 없이 골고다 언덕에 매달렸다.
고통 속에서 그는 조용히 선언했다.
"다 이루었다."

사람들은 그것이 끝이라 여겼다. 그러나 셋째 날, 무덤은 비어 있었다. 제자들은 부활하신 그를 만났고, 세상을 향해 외쳤다.

"그는 살아나셨다!"

그를 따르던 이들은 교회를 세웠고, 고난 속에서도 기도하며 사랑을 나눴다. 그의 말은 과거에 머물지 않았다. 그 이름은 지금도 사람의 마음을 흔들고, 죄를 녹이며, 절망을 희망으로 바꾼다.

□ 예수, 그 이름이 남긴 흔적

예수는 누구인가?
역사 속에서는 유대인이며, 로마의 십자가에 달린 한 청년이었다.
신학적으로 그는 하나님이며, 인류의 죄를 대신 지고 죽은 구세주였다.
철학적으로 그는 진리요, 존재의 기준이 되었으며, 윤리의 뿌리가 되었다.
예술과 문명 속에서는 수많은 화가, 시인, 작곡가들에게 영감을 주는 영원한 소재가 되었다.

그러나 무엇보다, 그는 지금도 사람들의 내면에 묻는다.
"너는 나를 누구라 하느냐?"

그에 대한 대답은 사람마다 다를 수 있다.
하지만 그를 만난 자들의 삶은 이전과 같지 않다.
오늘도 전 세계 20억 명 이상의 사람들이 그의 이름으로 기도하고,
그의 가르침을 따라 살고자 애쓴다.

□ 그러나, 그를 따르는 이들은 지금 어떤가?

아이러니하게도, 가장 위대한 사랑을 가르친 예수의 이름 아래에서조차 분열이 일어난다. 전쟁이 일어나며, 정치가 말씀보다 위에 서 있으며, 편견과 차별이 존재한다. 교회는 때로 예수의 뜻과는 다른 모습으로 세상에 비치고, 신자들조차 그의 말씀을 온전히 실천하지 못한다. 그러나 그것은 예수의 실패를 의미하지 않는다. 오히려 그것은 우리가 아직도 그 말씀을 온전히 살아 내지 못하고 있음을 보여 주는 증거다.

예수는 단지 믿음을 요구하는 분이 아니라,
삶으로 따르라고 부르시는 분이었다.
그는 완벽한 제도나 세련된 교리를 남긴 것이 아니라,
자신을 내어 주는 사랑으로 세상의 방향을 바꾸었다.

□ 예수, 여전히 오늘을 비추는 이름

예수는 과거에만 머무는 인물이 아니다.
그는 지금도 살아 계신 분으로

그 이름은 지금도 양심을 깨우고,
고통받는 자에게 위로를 주며,
방황하는 이에게는 길을,
죽음을 마주한 이들에게는 소망을 전하고 있다.

그가 걸어간 길은 쉽지 않았다.
그러나 그 길은 여전히, 오늘 우리에게 말한다.

"사랑하라. 용서하라. 섬기라."

예수는 그 이름 하나로 세계 역사의 흐름을 바꾸었다.
그리고 그 흔적은 지금도 사람들의 심장 깊은 곳에서 살아 숨 쉬고 있다.

제19장

고린도와 해양 그리스
- 신전과 수도원의 대조

1. 그리스의 시작과 멸망

그리스의 시작과 멸망은 긴 시간에 걸쳐 펼쳐진 문명의 연대기이며, 그 안에는 인간의 창조성, 갈등, 이상, 그리고 한계가 함께 녹아 있다. 이 이야기는 에게해를 중심으로 한 청동기 문명에서부터 시작되어, 알렉산드로스 대왕의 정복과 로마의 병합을 거쳐 하나의 시대가 마감되기까지, 수천 년에 걸친 여정을 담고 있다.

□ 시작 - 에게 문명의 여명

기원전 3000년경, 에게해의 섬들과 그 주변에서 인류는 새로운 문명을 꽃피우기 시작했다. **크레타섬에서 시작된 크레타 문명**, 혹은 **미노아 문명**은 **유럽 최초의 고급 청동기 문명**이었다. 크노소스 궁전의 벽화와 복잡한 건축물은 이들이 뛰어난 건축 기술과 예술 감각을 지녔음을 보여 준다. 그들은 바다를 통해 교역하며 에게해를 지배했고, **여신을 숭배하는 독특한 신앙**을 가졌다.

그러나 이 문명은 자연의 분노 앞에서 무력했다. **산토리니섬의 화산 폭발과 지진**, 혹은 이후 북방에서 내려온 **미케네(Mycenae) 인들의 침입**으로 문명은 쇠락의 길을 걸었다. 이어지는 **미케네 문명**은 보다 **전사적인 성격**을 띠며 등장했다. **고대 트로이 전쟁의 전설**도 이 시기에 뿌리를 둔다. 미케네 인들은 **강력한 왕을 중심으로 한 도시국가**를 이루고 있었고, **금으로 장식된 무덤과 갑옷**은 그들의 부와 힘을 보여 준다.

미노아 도자기, BC 2600_1900
Zde, Minoan pottery, Crete, 2600-1900 BC, 2014.

이 무렵, 에게해와 동지중해 전역에는 문명의 거대한 격변이 시작되었다. 기원전 1200년경, 역사에 '해양 민족(Sea Peoples)'이라 불리는 무리가 등장해 히타이트, 시리아, 이집트를 공격했고, 그 여파는 미케네 세계에도 미쳤다. 일부 학자들은 미케네 문명의 붕괴가 이 해양 민족의 침입과 무관하지 않다고 본다. 특히 이들 가운데 '펠레세트(Peleset)'라는 집단은 가나안 해안에 정착하여 블레셋(Philistines)으로 알려지게 된다.

이 블레셋은 단지 이주민이 아니라, **미케네 후기 양식을 공유한 집단**이었다. 레반트 지역의 블레셋 도자기에서 미케네 후기 양식이 확인된다. 이처럼 바다를 지배하던 고대 에게인들의 신앙은 풍요와 쾌락의 여신 **아프로디테(Aphrodite)** 숭배로 이어졌고, 훗날 고린도는 그 상징적 무대가 되었다. 고고학적 발굴은 그들의 초기 도자기, 무기, 식생활이 **미케네 문화의 연속선상**에 있음을 보여 준다. 즉, 미케네 문명의 붕괴 속에서 일부 세력이 **동지중해 지역으로 흘러 들어가 블레셋 문화로 재편된 것**이다. 그리하여 이 고대 에게의 유민들이, 후에 성경의 무대에 등장하는 **블레셋**이 되었음을 보여 주는 흔적들이 다수 발견된다.

산토리니섬의 화산 폭발 흔적, 사진: 구민성

□ 어둠 속에서 다시 태어나다

기원전 1100년경, **미케네 문명은 북부 그리스**에서 내려온 **도리아인의 침입**으로 무너진 이후, 그리스는 문명의 암흑기에 접어들었다. 이 시기에는 **문자 사용이 중단**되었고, **대규모 건축물이나 기록도 사라졌다**. 하지만 이 침묵의 시기에도 **인간의 기억은 살아 있었다**. 수백 년 후, 시인 **호메로스**는 이 시기의 기억을 서사시로 불러냈다. 《일리아드》와 《오디세이》는 영웅들과 신들이 함께했던 시대를 노래하며, **새로운 그리스 정신의 씨앗**을 뿌렸다.

□ 폴리스의 시대, 인간의 이상을 세우다

기원전 8세기부터, 그리스는 다시금 문명으로 깨어나기 시작했다. 해안과 계곡 곳곳에 폴리스(도시국가)가 생겨났고, 각기 다른 정체성과 이상을 품었다. 그중에서도 두 도시가 중심에 있었다. 하나는 **자유로운 시민들의 참여와 토론**을 중시한 **아테네(Athens)**, 다른 하나는 **군사력과 절제**를 중심에 둔 **스파르타(Sparta)**였다.

이 시기는 정치의 실험실이자 **예술과 철학의 황금기**였다. **소크라테스**는 인간의 내면을 묻고, **플라톤**은 이상 국가를 구상했으며, **아리스토텔레스**는 모든 것을 체계적으로 설명하려 했다. **파르테논 신전**이 우뚝 선 언덕 위에서, 인간은 신과 함께 있기를 원했지만, 그 자리는 이제 **이성과 미의 상징**이 되었다. 하지만 인간의 이상은 때때로 서로 충돌했다. **페르시아 제국의 침공** 앞에서 아테네와 스파르타는 힘을 모아 맞섰고, **마라톤 전투**와 **살라미스 해전**은 작은 도시국가들이 **거대한 제국을 물리칠 수 있음을** 보여 주었다.

그러나 곧이어 벌어진 **펠로폰네소스**(Peloponnesus) **전쟁**은 그리스 세계를 **깊은 분열**로 몰아넣었다. **아테네는 몰락**했고, **스파르타도 곧 쇠약**해졌다. **위대한 문명은 내부의 갈등**으로 스스로를 갉아먹기 시작했다.

□ 알렉산드로스, 세계를 품다

그 혼란 속에서 북부의 신흥 세력, **마케도니아**가 등장했다. **알렉산드로스 대왕(Alexander the Great)**은 아버지 **필리포스 2세**(Philip II of Macedon)가 통합한 **그리스의 힘**을 이끌고 동방으로 진격했다. 그는 그리스의 이상과 동방의 신비를 함께 품으며, **이집트에서 인도까지 하나의 세계**를 꿈꿨다. 그의 제국은 너무 짧았지만, 그 영향은 거대했다.

그가 지나간 곳에는 **그리스식 도시**가 세워졌고, **철학과 과학, 예술이 꽃**을 피웠다. 이 시대는 **헬레니즘**이라 불리며, 그리스의 문화가 세계화된 시기였다. 그러나 **알렉산드로스가 남긴 제국은 곧 분열**되었고, 각 지역은 독자적으로 살아남으려 애썼다.

□ 쇠퇴와 멸망, 그리고 전통의 계승

알렉산드로스의 죽음 이후, 그리스는 더 이상 중심이 아니었다. 각지의 **헬레니즘 왕국들**은 서로 싸우며 약화되었고, 새롭게 부상한 **로마의 질서** 앞에 하나둘 무너졌다. **기원전 146년, 로마는 그리스 본토를 병합**하며 **역사적 마침표**를 찍었다. 그리고 기원전 31년, 악티움 해전에서 클레오파트라와 안토니우스가 패배하며 헬레니즘의 마지막 불꽃도 꺼졌다. 그러나 그리스는 정복당했으나, 멸망하지 않았다. 로마는 **그리스의 철학을 배우고, 예술을 모방**했으며, **언어와 종교의 기초**를 받아들였다.

플라톤의 사유는 중세 신학 속에 살아남았고,
아리스토텔레스의 논리는 과학 혁명의 기초가 되었다.
그리스는 자신을 세운 **인간의 정신과**,
그것을 무너뜨린 **인간의 갈등**을 함께 보여 주는 **문명**이다.

신화와 철학, 전쟁과 이상, 위대함과 허약함이 함께 교차한 땅.
오늘날에도 우리는 그리스에서 시작된 수많은 질문들과 씨름하고 있으며,
그것은 아마도 **이 문명이** 진정으로 **끝나지 않았음을** 말해 주는 증거일 것이다.

2. 아크로 고린도 - 침묵 위에 남은 신앙과 권력의 흔적

고린도 평원을 굽어보는 거대한 **바위산, 아크로 고린도**는 단순한 언덕이 아니다. 수천 년의 시간 속에서 신앙과 권력, 전쟁과 문명이 교차했던 **역사의 무대**였다. 이곳은 이미 **기원전 2000년 미케네 문명 시기**부터 **신성한 장소**로 여겨졌으며, **하늘과 가장 가까운 곳**이라는 상징성과 함께 **전략적 요충지**로 기능해 왔다.

평지에 자리한 고린도는 고대 그리스 세계에서 **가장 번성한 도시 중 하나**로, **상업과 문화의 중심지**였다. 로마 시대에 접어들며 도시는 더욱 화려해졌고, **아고라와 목욕탕, 분수와 신전**이 질서 정연하게 배치되었다. 그 도시를 굽어보는 언덕 위, 아크로 고린도에는 한때 **아프로디테 여신의 신전**이 세워져 있었다. 고대 전승에 따르면 이곳은 신성한(?) 매춘이 이루어졌던 장소로도 알려졌으며, **쾌락과 신앙**이 뒤섞인 인간 **문명의 양면성**을 상징한다.

그러나 고린도에는 또 하나의 다른 이야기, 바로 **복음의 발자취**가 남아 있다. **사도 바울은 이곳에서 약 1년 6개월**을 머물며 복음을 전했다. 그는 **브리스길라와 아굴라 부부**와 함께 **천막**을 만들며 생계를 유지했고, **회당에서는 유대인에게,** 거리에서는 **이방인에게 그리스도**를 전했다. 고린도는 철학과 신앙, 쾌락과 거룩함이 충돌하던 장소였다. 그리고 아크로 고린도는 그러한 모든 긴장이 교차하는 공간이기도 했다.

산 위 아크로 고린도에는 인간의 욕망과 풍요를 상징하던 아프로디테 신전이 있었고, 산 아래 아고라에는 세속 권력의 질서를 대변하는 Bema(베마)[3]가 자리했다. 하나는 쾌락의 신전으로 무너졌고, 다른 하나는 바울이 고발당했던 자리로 남아 고린도의 운명을 증언한다. 위와 아래, 쾌락과 권력, 그리고 그 사이에 스며든 복음의 흔적은, 문명이 무엇을 세우고 무엇을 남기는가에 대한 철학적 질문을 던진다.

기원전 146년, 로마가 고린도를 정복하면서 도시는 폐허가 되었지만, **아크로 고린도는 전략적 중요성** 덕분에 **보존되고 요새화**되었다. **아프로디테 신전은 제우스나 황제 숭배용 성소**로 대체되었고, 이후 기독교가 퍼지면서 **성모 마리아를 위한 교회**로 전환되었다. **수도사들이 거처를 마련**하면서, 종교적 성소는 **은둔과 기도의 장소**가 되었다. 아프로디테 신전이 성적 의례의 공간에서 금욕적 수도원으로 바뀐 이 전환은, 그리스 문명의 가치관 변화를 상징적으로 드러낸다.

중세에 들어서며 **아크로 고린도**는 다시 **군사적 요충지**로 주목받았다. **십자군, 베네치아, 오스만 제국**이 이 지역을 차례로 점령하면서 **성채는** 끊임없이 **보수되고 확장**되었으며, **성벽과 대포, 병영**이 언덕을 메웠다.

---

3) 고린도의 베마는 단순한 석조 연단이 아니라, **고대 사회의 권력과 법, 철학과 신앙이 교차하던 상징적인 공간**이었다. 이곳은 행정관이 판결을 내리고, 철학자와 상인이 시민들과 토론을 벌이던 공적 무대였으며, 사도 바울이 실제로 서서 변론했던 역사적 장소이기도 했다. 특히 로마 총독 갈리오가 바울을 불러 세워 재판을 열었던 자리로 알려져, 복음과 세속 권력이 직접 맞부딪힌 현장이 되었다.

이곳이 마지막으로 **전쟁터**가 된 것은 **19세기 그리스 독립 전쟁** 때였다. **오스만 제국과 그리스 민병대**가 이 언덕을 두고 **치열한 공방**을 벌였으며, 아크로 고린도는 다시 한번 **피로 물들었다.** 그러나 전쟁이 끝나고 평화가 찾아오자, 사람들은 더 이상 이 언덕에 머물지 않았다. **신전은 무너졌고, 요새는 버려졌으며, 군사적 기능도 소멸**되었다.

오늘날 **아크로 고린도는 고요한 폐허**로 남아 있다. 그 위를 스치는 것은 사람들의 발길이 아니라 바람뿐이다. 그러나 그곳에는 여전히 **인간의 신앙과 욕망, 두려움과 저항의 흔적**이 남아 있으며, 역사의 침묵이 말을 대신하고 있다. 아프로디테 신전의 향락은 결국 무너졌으나, 메테오라의 수도원은 하늘을 향한 기도의 요새로 남았다. 두 공간은 그리스 정신의 두 얼굴을 보여 준다. 아크로 고린도의 멸망은 한순간의 파괴가 아니라, 수천 년의 세월이 만들어 낸 **조용한 침묵**이었다. 그리고 그 침묵은 지금도 우리에게 이렇게 말한다.

"역사는 사라지지 않는다. 그것은 여전히 그 자리에 남아 있다."

아크로 고린도와 신전 산, 사진: 구민성

3. 그리스의 유적지들

그리스는 땅 전체가 유적이라고 해도 과언이 아니다. 그곳의 언덕과 계곡, 해안과 섬에는 수천 년 전 인간의 손으로 세운 **신전과 극장, 경기장, 도시 유적**이 고스란히 남아 있다. 이 유적들은 단지 과거의 흔적이 아니라, **신화와 역사, 철학과 예술이 살아 숨 쉬는 공간**이다. 그리스의 유적지를 걷는 것은 돌무더기 사이를 걷는 일이 아니라, 시간을 거슬러 **고대인의 숨결을 마주하는 일**이다.

□ 석양과 바다 위에 떠 있는 신전 - 에게해를 지배한 포세이돈

고대 그리스 아티카 반도의 최남단, 육지가 끝나고 바다가 시작되는 **수니온 곶**에는 에게해를 내려다보는 웅장한 **포세이돈 신전**(Temple of Poseidon)이 서 있다. 이곳은 해발 약 60미터 절벽 위의 자연적 요새이자, 사방이 바다로 열린 전략적 관찰소였다. 멀리서 항해하는 배들도 이 신전을 보고 방향을 잡았기에, 신전은 단순한 종교 시설이 아니라 **바다를 지배하는 자가 세우는 상징적 이정표**였다. 위치 자체가 "인간의 세계와 신의 세계가 만나는 경계"였고, 그리스인에게 바다는 곧 생명과 위험, 무역과 전쟁, 두려움과 희망이 공존하는 거대한 힘이었기 때문에, **그 힘을 다스리는 포세이돈**에게 이보다 적합한 장소는 없었다.

신전의 건축은 **기원전 440년경 도리아식 양식**의 순수한 힘을 보여 준다. 기둥은 굵고 단단하며, 장식은 최소화되어 있다. 그러나 단순함 속에 놀라운 정밀함이 숨어 있다. 기둥은 위로 갈수록 미세하게 가늘어지며, 중앙은 약간 볼록해(엔타시스) 시각적 안정감을 준다. 기단은 완전히 평평하지 않고 아주 미세하게 곡선을 이루어, 인간의 눈으로 봤을 때 완벽한 수평처럼 느끼도록 설계되었다. 이 모든 것은 고대 그리스 건축이 단순한 석공 기술을 넘어서 **수학, 시각 심리, 구조 공학을 결합한 예술 과학**이었다는 것을 보여 준다.

이 신전이 바라보는 바다는 슬픔과 전설이 깃든 이름, **에게해(Aegean Sea)**로 불린다. 가장 유명한 이야기에서, **아테네의 왕 아이게우스**(Aegeus)는 아들 테세우스가 미노타우로스

를 물리치고 돌아올 때 흰 돛을 달겠다는 약속을 믿고 기다렸다. 그러나 테세우스는 이를 잊고 검은 돛을 단 채 귀환했고, 수니온 곶에서 그 모습을 본 아이게우스는 아들이 죽은 줄 알고 **절벽 아래로 몸을 던졌다**. 그 후 사람들은 그의 이름을 따서 이 바다를 에게해라 부르게 되었다. 이 전설은 포세이돈 신전 아래의 절벽이 단순한 풍경이 아니라, **그리스 신화**가 실제 땅과 바다 위에 새겨진 **'살아 있는 무대'**였음을 보여 준다.

무엇보다 포세이돈 신전이 특별한 이유는 **경치 그 자체가 신화적**이기 때문이다. 이곳은 종종 **"그리스에서 가장 아름다운 석양"**이라고 불린다. 해가 바다로 내려앉을 때, 하늘은 금빛과 분홍빛으로 물들고, 대리석 기둥은 불타는 듯한 색으로 빛난다. 바다는 끝없이 펼쳐지고, 바람은 고요하며, 고대와 현재가 겹쳐진다. 마치 신전이 시간이 멈춘 세계에 떠 있는 것처럼 느껴진다. 이 절벽 위의 건축은 단순한 잔해가 아니라, **그리스 문명이 바다와 신, 인간과 자연, 기술과 미학**을 어떻게 **통합**했는지를 보여 주는 **살아 있는 증언**이다.

포세이돈 신전(수니온 곶), 사진: 구민성

□ 아테네

아테네에 들어서면 **도시 중심부**에 우뚝 솟은 **아크로폴리스 언덕**이 가장 먼저 눈에 들어온다. 이 언덕은 아테나 여신을 기리기 위해 세운 **파르테논 신전**을 비롯하여, 에레크테이온, 니케 신전 같은 **신성한 건축물**로 가득하다. **아크로폴리스의 돌기둥 사이로 비치는 햇살**은 마치 **과거와 현재를 연결하는 빛**처럼 느껴진다. 언덕 아래에는 **디오니소스 극장**과 **고대의 아고라**가 자리하고 있는데, 이곳은 **소크라테스가 제자들과 토론을 벌였던 장소**로 전해진다.

□ 미케네의 성벽과 왕들의 무덤

펠로폰네소스 반도로 내려가면, **미케네의 성벽과 왕들의 무덤**이 방문객을 맞이한다. **거대한 돌로 쌓은** 라이온 게이트를 지나 안으로 들어서면, 이곳이 단순한 전설의 무대가 아닌 **실제 역사적 공간**이었음을 실감하게 된다. **미케네는 아가멤논의 도시**이자, **트로이(Troy) 전쟁의 신화가 실존했을 가능성**을 보여 주는 장소다. **금으로 만든 가면과 무기**들은 이 도시의 **번영과 위엄**을 증언하고 있다.

□ 올림피아

서쪽으로 향하면 **올림피아**가 있다. 제우스를 기리기 위해 **올림픽 경기가 열렸던 곳**으로, 고대 그리스인들이 신에게 바치는 최고의 헌신이자, 인간의 몸과 정신의 조화를 기리는 자리였다. **헤라 신전 앞**에서는 지금도 **현대 올림픽의 성화가 채화**된다. 유적지를 따라 걷다 보면, 운동선수들이 훈련하던 **체육관**, 경기를 치르던 **스타디움**, **제사를 드리던 신전**이 질서 있게 배치되어 있다. **올림피아**는 단순한 체육장이 아니라 **신성한 공간**이었다.

□ 델포이

중부 산악지대에 자리한 **델포이(Delphi)는 아폴론의 신전이 있던 곳**이며, 고대 세계의 중심(옴팔로스)이라 여겨졌다. 사람들은 중요한 결정을 앞두고 **델포이의 신탁**(Oracle, 인간이 신의 뜻을 묻고, 그에 대한 응답을 받는 종교적 행위)을 찾았다. 신전으로 올라가는 돌계단을 따라 걷다 보면, 수천 년 전 수많은 이들이 같은 길을 오르며 **신의 뜻을 구했던 모습**을 상상하게 된다. **극장, 경기장, 보물전**이 남아 있는 이곳은 단순한 성지가 아니라, **고대 세계의 정신적 중심**이었다.

델포이 고대 도시, 사진: 구민성

□ 에게해의 섬들 - 델로스와 크레타

에게해 중심에 위치한 **델로스섬**은 **아폴론과 아르테미스가 태어난 신화의 장소**이다. 그리스 전역에서 **순례자들이 찾던 성지**였으며, 지금은 **섬 전체가 거대한 유적지**다. 사자의 거리, 성소 구역, 극장, 신전, 주택가를 지나며, **모자이크 바닥과 돌기둥** 하나하나가 **고대인들의 일상**을 들려준다. 그리고 남쪽의 **크레타섬**에는 유럽 최초의 문명, **미노아 문명**의 중심지인 **크노소스 궁전**이 있다. 테세우스와 미노타우로스 **신화**의 배경이 된 이 궁전은 복잡한 통로와 화려한 벽화, 체계적인 배수시설로 인해 **'미궁(迷宮)'이라 불리며, 신화와 고고학이 만나는 경계**를 보여 준다.

□ 메테오라 산꼭대기의 수도원

메테오라, 사진: 구민성

산꼭대기에 세워진 **수도원**은, 하늘과 가장 가까운 곳에서 **하나님을 만나고자 했던 인간의 갈망**이 형상화된 공간이다. **대지와 분리된 그 위치**는 **세속과의 단절을 상징**하며, 동시에 **하늘과의 연합을 지향**한다. 그곳은 **세상의 소음이 닿지 않는 침묵의 성소**, **기도의 고요**, **영혼의 맑은 호흡**이 모이는 장소였다. 그리스에는 이러한 **고산 수도원**들이 여럿 존재하는데, 그중에서도 대표적인 곳이 바로 메테오라(Meteora)다. 이곳은 **테살리아 평원의 외곽**, **거대한 사암 절벽 위에 세워진 정교회 수도원 군락**으로, 이름 그대로 '공중에 떠 있는 것'을 뜻한다. 고대 수도사들은 **밧줄과 사다리**, **맨손**으로 식량과 물을 날라 가며 **수도원을 건립**했다. 그들은 순전한 침묵 속에서 하나님만을 바라보며, **금식**, **묵상**, **찬송과 필사**를 이어 갔다.

메테오라 수도원 중 일부는 14세기경 세워졌으며, **오스만 제국의 위협**으로부터 **신앙과 전통을 지킨 요새**로 기능했다. **성경 필사**, **이콘 제작**, **성찬 예배**가 이어졌고, **절벽을 오르며 영혼의 등불을 밝히는 공간**이었다. 오늘날 메테오라는 유네스코 세계문화유산으로 지정되어 있으며, 일부 수도원은 여전히 수도 생활과 함께 순례자들의 방문을 허용하고 있다. **산꼭대기의 수도원**은 시내 산 위의 모세처럼, 세상을 내려다보며 하나님의 뜻을 받들고자 했던 이들의 몸부림이었다. 그들은 그곳에서 **하나님의 침묵 속 음성**을 들었다. 바람이 벽을 스치고, 돌이 바스락거릴 때조차 **말없이 기도**했다. **세속의 정치와 전쟁**, **욕망과 시기에서 멀어진 그 자리**에서, **그들은** 오히려 세상의 아픔을 끌어안고 **중보자로 서 있었다**.

그리스의 수도원들은 단지 기도와 묵상의 장소만이 아니었다. **오스만 제국의 침공과 지배 속에서**, 이들 수도원은 **신앙의 요새이자 민족의 기억**을 간직한 마지막 보루였다. 특히 15세기부터 시작된 **오스만 튀르크의 발칸 정복**은 그리스 정교 세계에 큰 충격을 주었고, **수도원은 영적 등불로 남아 저항과 보존의 중심지**가 되었다. 고린도의 신전이 인간의 욕망을 품었다면, 메테오라는 하늘의 침묵 속에서 인간의 영혼을 붙든 자리였다.

이처럼 **그리스의 유적지**는 단지 오래된 돌덩어리가 아니다. 그것은 **인간이 신을 향해 손을 뻗던 흔적**, 공동체가 이상을 향해 세운 기념비, **철학과 신앙, 예술과 정치**가 얽혀 살아 **숨 쉬던 공간**이다. 그 돌 하나하나에는 신화의 목소리, 그 계단 하나하나에는 인간의 발자취가 남아 있다. **그리스의 유적지**를 걷는 것은 결국, **우리 자신의 시작을 돌아보는 순례**인 것이다.

4. 로마 시대 이후의 그리스

고대 그리스는 철학, 민주주의, 예술 등에서 **찬란한 문명**을 꽃피웠지만, **기원전 4세기 후반부터 그 독립성과 정치적 영향력**을 점차 상실하게 된다. 기원전 338년, 마케도니아(Macedonia)의 필리포스 2세가 그리스 도시국가 연합군을 **카이로네이아 전투**에서 무너뜨리면서, 그리스는 사실상 마케도니아의 영향권에 들어가게 된다. 이후 **알렉산드로스 대왕**이 등장하면서 **그리스 문화**는 오히려 더 널리 퍼져나가게 되지만, 정작 그리스 본토는 점차 **정치적 자율성을 잃게** 된다.

□ 로마의 속주가 된 그리스 - 정치의 종말, 문화의 확산

기원전 146년, 로마는 고린도를 파괴하고 그리스 전역을 **로마 제국의 속주로 편입**시킨다. 이로써 고대 그리스는 정치적으로 **완전히 종말**을 맞게 된다. 그러나 문화적으로는 오히려 로마가 그리스 문화를 받아들였다고 볼 수 있다. 로마의 상류층은 그리스어를 배우고, **아테네는 철학과 학문의 중심지**로 남아 있었다.

□ 비잔티움 제국과 정교회의 시대 - 신앙으로 이어진 그리스 정신

서기 330년, **콘스탄티노플(현 이스탄불)이 수도**가 되면서, 동로마 제국(비잔티움 제국)은 **기독교 국가**로 완전히 재편된다. **그리스 지역은 비잔틴 정교회**의 중심지 중 하나로 자리 잡았으며, **그리스어 성경**, 신학자들의 활동, 성상 숭배 논쟁, 성인 전 전통 등 **정교회의 깊은 신앙 전통**이 형성되었다. 이 시기의 교회는 단지 **종교 기관이 아니라, 교육, 복지, 문화의 중심**이었으며, 각 지역마다 **수도원과 성당**이 세워졌다.

하지만 중세 후반에 이르러 비잔티움 제국은 점차 쇠퇴하게 되고, **1453년 오스만 제국의 메흐메트 2세가 콘스탄티노폴리스를 정복**하면서 **동로마 제국은 멸망**한다. 그리스 지역은 이로써 **오스만 제국의 지배**하에 들어가게 되고, 약 **400년간 이슬람 제국의 통치**를 받는다. 이 시기에도 **그리스 정교는** 일정한 자치권을 가지고 **공동체를 유지**했지만, 경제적 착취와 문화적 탄압으로 인해 **민족적 정체성은 위협**을 받는다.

□ 독립과 현대 그리스 - 신앙으로 다시 선 민족

19세기 초, 유럽 전역에서 **민족주의 바람**이 불면서 그리스인들 사이에서도 **독립**에 대한 열망이 커졌다. **1821년**, 마침내 **그리스 독립 전쟁이 발발**하고, **유럽 열강의 개입**으로 인해 **1830년에는 그리스 왕국**이 공식적으로 **독립**을 인정받는다. 이후 그리스는 오랜 기간에 걸쳐 주변 영토를 수복하고 **현대 국가로 성장**해 나간다. **그리스는** 1821년 독립 전쟁 이후 **정교회를 국교**로 삼았으며, 지금까지도 국민의 대다수가 **그리스 정교회 신자**이다. 헌법상 교회는 국가와 일정 부분 분리되어 있지만, 실제로는 교육, 문화, 정치 등 다양한 영역에서 강한 영향력을 미치고 있다. 특히 그리스 정교회는 오스만 지배기에 민족 정체성을 보존했고, 독립 전쟁 시기에는 정신적 구심점으로서 국민을 하나로 묶는 역할을 했다.

고대 그리스는 정치적으로는 사라졌지만, **철학, 예술, 과학, 정치 제도 등에서 남긴 유산**은 **서양 문명의 기초**로 작용하였다. 그리고 긴 시간 동안 외세의 지배를 받으면서도, **그 민족성**

과 신앙, 언어를 지켜 내며 오늘날의 그리스로 이어지고 있다. 결국 고린도의 신전에서 메테오라의 수도원에 이르기까지, 그리스의 역사는 신과 인간, 욕망과 경건, 바다와 산의 대립과 조화 속에서 이어졌다. 이것이 오늘날까지도 그리스가 단순한 옛 문명의 폐허가 아니라, 여전히 살아 있는 질문의 땅으로 남아 있는 이유다.

제20장

흉노와 돌궐 - 유라시아 초원의 길

1. 흉노, 돌궐, 그리고 유라시아의 길 - 말발굽 위의 문명 연결선

동서 문명을 잇는 **유라시아 초원길(Steppe Route)**은 흉노와 돌궐의 말발굽 위에서 열리고 다져졌다. 이들이 만든 초원의 실크로드는 단순한 물자의 통로가 아니라, 사상과 종교, 기술과 언어가 흐르던 문명의 동맥이었다. 여기서 초원의 실크로드는 만주-몽골고원-알타이-카자흐 초원-볼가-흑해 북부로 이어진 북방로를 가리키며, 오아시스 남로(타림분지-이란 고원)와 구분된다.

□ 흉노 - 길의 개척자

기원전 3세기경, 유라시아 대륙의 동쪽 끝 몽골고원에서 등장한 **흉노**(匈奴)는 말을 타고 활을 다루는 **전형적인 기마 민족**으로, 북방 유목제국의 원형으로 평가된다. 흉노는 북중국을 압박하며 한(漢)나라와 오랜 세월 대립했고, 동아시아 질서 속에서 중심 세력으로 자리매김했다. 한나라와의 전쟁과 화친을 통해 중국산 비단, 철기, 곡물을 북방과 서방으로 중개하며, 초원의 실크로드 기반을 처음으로 형성했다.

흉노의 서진은 스키타이 · 사르마트 · 박트리아권과의 접촉을 낳아 훗날 유럽의 훈족 등장과 게르만 대이동의 전조가 되었고, 이어 한의 공세와 내분으로 기원전 1세기 말~기원후 1세기 초 동·서로 분열되어 동흉노는 한 제국권·선비권에 흡수되고 **서흉노**는 **중앙아시아로 서진**하였다. 이들이 달린 길을 따라 말과 활, 가죽과 철기, 나아가 불교와 조로아스터교 같은 종교와 사상이 퍼져 나갔다. 이러한 문명 교류의 흐름은 훗날 실크로드로 명명되는 초원의 길의 기원이 되었다.

흉노병사 이미지, Created with DALL·E by OpenAI.

□ 돌궐 - 초원의 재통일과 문자로 남긴 길

6세기 중반, 흉노의 잿더미 위에서 돌궐(Türük)이라는 또 다른 기마 제국이 등장했다. 철을 제련하고 말을 다루는 민족, 그들은 스스로를 '튀르크'라 부르며 민족적 자의식을 드러냈다. **돌궐**은 오늘날 **중앙아시아와 튀르키예계 민족들의 정체성**의 기원이 된다. 돌궐은 중앙아시아에서부터 몽골고원, 카스피해까지 초원을 통일하며, 유라시아 문명의 대교통망 중심축으로 자리 잡았다.

무엇보다 돌궐은 자신들의 언어로 역사를 기록한 최초의 유목 민족이었다. 몽골 오르혼 지역에서 발견된 오르혼 비문은 초원 위에 세운 기마 제국의 자서전이자 헌장이었다. 비문 속에는 외세 의존을 거부하고 초원의 독립성과 고유성을 천명한 민족주의적 언어가 살아 있다.

□ 유라시아의 길 - 흉노와 돌궐이 깔고 다져놓은 문명의 통로

흉노와 돌궐이 활약한 **초원 지대**는 단순한 유목의 공간이나 전쟁터가 아니었다. 그것은 동서 **문명이 충돌하고 융합하는 거대한 문명의 장**이었다. 일반적으로 실크로드라고 하면 중국에서 중앙아시아를 거쳐 페르시아, 로마로 이어지는 사막 남로를 떠올리지만, 그와는 별도로 유라시아 대초원을 따라 북쪽을 횡단한 또 하나의 실크로드, 즉 **"초원의 실크로드"**가 존재했다.

이 북방 실크로드는 만주-몽골고원-카자흐 초원-볼가강 유역-흑해 북부를 거쳐 유럽까지 이어졌고, 기마 민족의 기동성과 유연한 동맹 구조를 통해 유지되었다. **사막길**이 오아시스를 따라 느리게 이동하던 **낙타의 길**이었다면, **초원의 길**은 말 위에서 빠르게 움직이는 사신, 상인, **군대의 통로**였다. 흉노는 이 길의 개척자였다. 부족 연합과 기동력, 문화의 흡수와 중개를 통해 동서 세계를 연결했다. **돌궐**은 **이 길의 통합자**였다. 초원의 질서를 수립하고, 다자간 외교의 기반을 세웠으며, 교역의 안전성과 정보 흐름을 관리했다.

그리고 나중에 등장한 몽골 제국은 이 길의 집대성자가 되어, 흉노와 돌궐의 유산을 통합하고 유라시아 전체를 하나의 거대한 교역·정보망으로 통일하였다. 오늘날 카자흐스탄, 키르기스스탄, 몽골, 튀르키예, 헝가리에 이르는 여러 민족은 자신들의 뿌리 속에서 흉노와 돌궐의 흔적을 기억하고 있으며, 그들은 하나의 정신으로 연결되어 있다.

"길은 땅에 새겨진 것이 아니라, 우리가 말발굽으로 그은 의지의 선이었다."

2. 흉노-돌궐-튀르키예의 연결 구조

흉노, 돌궐, 그리고 현대 튀르키예는 서로 다른 시대와 지역에서 등장했지만, 이들 사이에는 언어, 문화, 상징 체계에서 이어지는 흐름이 존재한다. 특히 흉노에서 시작된 유목 제국의 전통은 **돌궐**에서 **'튀르크'**라는 **정체성을 형성**하며, 셀주크와 오스만 제국을 거쳐 현대 **튀르키예 공화국**으로 이어지는 긴 역사적 계승 구조를 만들어냈다.

□ 계승 관계 요약

1) 흉노 (기원전 3세기 ~ 기원후 1세기)

↓ *(문화·군사 전통 일부 계승, 일부 서진)*

2) 돌궐 (6세기 ~ 8세기)

고대 튀르크어, 오르혼 문자, 튀르크 정체성의 형성

↓ *(튀르크족의 서진, 이슬람 수용 및 정주화)*

3) 셀주크 제국 (11세기 ~ 14세기)

↓ *(아나톨리아 정착)*

4) 오스만 제국 (14세기 ~ 20세기 초)

↓

5) 현대 튀르키예 공화국 (1923년 ~)

□ 민족적 연관성

흉노, 돌궐, 그리고 현대의 튀르키예는 서로 다른 시대와 지역에서 등장한 집단이지만, 이들 사이에는 언어적·문화적·정체성 면에서 일정한 연속성과 상징적 계승이 관찰된다. 기원전 3세기경 등장한 **흉노**는 몽골고원과 중국 북방에서 활약한 강력한 유목제국으로, 한나라와의 갈등 속에 **만리장성 건설의 배경**이 되었다. 기원전 1세기 무렵, 흉노는 내분과 외압으로 분열되며 일부 세력이 서쪽으로 이주하게 된다. 이 서진한 집단은 중앙아시아의 다양한 유목민들과 융합되며, 후일 돌궐 제국을 형성하는 기반이 되었을 가능성이 제기된다.

6세기 중반, 돌궐(Göktürk)은 중앙아시아에서 등장하여 고대 튀르크어를 사용하고, 오르혼 비문이라는 문자 기록을 남기며 자신들의 정체성을 분명히 했다. 이후 돌궐의 후계자 격인 다양한 튀르크계 부족들은 이슬람을 수용하며 종교적으로 전환하였고, 11세기경 셀주크 튀르크는 아나톨리아 지역으로 진출하여 정주 국가를 형성한다. 셀주크의 몰락 후에는 수많은 튀르크계 베이릭(Beylik)들이 난립하게 되었고, 이 가운데 **오스만(Ottoman)** 가문이 급부상하여 14세기 말, 강력한 이슬람 제국을 세웠다. 이는 훗날 동로마 제국을 멸망시키고 600년 가까이 존속한 **오스만 제국**으로 발전하였다.

제국 해체 이후, 1923년 무스타파 케말 아타튀르크는 근대 국가로서의 튀르키예 공화국을 수립하였고, 현대 튀르키예인들은 자신들을 "돌궐의 후예" 혹은 "튀르크족"으로 자인하며 국가 정체성을 형성하고 있다.

이처럼 흉노에서 돌궐, 셀주크, 오스만, 그리고 현대 튀르키예로 이어지는 흐름은 단순한 혈통 계승이라기보다, **문화적, 언어적, 상징적 연속성**을 바탕으로 구성된 복합적 정체성의 진화로 이해된다. 특히 최근 유전학 연구에서도 하플로그룹 Q1, C2 등 일부 유전자가 중앙아시아와 아나톨리아 지역의 고대 유골에서 공통적으로 발견되고 있어, 이들 집단 간의 역사적 연결 가능성을 뒷받침한다.

□ 언어적 연관성

튀르키예어는 튀르크어족(Turkic languages)에 속하며, 중앙아시아를 중심으로 분포한 언어들과 뚜렷한 유사성을 지닌다. 우즈베크어, 카자흐어, 키르기스어, 투르크멘어, 아제르바이잔어 등과 함께 하나의 언어 계통을 형성하며, 모음 조화, 조사 사용, **SOV(주어-목적어-동사) 어순** 등의 문법 구조를 공유한다. 이는 유목민적 생활 방식과 사고체계가 언어에 반영된 결과로 볼 수 있다.

세계 언어는 크게 **주어-목적어-동사(SOV)형**과 **주어-동사-목적어(SVO)형**으로 나뉜다. 전체 언어의 약 45%가 SOV형, 40% 정도가 SVO형을 따른다. 튀르키예어, 한국어, 일본어처럼 교착어적 성격이 강한 언어들은 조사와 어미로 문장 관계를 표시할 수 있어 동사가 끝에 와도 의미가 분명하다. 특히 **유목 사회에서 형성된 언어**들은 말로 전승되는 구술 전통이 중심이었기 때문에 문장을 끝까지 들어야 의미가 완성되는 **SOV 구조**가 자연스럽게 유지되었다. 반대로 영어, 프랑스어, 중국어처럼 **분석적 성격이 강한 언어**들은 격 표시가 약하므로 어순이 의미 전달의 핵심이 되어 동사가 주어 뒤에 오는 **SVO 구조**가 자리 잡았다. 이 차이는 결국 구술 전통과 문자 문화, 언어 구조의 발달 방식이 다르게 작용한 결과이다.

또한 돌궐 신화에 등장하는 늑대 문양(Bozkurt)은 오늘날 튀르키예 민족주의 상징으로 널리 사용된다. 이 늑대는 신화 속에서 튀르크 민족을 이끈 어미이자 보호자로서 등장하며, 독립과 용기의 상징으로 계승된다. 현재 이 상징은 튀르키예 군대, 민족주의 정당, 공공 상징물 등에 사용되며 국민의 역사적 뿌리에 대한 자부심을 드러내는 도구로 활용된다.

3. 흉노와 훈족, 위구르 그리고 몽골 - 초원의 계승과 정체성

흉노, 훈족, 위구르, 몽골은 서로 다른 시기에 등장했지만, 모두 유라시아 초원이라는 같은 환경 속에서 기마 전술, 부족 연맹, 텡그리 신앙과 같은 공통된 문명 구조를 발전시켰다. 이들은 혈통의 단선적 계승이라기보다, **선대 제국의 제도와 상징**을 **후대가 흡수·변형**하는 방식으로 초원의 정체성을 이어 왔으며, 그 결과 동서 문명 전체를 뒤흔드는 연속적인 유목 제국의 흐름을 형성하였다.

□ 계승 관계 요약

▶ 흉노와 헝가리

1) 흉노 (기원전 3세기 ~ 기원후 1세기)

↓ *(서흉노의 서진)*

2) 훈족 (4~5세기 / 아틸라 / 헝가리 중심 활동)

↓ *(정신적 후계 주장, 민족 신화화)*

3) 헝가리 민족 (훈족의 후예 자처)

▶ 흉노와 돌궐, 몽골

1) 흉노의 동방 유산

↓

2) 돌궐 (6~8세기 / 몽골고원 중심 / 오르혼 비문)

↓

3) 위구르 · 카라한 · 셀주크 등 튀르크계 제국

↓

4) 몽골 제국 (13세기 / 칭기즈 칸 / 초원 제국의 완성)

↓

(일부 전통은 튀르키예로 계승)

□ 흉노와 훈족

기원전 3세기경, 동아시아 초원 지대에서 등장한 **흉노**는 역사상 최초로 **유목 제국의 원형**을 구축한 세력으로 평가된다. 이들은 말과 활을 활용한 기마 전술, 부족 연맹 체계, 이동식 지배 구조를 기반으로 강력한 군사력을 확보하였으며, 수십 년간 한(漢) 제국과의 대립을 통해 동아시아 국제 질서에 깊은 흔적을 남겼다. 그러나 한 무제의 반격과 내부 분열로 흉노는 동(東) · 서(西)로 분열되었고, 이 중 서흉노 세력은 중앙아시아를 거쳐 서진하였다. 특히 최근 연구(Science Advances, 2020 등)에 따르면, 흉노는 단일 민족이 아니라 **동아시아 유전자 약 58%, 서유라시아 유전자 약 40%가** 혼합된 **이중 기원 집단**(admixed population)으로 나타난다. 이는 이미 흉노 시대부터 유라시아 초원이 동서 인류의 접점이자 혼합 공간이었음을 보여 준다.

이 서진한 흐름 속에서 4세기 말 흑해 북부에 등장한 **훈족(Huns)**은 종종 흉노의 후예로 간주된다. 훈족은 고트족을 압박하며 유럽 민족 대이동의 도화선이 되었고, 5세기 중반 아틸라(Attila)의 지도 아래 판노니아(오늘날 헝가리 평원)를 중심으로 강력한 제국을 형성하였다. 오늘날 **헝가리**는 아틸라와 훈족의 전통을 문화적 정체성의 일부로 계승하며, **'훈족의 후예'**라는 상징적 자각을 갖고 있다.

훈족과 흉노 간의 직접적 연계는 단선적 혈통이라기보다, 서진한 흉노 잔존 세력과 다양한 중앙아시아 집단이 결합한 **다민족 제국**(multicultural confederation)으로 이해된다. 《진서》는 북흉노의 서진을 언급하며, 비잔틴 사료 역시 훈족을 "아시아에서 온 낯선 기마 민족"으로 기록하였다. 훈족의 언어는 전승되지 않았으나, 일부 인명과 지명에서 튀르크계 흔적이 엿보인다는 견해도 있다. 그러나 훈족은 단명한 제국으로, 유럽 내 다른 민족과 빠르게 융합되며 유전적 흔적은 미약하게 남았다. 헝가리인의 조상인 마자르족은 본래 우랄어족의 핀우그르 계통이었으나, 중세 이후 아틸라를 상징적 조상으로 받아들이며 '훈족의 후예'라는 신화적 정체성을 형성하였다.오늘날 핀우그르 민족은 핀란드·에스토니아·헝가리와 러시아 내 여러 소수민족에게 계승되어 있다.

□ 흉노와 돌궐, 그리고 위구르

동방 초원에 남은 **흉노의 전통**은 수 세기 뒤 **돌궐(突厥) 제국**으로 이어졌다. 돌궐은 6세기 몽골고원에서 등장하여 '튀르크(Türk)'라는 명칭을 국가 이름으로 사용한 최초의 집단이었다. 그들은 부족 연맹 구조, 기마 전술, 철기 문화, **텡그리(Tengri) 숭배를 계승**하였으며, 8세기의 오르혼 비문을 통해 고대 튀르크어를 기록으로 남겼다. 돌궐은 흉노와 유사한 국가 운영 체계를 유지하면서도, 자신들만의 독자적 정체성을 발전시켰다.

제2 돌궐 제국의 멸망 후 그 유산을 **계승**한 집단이 **위구르(Uyghur)**였다. 위구르는 불교·마니교 등 외래 종교를 적극 수용하였고, 소그드 상인 및 중국 한족과의 교류를 통해 정착화와 도시 문명을 발전시켰다. **유전적으로 위구르**는 흉노·돌궐보다 서**아시아 요소가 더**

강하게 섞였으며, 동아시아 · 몽골 · 이란 · 한족계 혈통이 함께 공존하는 혼합 민족으로 자리 잡았다. 이후 위구르는 신장 지역에 천산 위구르 왕국을 세우고, 동투르키스탄의 역사적 기반을 마련하였다.

□ 몽골 제국

13세기 초, 칭기즈 칸(Genghis Khan)이 창건한 **몽골 제국**은 **초원 제국 전통**의 **완성판**이라 할 수 있다. 몽골은 흉노와 돌궐이 남긴 제도와 문화를 철저히 계승하면서도 이를 유라시아 전역으로 확장하였다. 위구르 문자를 행정에 채택하고, 기마 전술과 부족 연맹 체제를 강화했으며, **텡그리 신앙을 정치적 권위의 상징**으로 삼았다.

몽골 제국은 유전적으로도 복합적인 구조를 보여 준다. 몽골인의 주된 부계 혈통은 C2-M217 계통으로 흉노 · 돌궐과의 연속성을 나타내지만, 동시에 R1a · R1b(스키타이 · 슬라브), N1c(핀우그르 · 시베리아), J2 · G2(페르시아 · 코카서스) 계통이 혼합되어 있었다. 이는 **몽골이 단일 민족이 아닌**, 유라시아 전역을 포괄한 **다민족 제국**이었음을 보여 준다. 1241년 헝가리 침공은 훈족 이후 수백 년 만에 초원 제국의 말발굽이 유럽을 밟은 사건으로, 몽골 제국이 흉노와 훈족의 기억을 상징적으로 계승했음을 보여 준다.

□ 맺음말

흉노, 훈족, 위구르, 몽골은 단일 혈통의 족보가 아니라, 초원이라는 환경 속에서 끊임없이 재편되고 혼합된 문명적 연쇄였다. 그들은 선대 제국의 전략과 문화를 계승하면서 새로운 종교, 언어, 제도를 융합해 각 시대의 초원 제국을 창조했다. 이들 제국은 시대와 민족을 달리하되, 다음과 같은 공통점을 공유한다.

첫째, 동아시아계와 서유라시아계가 반복적으로 섞인 혼합 유전자를 지녔으며, 단순한 혈연보다는 융합을 통해 정체성을 형성했다.

둘째, 선대 제국의 명분과 상징을 후대 제국이 채택하며 정치적 계승 의식을 이어 갔다.

셋째, 문화적으로는 말과 활을 중심으로 한 기마 전투 기술, 부족 연맹 체계, 텡그리 신앙과 같은 연속성을 유지했고, 사회적 구조는 언제나 여러 민족이 융합된 다민족 제국의 성격을 띠었다.

넷째, 이러한 기반 위에서 그들은 초원과 실크로드를 장악하여 경제적·전략적 지배를 추구했고, 동서 문명권(중국, 페르시아, 유럽)을 위협하며 국제 질서를 재편하는 충격력을 발휘했다.

▶ 흉노, 훈족, 위구르, 몽골의 공통점 요약

항목	설명
공통된 유전적 특징	동아시아계 + 서유라시아계 유전자가 반복적으로 혼합
정치적 계승 의식	선대 제국의 명분과 상징을 후대 제국이 채택
문화적 연속성	기마 전술, 부족 연맹 구조, 텡그리 신앙 등의 계승
혼합 민족성	모든 제국이 다양한 민족과의 융합으로 구성됨

4. 오르혼 비문 - 발견과 역사적 의의

오르혼 비문(Orkhon Inscriptions)은 **8세기 중반**, 중앙아시아의 몽골고원 오르혼 강 유역에 세워진 **고대 튀르크 제국의 공식 기록물**이다. 이 비문들은 고대 튀르크 문자(Orkhon script)로 새겨졌으며, 돌궐 제국 제2기의 정치, 군사, 사회, 문화, 그리고 민족적 정체성과 교훈을 집약적으로 담고 있다.

비문은 1889년 러시아 탐험가 니콜라이 야드린체프(N. Yadrintsev)에 의해 처음 발견되었고, 이후 1893년 덴마크 언어학자 빌헬름 톰센(W. Thomsen)에 의해 해독되면서 세계 학계에 널리 알려지게 되었다. 특히 그는 비문에서 **'튀르크(Türk)'라는 단어를 처음으로 판독**해 냄으로써, 튀르크 민족의 고대 국가 존재를 명문화한 최초의 사례로 기록되었다.

□ 주요 비문과 구성

비문은 총 세 개로 구성되며, 각각 고유의 성격과 메시지를 담고 있다.

▶ 쿨 테긴 비문 (732년)

빌게 카간이 전사한 동생 쿨 테긴 장군의 업적을 기리기 위해 세운 추모비.
형제애, 군사적 충성, 민족의 희생정신이 중심 주제.

▶ 빌게 카간 비문 (734년)

재위 중 백성을 위해 행한 정치와 개혁, 민족적 위기 극복의 경험을 서술.
"백성을 위하지 않는 지도자는 제국을 잃는다"는 통치 철학 강조.

▶ 토니욱 비문 (716~735년경)

총리 격인 토니욱(Tonyukuk)이 자서전 형식으로 기록. 전략, 외교, 제국의 재건 과정을 1인칭 시점으로 서술하며, 당나라와의 외교 전술, 민족 자주성 강조.

□ 내용적 의의

오르혼 비문은 단지 지도자의 업적만을 기록한 기념물이 아니다. 그 핵심은 튀르크 민족 전체에 보내는 교훈과 경고에 있다.

- 외세 의존의 위험성 경고 (특히 당나라에 대한 비판적 시각)
- 자립과 단결의 가치 강조
- 백성을 위한 정치와 지도자의 도덕성 중시

- 정체성과 언어에 대한 자부심 표현 ("내 말을 들으라, 오 나의 백성들이여!")

이 비문은 고대 유목제국의 정치철학과 역사 인식, 집단 기억의 구조를 보여주는 문명사적 유산으로, 중앙아시아 유목민이 자기 민족의 정체성을 문자로 표현한 가장 오래된 사례로 평가된다.

□ 현대적 가치와 상징성

오늘날 튀르키예, 카자흐스탄, 우즈베키스탄 등 튀르크계 국가들은 오르혼 비문을 민족 정체성과 언어적·문화적 연속성의 상징으로 기념하고 있다. **앙카라 대통령궁** 주변에는 **비문 복제물**이 세워져 있으며, 유네스코 세계기록유산 등재 논의도 지속되고 있다. 오르혼 비문은 동서 문명의 교차 지점에서 형성된 초원 문명의 고유한 기록 체계이며, 중국 한문과는 다른 독립된 문자 문화의 자존성을 보여 주는 예이기도 하다.

□ 무쿠리(Mukuri)와 뵈클리(Bökli)의 고구려 연관설

오르혼 비문 속에는 또 다른 흥미로운 단서들이 숨어 있다. 바로 **'무쿠리(Mukuri)'와 '뵈클리(Bökli)'**라는 이름이다. 일부 연구자들은 이 명칭들을 고구려 및 그 유민 집단과 연관된 흔적으로 주목한다. '무쿠리'는 일본 고대 문헌에서 고구려를 지칭하는 '무구리(無句麗)', '무쿠리코치(無句利古志)'와 유사한 발음을 지니며, 이는 **고구려를 음차한 명칭으로 해석**되기도 한다. 또한 일본 북부, 특히 홋카이도와 사할린 일대에서 전해지는 민간 전승에서도 '무쿠리'는 고구려계 집단의 이동 흔적과 맞물리는 단어로 등장하며, 아이누족의 전통 악기 이름으로도 남아 있다.

'뵈클리'는 정확한 해석이 어렵지만, 인명이나 소규모 지배 부족의 이름으로 보이며, 이를 통해 고구려계 왕족 또는 귀족 집단이 유목제국 내부에 흡수되었을 가능성이 제기된다. 특히 고구려 멸망 이후, 일부 유민들이 발해 이외의 영역으로 이동하였다는 사실은 이러한 추

론을 뒷받침할 수 있는 배경이 된다. 그들은 돌궐이나 위구르 제국의 군사력 혹은 외교적 동맹 집단으로 편입되었을 수 있으며, 이러한 맥락에서 '무쿠리'나 '뵈클리'는 고구려의 기억이 유목 세계 속에서 간접적으로 남겨진 예일 수 있다.

물론, 이러한 해석은 현재로서는 문헌적 · 언어적 유사성을 바탕으로 한 가설에 불과하며, 결정적인 고고학적 증거나 문헌상의 직접적 일치는 확인되지 않았다. 그러나 '무쿠리'와 '뵈클리'가 단순한 외래 지명이 아니라, 고구려 멸망 이후 유민의 흔적, 혹은 동아시아와 중앙아시아를 연결한 기억의 파편일 가능성은 여전히 역사적 상상력을 자극하는 지점이다.

결국 **오르혼 비문**은 **돌궐의 기록**이자, **초원 유목제국** 전체의 정신적 정수를 담은 **유산**이며, 나아가서는 동아시아 민족의 역사적 흔적까지도 포함하는 개방된 기억의 장이라고 할 수 있다. 오늘날의 튀르크 세계뿐 아니라, 한국 고대사 연구에 있어서도 이 비문은 여전히 중요한 실마리를 제공한다. 이들의 **제국은 흩어졌으나**, 그들이 남긴 '길'은 오늘날까지 이어지며 **문명의 혈관**으로 흐르고 있다.

오르혼 비문
Photograph by Philipp Roelli (2005), licensed under the GNU GFDL.
Source: Wikimedia Commons

5. 고대 DNA와 고고학이 밝혀 준 흉노의 실체

흉노는 오랫동안 중국 사서 속에서만 모습을 드러내는 **"변방의 오랑캐"**로 취급되어 왔다. 그러나 21세기 들어 고대 DNA와 고고학 연구가 본격화되면서, 흉노는 단순한 변방 세력이 아니라 동서 인류가 만나는 거대한 혼합의 공간, 즉 유라시아 초원의 **"첫 번째 초연결 제국"**

으로 재조명되고 있다. 몽골, 알타이, 투바(러시아 연방 공화국), 카자흐스탄 일대에서 발굴된 기원전 후반~기원후 초 흉노 무덤 유골을 분석한 연구들은, 흉노가 동아시아계와 서유라시아계가 섞인 **이중 기원 집단**(admixed population)이었음을 보여 준다. 부계·모계 유전자 분석 결과, 동아시아 계통이 대체로 우세하지만, 서유라시아 계통이 30~40%에 달하는 사례도 적지 않다. 이는 이미 흉노 시기부터 동쪽의 만주·몽골, 서쪽의 스키타이·사르마트 문화권이 초원을 가로지르는 혼혈과 동맹, 전쟁 포로와 교류를 통해 서로의 유전자를 나누고 있었다는 뜻이다.

이러한 혼합성은 흉노의 정치 구조와도 맞물린다. 흉노는 선우(單于)를 정점으로 좌현왕·우현왕을 두고, 동서로 나누어 초원을 다스리는 분권적 구조를 취했다. 선우를 중심으로 한 왕실 계통은 동아시아계 기원이 강했다면, 서쪽 변경을 담당한 지배층에는 스키타이계·이란계 유전자가 더 많이 섞여 있었을 가능성이 제기된다. 즉 흉노 제국은 특정 혈통의 순수성을 강조하는 민족국가가 아니라, **다양한 기원을 가진 집단**을 말과 활, 조공과 혼인동맹으로 묶어 낸 **네트워크형 제국**이었다고 볼 수 있다.

고고학적으로도 흉노의 혼합성과 개방성은 여러 흔적에서 드러난다. 흉노 고분에서는 한나라의 청동 거울, 중국식 비단과 함께, 스키타이식 동물 문양의 장식, 서방 계통의 유리 구슬과 장신구가 함께 출토된다. 무덤 한 기 안에서 서로 다른 문화권의 유물이 함께 나오는 사례가 반복된다는 것은, 흉노 지배층이 다양한 문화 요소를 흡수하고 재조합하는 데 익숙했다는 뜻이다. 초원은 폐쇄된 변방이 아니라, 오히려 **문명**이 가장 거칠게 섞이고 **재편되는 실험실**에 가까운 공간이었다.

이처럼 고대 DNA와 발굴 자료는 흉노를 "한나라의 적대 세력" 정도로만 보던 시각에서 벗어나, 동서 문명을 잇는 **첫 번째 초원 제국**, 그리고 유라시아 혼혈의 거대한 시작점으로 조명하게 한다. 흉노의 몰락 이후에도 이 혼합의 전통은 돌궐, 위구르, 몽골로 이어지며, 초원의 제국들은 끊임없이 새로운 인구와 문화를 받아들이는 개방적 구조를 유지하게 된다. 흉노가 깔아 놓은 "혼합의 기질"은, 이후 초원 문명의 DNA 깊숙이 새겨진 또 하나의 유산이었다.

6. 돌궐 제국 - 철과 네트워크로 세운 초원의 공업국

돌궐은 흔히 **"튀르크인의 첫 제국"**으로 소개되지만, 그들의 강점은 단지 기마 전술만이 아니었다. 돌궐은 알타이 산맥 일대를 중심으로 **철 제련과 금속 가공 기술**을 독점하며, 초원을 지배하는 일종의 "공업 패권 국가"로 성장했다. 중국 사서에는 돌궐을 가리켜 "산에 올라 철을 캐며, 쇠를 다루는 자들"로 묘사한 기록이 남아 있다. 그들은 흉노가 남긴 기마 구조 위에, 보다 발달한 제철 기술과 상업 네트워크를 결합해 초원을 재통합했다.

돌궐의 철은 단순한 무기 재료를 넘어, 주변 부족과 농경 제국을 연결하는 전략 자산이었다. 돌궐은 철제 무기와 말, 가죽, 모피를 주변 세력에 공급하고, 그 대가로 비단, 곡물, 사치품, 현금을 받아들였다. 특히 중앙아시아 오아시스 도시의 상인들, 즉 소그드(Sogdian) 상인들은 돌궐 제국의 경제와 외교를 실질적으로 움직이는 중개자 역할을 했다. 그들은 페르시아·인도·중국을 잇는 상업망을 가지고 있었고, 돌궐 지배층은 이들의 네트워크를 활용해 초원과 오아시스, 사막길을 하나의 거대한 교역 시스템으로 엮어 냈다.

정치적으로도 돌궐은 흉노식 부족 연맹 체계를 계승하면서, 보다 정교한 외교와 상징 체계를 발전시켰다. 제1 돌궐 제국은 당나라, 서위, 페르시아를 상대로 능숙한 균형외교를 펼쳤고, 제2 돌궐 제국은 오르혼 비문을 통해 자기 민족의 정체성과 통치 철학을 분명히 선언했다. 비문 속에서 빌게 카간은 "백성이 떠나면 나라는 무너진다"는 사실을 거듭 강조하며, 지도자의 탐욕과 나태, 외세 의존이 제국의 몰락을 불러온다고 경고한다. 이는 초원 제국의 흥망이 단지 군사력의 우열이 아니라, **내부 결속과 정치적 도덕성**에 달려 있음을 스스로 인식하고 있었다는 뜻이다.

종교적으로, 돌궐은 하늘신 텡그리(Tengri)에 대한 신앙을 유지하면서도, 불교·조로아스터교·마니교와 같은 주변 종교들을 유연하게 수용했다. 이는 이후 위구르 제국에서 더욱 두드러지는데, 초원 제국이 특정 종교만을 강요하기보다는, 정치적 안정과 상업 활동에 도움이 되는 종교와 사상을 선택적으로 채택하는 **실용적 태도**를 가지고 있었음을 보여준다.

돌궐의 가장 중요한 유산은, 초원을 단지 유목민의 방목지대(grazing zone)가 아니라, **철과 정보**, 언어와 상징이 오가는 고차원 **네트워크 공간**으로 전환시켰다는 점이다. 그들이 남긴 오르혼 문자와 비문은 이러한 네트워크의 "자기 인식"을 문자로 고정한 기록이었고, 이 기억은 셀주크와 오스만, 그리고 현대 튀르키예에 이르기까지 "우리는 튀르크다"라는 정체성의 뿌리가 되었다.

7. 초원 제국의 구조적 연속성 - 흉노, 돌궐, 몽골을 잇는 보이지 않는 설계도

흉노, 돌궐, 몽골은 서로 다른 시대에 등장했지만, 이들의 제국 구조를 자세히 들여다보면 놀라울 만큼 닮은 점이 많다. 마치 누군가가 초원의 지형과 사람들의 습성을 이해하고, 같은 설계도 위에 시대마다 다른 이름의 제국을 반복해서 세워 올린 것처럼 보일 정도다. 우선 정치 구조에서 세 제국은 공통적으로 **최고 지배자-좌우익 분할 체제-부족 연맹**이라는 틀을 공유한다. 흉노의 선우와 좌·우현왕, 돌궐의 카간과 좌·우샤드, 몽골의 대칸과 좌·우익은 서로 다른 언어와 칭호를 사용했을 뿐, 실제 기능 면에서는 매우 유사한 역할을 수행했다. 중심에는 하늘의 명령을 대신하는 상징적 통치자가 서고, 그 아래에 혈연·혼인·동맹으로 묶인 다양한 부족들이 느슨하게 연결된 구조였다. 이 느슨함이야말로, 광대한 초원을 빠르게 이동하며 변화에 대응해야 하는 유목 제국에 적합한 조직 형태였다.

종교·세계관에서도 연속성이 뚜렷하다. 흉노에서 돌궐, 몽골에 이르기까지, 초원 지배층은 대체로 **하늘(텡그리)을 최상의 신으로 삼는 제천 사상**을 유지했다. 동서에서 서로 다른 종교가 유입되었지만, 군주의 권위는 궁극적으로 "하늘이 준 명령"에서 비롯된다고 여겼고, 전쟁과 평화, 흥망성쇠는 하늘의 뜻과 연결된다. 돌궐과 몽골이 남긴 비문과 연대기는 모두 "하늘이 카간을 세웠다"는 문장으로 시작하거나 끝나는 경우가 많다. 이는 중국의 천명사상과도 통하는 부분이 있지만, 초원 세계에서는 보다 직접적이고, 자연과 전쟁, 운명과 밀착된 개념으로 받아들여졌다.

사회 구성 면에서도 이들 제국은 한 민족의 단일 국가가 아니라, **다민족·다언어로 구성된 거대한 연합체**였다. 흉노는 동아시아계와 서유라시아계가 혼합된 제국이었고, 돌궐은 튀르크계·소그드계·한족·고구려계 유민이 함께 어우러진 다층 구조를 이루었다. 몽골 제국에 이르면 이러한 혼합성이 극단적으로 확대되어, 서유럽의 프랑크인, 러시아의 슬라브인, 페르시아인, 아르메니아인, 중국 한족과 거란, 고려인까지 몽골의 군대와 행정망 안으로 편입된다. 초원 제국은 혈통의 순수성이 아니라, **기마 전술과 충성, 그리고 네트워크에의 편입 여부**를 기준으로 구성원을 선별했다.

결국 흉노, 돌궐, 몽골을 관통하는 것은 단절이 아니라, **정치·종교·조직 문화의 구조적 연속성**이다. 흉노가 처음으로 "초원을 하나의 정치 단위로 묶는 방법"을 실험했다면, 돌궐은 그 위에 철과 문자, 상업 네트워크를 덧입혔고, 몽골은 이를 유라시아 전역으로 확장해 세계사적 규모로 완성했다. 제국은 흩어졌지만, 그들이 사용한 설계도는 초원 사람들의 기억과 유전자, 언어와 상징 속에 남아, 오늘날 카자흐스탄, 몽골, 튀르키예, 헝가리에 이르는 여러 민족의 정체성 속에서 조용히 살아 움직이고 있다.

❖ 에필로그(Epilogue)

역사는 과거의 이야기이지만, 언제나 현재를 비추는 거울입니다.
이 책의 여정은 단순히 과거를 회고하는 것이 아니라,
우리가 어디에 서 있으며, 어떤 길을 향해 가는지를 다시 묻는 시도였습니다.

사람들은 역사를 종종 연표와 이름, 전쟁과 왕조의 지식으로 기억합니다.
그러나 진정한 역사는 '정보'가 아니라 '질문'입니다.
고대 유적의 붕괴된 돌 앞에 설 때,
우리는 인간의 욕망과 신념, 선택과 후회의 흔적을 마주합니다.
결국 역사는 이렇게 묻습니다.
"우리는 어디서 왔는가? 무엇을 위해 살아가는가?"

사람들은 "역사는 반복된다"고 말합니다.
그러나 반복되는 것은 사건이 아니라 인간의 마음입니다.
교만, 탐욕, 두려움… 시대는 달라도 인간의 본성은 비슷한 궤도를 그립니다.
그래서 역사를 읽는다는 것은 결국 사람을 이해하고, 자신을 돌아보는 일입니다.

같은 실수를 반복하지 않기 위해, 우리는 과거의 교훈을 기억해야 합니다.
문명을 무너뜨린 것은 외세가 아니라 내부의 분열이었습니다.
지금 우리에게 필요한 것은 나뉘는 것이 아니라, 이어지는 용기입니다.

누군가에게는 과거 속에서 새로운 깨달음이,
또 다른 이에게는 다시 세워야 할 삶의 방향이 보이기를 바랍니다.
역사는 과거가 아닙니다.
그것은 오늘의 선택을 비추는 가장 선명한 거울입니다.

2026년 1월

저자 드림